工作委員會

主　　任: 萬　勇　　雷亞雄

副 主 任: 王　君　　侯　瑾　　郝燁琳　　田嫦娥　　周鳳斌
　　　　　趙　杭

委　　員: 方立鋒　　許成軍　　劉春華　　張敏波　　李有時
　　　　　紀　勛　　高飛龍　　張　華　　尚占斌　　申竹梅
　　　　　王　飛

編輯委員會 （以下按姓氏筆畫爲序）

主　　編: 李　浩

副 主 編: 王　偉　　胡永傑　　馬立軍　　趙陽陽　　齊　志
　　　　　樊文軍　　盧燕新

編輯委員: 王早娟　　王　偉　　田子爽　　田　苗　　任雅芳
　　　　　李　浩　　吳紅兵　　邱　曉　　狄蕊紅　　和　談
　　　　　胡永傑　　馬立軍　　師海軍　　郭　琳　　趙陽陽
　　　　　齊　志　　樊文軍　　魯秀明　　盧燕新　　羅　曼

榆陽區古代碑刻藝術博物館藏誌

政協榆林市榆陽區區委員會
西北大學中國文化研究中心 編

李 浩 主編

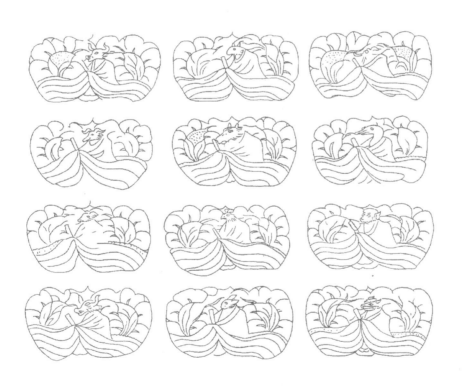

中華書局

圖書在版編目（CIP）數據

榆陽區古代碑刻藝術博物館藏誌/李浩主編. —北京：中華書局,2024.1
ISBN 978-7-101-16416-9

Ⅰ.榆… Ⅱ.李… Ⅲ.碑刻-匯編-榆林 Ⅳ.K877.42

中國國家版本館 CIP 數據核字（2023）第 214926 號

責任編輯：朱兆虎　王鵬鵬
責任印製：陳麗娜

榆陽區古代碑刻藝術博物館藏誌

政協榆林市榆陽區委員會　編
西北大學中國文化研究中心
李　浩　主編

＊

中 華 書 局 出 版 發 行
（北京市豐臺區太平橋西里 38 號　100073）
http://www.zhbc.com.cn
E-mail:zhbc@zhbc.com.cn
北京盛通印刷股份有限公司印刷

＊

787×1092 毫米 1/8・46 印張・600 千字
2024 年 1 月第 1 版　2024 年 1 月第 1 次印刷
定價:980.00 元

ISBN 978-7-101-16416-9

序 言

　　榆林市位於陝西省的最北端，榆陽區是榆林市的市區所在地。近年因陝北發現石油，榆林的經濟文化一躍進入全國前列，榆陽區建立了眾多博物館，古代碑刻藝術博物館尤其具有特殊性，其展品的主體部分，是出生於榆林的著名收藏家齊志先生的藏品。這讓我想到近代藏石的一則著名掌故。上世紀二三十年代隴海線開通時，洛陽邙山一帶曾出土大量北魏到唐代的墓誌，分別爲三位辛亥元老兼收藏名家所得，其中北魏部分大多歸書法家于右任鴛鴦七誌齋收藏，現歸西安碑林博物館；唐代精品九十多方歸雲南辛亥前輩李根源，載歸蘇州私邸，今歸南京博物院；最大宗的一千兩百多方唐誌歸名動豫陝的革命前輩張鈁，他當時任二十軍軍長，二十軍軍車曾裝載石刻，奔波於洛陽與新安鐵門鎮之間。張鈁建千唐誌齋以存貯石刻，深明世事循環的必然之理，親題“誰非過客，花是主人”。我不太瞭解榆陽區政府與齊志先生合作的過程與細節，但我相信在公私之間，肯定有明確的協議與超前的眼光，深得前輩藏家的家國情懷。而榆陽區古代碑刻藝術博物館與西北大學中國文化研究中心以李浩教授率領的學術團隊，爲此批石刻的校錄研究，影印出版，付出艱辛努力，終於克期有成，更是當代博物館與高校合作研究的成功範例，在此也表示衷心祝賀。

　　榆林之地，漢唐間皆爲北方民族與建都關中的王朝爭奪的要塞之地。十六國末期赫連勃勃所建夏國的都城統萬城，位於陝西靖邊縣最北端白城則村。其地唐屬夏州，其遺址出土唐代石刻，我以前曾見香港藏家欲捐贈給深圳博物館的一批拓本，本書所收多達十多方，也有載明葬地爲“夏州先塋”（本書069號《張令光墓誌》）的墓誌，這些墓誌的誌主多數來自世代戍邊的軍籍人士，對瞭解唐代的北方軍鎮設置有重要價值。列於本書首篇的《大魏夏州世界沙門統銘》，就記載了出身遼東公孫氏的高僧顯略，在夏州弘傳佛法，“自任綱維廿他載”的經歷，對瞭解北魏前期在赫連夏故地佛法的傳播，留下珍貴記錄。

　　本書所收墓誌，大多爲齊志先生在民間收集，沒有留下出土時間和地點的記載。但從墓誌所載落葬地點分析，大多出土於今渭河流域的關中地區，尤其以長安南郊者爲最多。這些地方是唐代士族名家居住生活的集中地，許多大姓氏族也選擇這裏爲家族安魂之域。估計齊志先生當年收藏之時，有過很認真的學術與藝術方面的斟酌。就影印的拓本粗翻一過，我很震駭於本書所收墓誌文史價值之高，包含大量罕見的精品。其中一部分，前期見到李浩教授曾作文研究介紹，如李百藥墓誌、邵建和墓誌、宗氏墓誌等，後來在西北大學召開榆陽館藏石刻研討會，更得以見到與西北民族有關的《成月公主墓誌》、《安優婆姨塔銘》、《移建勿墓誌》，也見到參與錄文與研究的團隊各位年輕才俊的先期研究。李浩教授已經爲本書撰寫了觀照全書的《前言》，所揭各點都很精彩，我也都很讚同。能先期閱讀全書，我也有一些特別的感受，願意不避瑣碎地一一寫出，以供相關學者參考。

先說李浩教授及其團隊已經介紹過的兩方墓誌。一是《李百藥墓誌》。李百藥是二十四史之一的《北齊書》著者，在學術文化方面的建樹是多方面的。《舊唐書》雖有他的傳記，但前期經歷多有漏載，根據墓誌，可以準確還原他在入唐前的經歷：隋開皇初，授東宮通事舍人。十五年，遷太子舍人，仍爲東宮學士。十九年，襲父爵爲安平公，進禮部員外郎。煬帝即位，爲漢王所辟。大業元年，貶桂州司馬。州廢，授魯郡臨泗府越騎校尉。十一年，授建安郡丞。他在隋得到楊素、牛弘的提攜，也可補史闕。二是高崇文、高承恭父子墓誌。高氏父子是神策軍的高級將領，加上崇文孫高駢，幾乎可以勾勒出神策軍百年的盛衰史。爲高崇文墓誌撰文者許孟容，有一件事特別應該提出，即在元和十年六月叛鎮派刺客在長安刺殺宰相武元衡，刺傷御史中丞裴度時，他上書憲宗，要求立即任命裴度爲宰相，以堅定表示朝廷平叛的不可動搖的決心。如此有骨氣、有識見名臣的傳世詩文，并不多見。而由他執筆的《高崇文墓誌》，分刻於正背兩面，字數近二千字，是不可多得的大文章。墓誌内容所述，則從代宗避狄陝郊，到德宗時期的一系列平叛戰爭，亂平後高崇文屯田戍邊，特別是在平定蜀中劉闢之亂中的重大建樹。後一段敘事篇幅約六七百字，有關東川李康之失職，鹿頭關決戰之聲勢，劉闢親信仇良輔率軍將四萬歸降之過程，乃至叛鎮核心劉闢、盧文若之敗亡，多可補史之闕失。有關高氏家族之先世，以及所載崇文、承恭各自家庭子嗣，皆很珍貴。爲承恭撰誌者李勳，存世僅省試詩一首，以往僅能據《寶刻叢編》卷一九引《諸道石刻錄》，知他咸通八年（八六七）撰《神光寺碑》于福州。《高承恭墓誌》篇幅也長達近二千字，葬時爲咸通二年（八六一），勳稱門史，署銜爲虞部員外郎，自謂“受恩門下”，知也屬神策軍幕府中之文人。咸通間依附宦官及神策軍者，有十哲之目，此又增一例也。

中晚唐之間的翰林學士，特別是翰林承旨學士，因有機會親近内廷，預聞機密，多數後曾入相，在政治文化方面地位重要。存世文獻有丁居晦《翰林承旨學士壁記》，保存玄、肅至懿宗間完整的翰林學士名録，近人岑仲勉、今人傅璇琮全力考證勾稽，確證二百多名學士之任職始末及文學成就，相關研究幾乎已了無剩義。但在榆陽區藏的這批墓誌中，我仍讀出一些重要的記録。一是095號《故迴紇會寧郡王移建勿墓誌銘》，署“大中大夫行兵部員外郎、翰林學士臣柳伉奉敕撰”，是柳任學士期間的職務作品。柳任學士期間最重要的事件，是廣德元年（七六三）曾上疏請斬宦官程元振，振動朝野。傅先生《唐翰林學士傳論》考柳伉永泰至大曆初出院後，即下落不明。而本方墓誌載墓主卒於大曆八年（七七三）二月，葬於四月，柳伉説“詞臣受簡，敢作頌曰”，明確時方在職。不能確認他是廣德入院後始終在院，即在職逾十年，還是有過再入的經歷。龐嚴爲穆宗初學士，本書128號收斑圖源爲妻龐氏撰墓誌，龐氏爲龐嚴之女，誌文有較大篇幅述龐嚴家事及仕宦始末，可作其傳記讀。本書155號崔澄撰《唐故太子賓客崔公墓誌銘》，誌主爲崔汪，撰文者則是其弟。傅璇琮先生《唐翰林學士傳論·晚唐卷》考證崔汪曾任翰林學士，僅依據一條記載，即薛廷珪《授翰林學士承旨户部侍郎崔汪尚書右丞、學士中書舍人崔涓李磎并户部侍郎知制誥充學士制》，又根據薛及諸人之仕履，推測其任承旨在大順二年（八九一）。此墓誌不僅詳記崔汪之家世、科第、仕宦，且有一節敘述他任翰林學士之始末：“遷兵部郎中。故太尉杜公讓能嘗告人曰：‘崔正郎，國之名器，不可以常職處之。’遂奏守本官充翰林學士。揮毫内署，奉職有稱。猶是加知制誥，賜紫。未幾，拜中書舍人，遷户部侍郎，轉尚書右丞、兵部侍郎。五遷大官，一皆承旨。雖蘊和羹之望，終乖問喘之期。加銀青，轉吏部侍郎。”最後幾句是説他出院，沒有能夠入爲宰相。他之入院，是由宰臣杜讓能推薦。杜任相時間從光啓二年（八八六）到景福二年（八九三），達八年之久。雖不能具體確認他之入出院時間，但曾五度遷官，久爲承旨，則可確認。本書154號收劉崇謨撰《唐故朝散大夫河南少尹上柱國賜紫金魚袋王公墓誌銘》，誌主爲王損，誌載其"轉右補闕、史館修撰"後，"俄以本官充翰林學士，就加戶部員外郎，錫朱綬銀章。旋以再從兄入秉國鈞，公畏譏避嫌，稱疾去職。中使數返，終不能集。朝籍間有昆仲之言，再從者可以同□□第，可以連守官曹，則公之進退不必辭翰苑也明矣。"墓誌又載損兄把機務，出守浙東，其人肯定是王摶，時在乾寧三年（八九六）七月，損在此間拜給事中。墓誌又云："公之兄再入中書，公復持謙柄，高臥丘園。"此指同年十月摶入相，損復退職，後求爲河南少尹。光化三年（九〇〇）七月卒，得年五十一。那麼，王損之任學士時的再從兄，到底是誰呢？據《新唐書·宰相表》，王摶以後宰相有王溥，與墓誌所載前後不接。王摶以前王姓爲相者，只有王鐸、王徽，均在廣明、中和間，似乎太早了些。我也曾懷疑這裏的再從兄，是否從撰文者劉崇謨的立場敘述，指龍紀元年（八八九）入相的劉崇望。王損娶劉崇龜第二女爲妻，王損妻劉氏墓誌亦見本書157號。但崇望、崇龜、從謨一般認爲是親兄弟。王損究竟何時入爲學士，似尚難確定。王損任學士時間估計不長，可表見之事迹不多，故前人未有考及。惟因此而可以新增一位學士，仍很可珍貴，故略述如上。

再說唐人有著作存世者，墓誌載及相關事迹，皆很具參考價值。如本書112號收《唐國史補》作者李肇撰《李夫人墓誌》，就很珍貴，惟內容一般。《安禄山事迹》作者姚汝能，以往不詳其時代。我以前曾撰《〈安禄山事迹〉的成書年代》（刊《中華文史論叢》二〇〇八年2輯），據新見墓誌考爲會昌、大中間人。本書又見姚撰兩方墓誌，分別是129號大中七年（八五三）《史仲莒墓誌》和145號咸通六年（八六五）《史仲莒夫人杜氏墓誌》，前者署職爲華陰縣尉，與《安禄山事迹》署銜一致，後者署銜爲"前鴻臚寺主簿"，是新知姚之任官。《東觀奏記》作者裴庭裕，因在昭宗即位初年，受命參加宣、懿、僖三朝實録，書雖未成，他則留心故實，編録成此三卷書。他的生平資料較零碎，前人工作僅能拼出一個大概。本書149號收其咸通十一年（八七〇）撰《大唐進士盧洄亡室河東裴夫人墓誌銘》，署"弟進士裴庭裕撰"，即弟爲姊所撰，所述裴氏之家世，即庭裕之家世，即其五世祖裴行本爲武后時天官尚書，高祖裴士淹，玄宗時爲翰林學士，官至禮部尚書，曾祖裴登，官洪州司馬，祖堪，爲大理評事，父紳，撰誌時方爲秘書監。裴氏母出趙郡李氏，其叔祖李珏曾相文、武兩朝。凡此皆可補充裴庭裕之家世，也爲他諳熟朝廷故事，多知宣宗朝舊聞，提供了幫助。以往僅知庭裕爲僖宗中和二年成都登第，現在將他舉進士時間推前了十多年。

至於與唐詩有關之文獻，可以特別提到本書122號《張氏殤女墓誌》，女名阿箱，卒於會昌三年（八四三）十月，年十四，其父張又新時爲江州刺史，墓誌爲其親撰，稱此女"自知和順之道，深得接承之妙。其謙廉守分，先人後己，頗有老成之風，而儀質莊姝，風神雅秀，褎然群萃中。中外一見者，罔不異觀。"是父親描述亡女很特別的文字。127號《唐故常山張氏女墓誌銘》，誌主張繡，爲張又新文宗初在汀州所得另一女，因犯暑熱而卒於大中四年（八五〇）。卒時應已二十多歲。張又新爲晚唐前期之著名詩人，尤以品茶品水，在陸羽後享有重名。兩方墓誌可以補充他的家室的情況，也可確認他即卒於江州任上，時間大約在會昌末年。

還可以說到110號《唐故進士侯君墓誌銘》，誌主侯雲亮，十八歲而亡，元和六年（八一一）葬，作者署"長兄登仕郎前守太常寺太祝雲長撰"。侯雲長爲韓愈貞元八年（七九二）登進士第的同年，存世事迹很少，撰誌時距登第已近二十年，僅得一微官。仕途不順可知。更值得注意的是墓誌述

"皇考諱釗,京兆府美原縣令。余家由進士而官,自王父承於皇考。自王父之季諱漸,承於皇考從父之季諱象,自開元時訖於貞元歲,文章之名來於余家。"這裏説到這一家百年的奮鬥史,似乎已成文章之家。其中只有侯釗,曾頻繁出現於盧綸、李端等大曆十才子詩中,盧綸即有《留别耿湋侯釗馮著》、《虢州逢侯釗同尋南觀因贈别》、《同柳侍郎題侯釗侍郎新昌里》、《陳翃郎中北亭送侯釗侍御賦得帶冰流歌》,甚至在他回顧與大曆諸人生死相隔的著名長詩,最後也提到侯釗,詩題太長,略作標點:《綸與吉侍郎中孚、司空郎中曙、苗員外發、崔補闕峒、耿拾遺湋、李校書端,風塵追遊,向三十載,數公皆負當時盛稱,榮耀未幾,俱沉下泉,傷悼之際,暢博士當感懷前蹤,有五十韻見寄,輒有所酬,以申悲舊,兼寄夏侯侍御審、侯倉曹釗》。也就是説,侯釗已經爲此一詩人群體所接納,諸人間頻繁有唱和,侯釗之詩名亦可以想知。遺憾的是,這一家族在墓誌中提及五人,竟無一詩留存,可爲嘆息。

這裏還可以舉出劉從一家族墓誌對於考史之價值。從一是唐初名臣劉林甫之後人,德宗出幸奉天時拜相,《舊唐書》卷一二五有傳,頗簡略。本書099號劉從一撰《大唐京兆府渭南縣尉劉從一妻清河崔氏墓誌銘》,撰於大曆十一年(七七六),時劉地位尚微,《舊唐書》本傳説他在渭南尉任上"雅爲常衮所推重。及衮爲相,遷監察御史",與此可以印證。而墓誌所載其妻崔氏爲文章四友之一崔融的曾孫女,年十有四即與從一成婚,生有三男一女,存者一男而已,崔氏卒時年僅二十。這些可以補充劉從一的家室狀況與人際脈絡,也可考見他的仕途門風。本書090號《劉遵素墓誌》,誌主出自劉林甫、劉應道、劉獻臣一系,較從一要高兩輩,也屬同一家族墓地所出。以前曾見過劉應道墓誌。本書147號《劉尚質墓誌》,誌主爲從一孫,咸通間官至陝州硤石縣令,是這一家族從唐初綿傳唐末,兩百多年間歷史皆斑斑可考。此類墓誌在全書中披紛多有,如唐初殷開山後人(083號)、于志寧後人(059號)、李襲志後人(057號),玄宗時玉真公主後人(139號),韓休後人(121號),皆可注意。有關宗室者,特别要提出013號《大唐右宗衛率裴君夫人王氏墓誌》,誌主卒年在武德七年(六二四),"父裕,上騎都尉、隨州刺史,母大唐同安長公主"。《新唐書·諸帝公主傳》,以這位同安公主居首,稱"高祖同母娣也",估計《新唐書》編成時,已經弄不清她與高祖之長幼,因此而用一表示女性昆仲之娣字來稱呼。此誌載王氏卒時三十八歲,即她出生於隋文帝開皇七年(五八七),公主結婚還要早一些。墓誌寫到"公主悼穠華之遽落,痛結遺文",是母送女葬,且有文致悼。《新唐書》説公主活到高宗永徽初,年八十六,實在很長壽。由此倒推,她可能比高祖年長一或二歲。本書032號《大唐故郇國公李君墓誌銘》,誌主李藝出自李唐宗室最旁支的定州刺史房。近年陳麗萍教授《唐代宗室研究》(中西書局二〇二二年四月)下編《訂補唐〈宗室世系表〉》,是迄今考唐宗室世系最完備的著作,恰闕李藝,而藝父羅,祖洺,陳考作義羅、泠,可據以再酌。

本書所涉唐重大史事的新記録,除前引《高崇文墓誌》詳載元和初伐蜀始末外,如058號趙㧑撰《姜義墓誌》述及高宗末之西域戰事,084號李惟岳《韋灌墓誌》敍及亂前之安禄山,089號程晟撰《譚峻墓誌》詳述馬嵬事變後肅宗西奔事實,096號佚名撰《司馬志誠墓誌》、106號趙某撰《許耀卿墓誌》所載代、德間重要史事,123號歐陽繡撰《杜公亮墓誌》所載會昌伐澤潞間河東史事,都很重要,在此恕不一一展開。

三年前,李浩教授研究以榆陽館藏石刻爲主的論文,結集爲《摩石録》一書,在聯經出版公司出版,囑我作序,我曾寫到:"李浩教授本人是陝北靖邊人,在古都西安學習工作超過四十年,於漢唐文化與文學用力甚勤，根底亦好。他在本書所據墓誌，完全來源於老友齊志先生主持的榆陽區古代碑刻藝術博物館，與他書已經發表者幾無互見。我於近年以洛陽、西安已發表墓誌瀏覽近於周遍，對此感覺很清晰。榆林在陝西最北端，在唐代屬於銀、綏、夏諸州，接近邊地，是民族混居之地。本書中的民族墓誌，即與此有關。李浩教授與齊志先生的合作已接近十年，今年初我曾到西安參加以該館石刻爲研究課題的專題討論會，瞭解有關收藏之豐富與研究之深入。該館全部藏石將另刊佈，值得期待。"今次館藏石刻終於得以整理完成，結集問世，我且得緣先期讀完全書，欽佩無以。一是收藏家齊志先生長期堅持，斥資收藏出土石刻，避免了這些珍貴文物的流失損壞，化私爲公，亟佈於世，崇宣文化，裨益學術，是一件無量功德之大事，值得弘揚致敬。二是榆陽區地方政府對地方文化建設的高度重視，在經濟發展的同時，也將學術文化工作放在顯要位置，提升城市品位，給中國學術注入新的活力。三是李浩教授在唐詩美學、園林文化以及唐代作家研究已經取得卓越成就以後，最近十多年轉以唐代石刻研究爲自己的研究中心，培養了許多優秀學生，取得特出的研究成就。從前年起，他擔任中國唐代文學學會會長，并主編學會刊物《唐代文學研究》，學會工作和他所領導的西北大學中國文化研究中心，都有新的氣象和創獲。四是擔任本書文本校錄工作的中青年學人，由李浩教授領銜，每人承擔幾篇十幾篇不等，據拓本反覆校錄寫定的同時，分別撰寫專題研究論文。我曾參與這一專題爲主的研討會，感到參與者工作態度之莊重和認真。有關的論文不少已經發表，今後也當會有完整結集的機會。我受命作序，僅憑直感閱讀，寫下一些粗淺的體會。未盡之處，仍望齊志先生、李浩教授及各位鴻識有以賜教。

　　謹序。

陳尚君

二〇二三年十月十六日

於復旦大學光華樓

前　言

　　由政協榆林市榆陽區委員會負責籌建的榆陽區古代碑刻藝術博物館，在建館伊始便委託西北大學中國文化研究中心幫助佈展，並就館藏碑誌進行録文整理，於是就有了《榆陽區古代碑刻藝術博物館藏誌》（以下簡稱“《藏誌》”）這個項目的設立。因爲開館不久之後就要完成移交工作，榆陽區方面希望能儘快看到整理成果的梓行。但計劃永遠没有變化快，在我們簽訂合作協議不久，就遇到了持續三年的疫情。按照疫情防控要求，我們的録文團隊入館打製拓片、拍攝照片都曾遇到困難，外地的整理者也無法隨時到館與原石核對。整理工作一再延宕，没有能如期完成。

　　所幸疫情已經結束，一切恢復正常，出版工作也進入了倒計時。回想幾年來整理團隊的夥伴與榆陽區領導、出版社編輯團隊反復磋商，綫上綫下熱烈討論的情景，不勝感慨。藉着成書的機會，我將相關情況做一些交代和説明。

一

　　古城榆林僻處西北，位於中國北緯38度降雨綫和著名的“胡焕庸綫”上，標誌著中國地理大東南、大西北，以及人口疏密的交匯帶。這裏同時也是遊牧和農耕文化的交錯地帶，草原與沙地、長城與黄河縱橫交錯，歷史文化積澱深厚。早在新石器時代就有人類繁衍生息；春秋時魏置上郡，明成化年間即於此築榆林城，爲當時的“九邊重鎮”之一。區境内文物遺址星羅棋佈，其中榆林古城於1986年被國務院確定爲第二批國家歷史文化名城，長城遺址蜿蜒繞行；全區已普查收録各類文物點1417處、非物質文化遺産13類256項。[①]已建成陝北民歌博物館、鄧寶珊將軍紀念館、季鸞公園、夫子廟文化旅遊街區“六館一中心”等精品文化工程，文化旅遊系列活動異彩紛呈。目前，“六館一中心”已成爲塞上名城榆林市的一張名片，外地人來榆林多喜歡去參觀，走出家鄉的榆林本地人回來，也多要去轉一轉。

　　當時策劃“六館一中心”時，便含有碑誌文物館，西北大學中國文化研究中心建議以民間收藏家齊志先生所收藏的碑誌爲基礎，不斷擴容拓展。榆陽區領導經反復研究，採納了我們的建議，並委託我們參與建館後的陳列佈展及《藏誌》的録文整理工作。爲了確定這批館藏文物的真僞及價值，榆陽區方面還專門組織鑒定會，對這批新材料進行了甄別。

　　齊志先生祖籍靖邊，早年嗜文，文史基礎頗好，本也可以循著高考的道路拾級前行，但因故改

① 資料引自榆林市榆陽區人民政府官網“榆陽區情簡介”（發佈時間：2023-05-05）。

轍, 另存淩雲之志。經過多年的爬摸滾打, 在收藏領域取得了不俗的成績, 近年來傾力於古代碑誌的收藏, 集腋成裘, 形成了一定的規模和特色, 展示在榆陽區館中的, 便是他收藏的部分成果。

榆陽區系列博物館建設, 作爲基層政府的文化工程, 修好了鋼混結構的大樓, 搭建起了文化展示的平臺, 但還得要有合適的項目, 所謂種好梧桐樹, 招引金鳳凰。西北大學中國文化研究中心爲互有需求的雙方牽綫搭橋, 穿針引綫, 促成了知名收藏家與地方政府的合作, 也使得在陝西收集的文物能夠集中在陝西受到保護, 爲這批石刻遺珍安了家, 不至於漂泊無定, 散失湮没。

陝西作爲文物大省, 通過考古集中出土的石刻文物數量很多, 相關成果已見諸發掘報告和録文整理彙集, 此不贅述; 因 "鐵 (路) 公 (路) 機 (場)" 建設和基建而出現的文物也不少, 多得到了妥善處理, 但也有一些散失; 其他一些金石文物流散於各地文物市場甚至被販運出省出國者, 也時有耳聞。幸賴榆陽區及時建館, 使得這批文物得到了整體保護, 區委區政府區政協及其主事者功德無量, 值得肯定。

二

本書所收録的是榆陽區古代碑刻藝術博物館建館時所藏墓誌, 也包括榆陽區文保部門過去徵集和收藏的部分文物。

從數量上説, 墓誌總數是167方。從時間上説, 這些墓誌從西魏一直到明代。其中西魏、北周2方, 隋代10方, 唐代144方, 後唐1方, 宋代1方, 金代1方, 明代7方, 時代不詳者1方。

從空間地域上説, 這些墓誌主要是關中地區和陝北地區的。其中朔方郡夏州統萬城附近的18方, 其餘絶大部分是關中地區的。

從内容上説, 誌題及主要内容有關宗教人物類的有5方, 有關異民族和外族人物的有4方。從親緣關係來説, 誌題及主要内容有關父子關係的2方, 有關夫妻關係的8方。其中不少具有極高的史料價值和藝術價值, 如北周的拓跋慎墓誌、隋代的梁脩芝墓誌、唐代的李百藥墓誌、高崇文和高承恭父子墓誌等等。還有反映民族關係、絲路交往的吐谷渾成月公主墓誌、迴紇會寧郡王移建勿墓誌; 反映書法藝術的遂州司馬常府君墓誌的誌蓋, 由著名書法家李陽冰篆額。特別是漢語粟特語雙語書刻的《大唐故安優婆姨塔銘》, 難得一見, 爲鎮館之寶。

在全面完成《藏誌》整理工作之前, 筆者與整理團隊的成員曾陸續就部分文獻做過一些釋讀和初步研究, 發表了一批論文。① 筆者將個人的部分成果輯録爲《摩石録》一書, 對收入《藏誌》的部分文獻做了一些初步申發②, 因爲本文體例所限, 下面僅就我個人對部分文獻的釋讀與申發簡略介紹:

1.《李百藥墓誌》

《藏誌》中有《大唐故宗正卿安平公李府君 (百藥) 墓誌銘》, 根據此誌的記載, 以及相關史傳資料, 可對趙郡李氏漢中房支進行重新闡釋, 並由喪葬地的變化觀察漢中房支遷徙的細節。利用

---

① 如王偉《大曆時期常袞家族京城社會網絡編織與文學空間拓展——以常袞夫婦墓誌爲觀察起點》,《西北師大學報》2021 年第 4 期。
　王偉《新見史仲莒夫婦墓誌與姚汝能〈安禄山事跡〉新考》,《中華文史論叢》2023 年第 1 期。盧燕新《史傳及出土碑誌所見高崇文》,《浙江大學學報》2024 年第 1 期。
② 參見李浩《摩石録》, 聯經出版事業股份有限公司, 2020 年。

此誌可以對李百藥的生卒年及年齡重新訂正，也可以重新看待李百藥的文學創作。

孤立地看，《李百藥墓誌》僅提供了初唐社會文化政治的部分碎片信息；但若將其與李百藥祖父母的墓誌（《李敬族墓誌銘》《趙氏（蘭姿）墓誌銘》）聯繫起來對讀，信息量就更大。陳寅恪以趙郡李氏西祖房即李德裕祖孫喪葬地及祖塋所在地分析山東高門大姓的變與不變，我重點討論李氏漢中房支喪葬地的改變。但若注意到陳氏所選個案在中唐時代，與“唐宋變革論”的宏大敘事相合；筆者所舉案例在隋唐之際，似乎與流行的社會政治史敘述模式同中有異。

胡可先、楊瓊編《唐代詩人墓誌彙編》已據館藏文物收入此誌[①]，百度百科、維基百科的詞條“李百藥”也列此誌爲參考文獻。

2.《李倕妻宗氏墓誌》

唐代《李倕妻宗氏墓誌》一盒，包括誌蓋和墓誌兩部分。其中誌蓋篆體，題爲《唐故夫人宗氏墓誌銘》，墓誌題爲《故主爵郎中彭州刺史李倕妻南陽郡君宗氏墓誌》。據誌文知，墓主人是宗楚客的第二女，與唐代詩人李白有姻親關係。筆者通過梳理墓誌中對宗氏世系的敘述，指出新、舊《唐書》的闕漏。通過墓誌對宗楚客的評價與李白詩歌互釋，聯繫對李白贈妻宗氏的作品梳理以及唐代貴族女性崇道風氣，對宗氏赴廬山學道事重新闡釋，也指出新見文獻對深化李白生活與創作研究不無裨益。

3.《邵建和墓誌》

《邵建和墓誌》對於我們瞭解唐代石刻藝術家邵建和及其家族有重要意義，同時還可以細化並深化對唐代刻工及石刻藝術家群體的瞭解。新出史料與傳世文獻互相印證，可以得出以下幾個初步結論：

首先，墓誌對墓主邵建和的卒年及年齡有確切的記錄，可以補史之不足。其次，墓誌對墓主的卒葬地的記錄清晰準確。第三，墓誌對邵建和家族和醴泉邵氏世系有一個簡明的勾勒。第四，墓誌對唐代石刻藝術名家的簡要羅列，給我們提供了一個從初唐到中晚唐石刻刻工的簡單譜系。但有趣的是，墓誌對初唐以來的刻石名家多所提及，唯對同時代的天水強氏家族則不著一字。第五，唐代是中古家族史發展的一個極其重要的階段。世胄閥閱類家族逐漸式微，但寒庶技藝類家族的社會地位有了長足的發展。以石刻刻工行業而言，《邵建和墓誌》述及的邵建和、邵建初兄弟，以及子侄輩的邵宗異等，即是最好的例證。

程章燦新著《作爲物質文化的石刻文獻》一書的第三章專門設一節，題爲《從新出〈邵建和墓誌〉看唐代刻工的身份地位》[②]，也討論了相關話題。

4.《成月公主墓誌》

《成月公主墓誌》可與《弘化公主墓誌》、《法澄塔銘》對讀，對與此相關的吐谷渾研究、唐代貴族女性修佛、長安寺廟研究等進行推展，可得出如下初步的結論：一，成月公主當係吐谷渾諾曷鉢與弘化公主所生，爲其次女，幼年入長安興聖尼寺，二十三歲時卒於寺內。二，諾曷鉢至少育有五子二女，而一般的研究者僅提及其有三子。又，傳世文獻對弘化公主下嫁諾曷鉢的時間與出土的《弘化公主墓誌》不同，筆者以爲，應以墓誌爲準，至少也應該交代分歧，使兩說並存。三，成月公主修習的興聖寺是一個尼寺，但與一般的尼寺似有較大區別，其地理位置在長安外郭城通義坊，距

① 胡可先、楊瓊編《唐代詩人墓誌彙編》，上海古籍出版社，2021年。
② 程章燦《作爲物質文化的石刻文獻》，程章燦主編《中國古代文獻文化史》第八卷，南京大學出版社，2023年。

皇城、宮城較近，在政治上與統治階級高層關係密切，高祖捨宅，太宗立寺，玄宗巡幸並任命寺主，在教義上當屬華嚴宗，故寺内有寺主法澄繪製的《華嚴海藏變》。而法澄圓寂後所葬的馬頭空，應是將其葬於馬頭空的窟室内，也就是中古時期僧人常採用的石室瘞窟法。

民族史家周偉洲先生對此文獻相當重視，從吐谷渾研究的角度進行了深入闡釋。[①]

5.《安優婆姨塔銘》

《大唐故安優婆姨塔銘并序》是一方入華粟特人的塔銘，該塔銘由漢文和粟特文兩部分組成，因是徵集而來，已經無法復原文物出土地點，且有相當程度的風化磨損，故文物與其遺址的許多信息都無考。

通過漢文部分考釋可知，塔銘的主人出於昭武九姓的安國，但已經内遷到涼州姑臧，其族群當屬活躍於絲綢之路上的粟特人。其居住地長安外郭城群賢坊地近西市，是唐代旅京外族人集中居住區。與常見的粟特人信奉祆教或摩尼教等三夷教不同，據文中“普别二法”“一乘”等概念，聯繫隋唐時期佛教發展史實，徵之以新出文獻和文物，推測此優婆姨當爲三階教信徒，她雖然是在家修行者，但没有依據世俗的葬法，而是與其他信徒集中在三階教創始人信行葬地附近埋葬，葬俗或屬當時佛教的林塔葬。

塔銘的粟特文部分，我們委託倫敦大學辛維廉教授、中國人民大學畢波教授釋讀整理，初步研究成果以中英文在國内外專業學術刊物分别發表。[②]

6.《移建勿墓誌》

《藏誌》中有《故迴紇會寧郡王移建勿墓誌》（簡稱“《移建勿墓誌》”），筆者在録文整理的基礎上，結合已出文物和相關傳世文獻，對這方墓誌與其他新出迴紇貴族墓誌進行對讀，發現内容主要集中在以下幾個相關的問題上：一是“迴紇”與“迴鶻”名稱問題，二是幾位旅居長安迴紇人的壽數，三是迴紇人在長安的葬地，四是旅居長安迴紇人的喪葬資費，五是旅居長安迴紇人在長安的居所，六是旅居長安迴紇人的身份，七是幾方墓誌提及唐與迴紇貴族的婚姻，八是迴紇人墓誌的文體特徵和寫作風格等等。

這一方新出迴紇貴族墓誌的内容極豐富，與此前出土的多方墓誌的關係也極密切，但不少問題頗複雜，需要進行深入的專題研究。筆者較早看到這組新文獻，希望能引起相關領域專家的關注，作出更專精更深入的成果，用新史料和新文獻推進迴紇（鶻）史的研究。

以上列舉了《藏誌》所收的6組新材料，可分爲兩類：一類是中原漢族士人的墓誌，另外一類是古代少數民族及入華外族人的墓誌、塔銘，與史家陳寅恪所謂“塞表殊族”有關，屬於當代所謂中西交通、西域學或絲綢之路研究。從性别上看，宗氏夫人、安優婆姨、成月公主是女性，其餘則爲男性。

關於碑誌等新史料的價值和意義。王昶《金石萃編自序》中説：“宋歐、趙以來，爲金石之學者衆矣。非獨字畫之工，使人臨摹把玩而不厭也。跡其囊括包舉，靡所不備。凡經史、小學，暨於山經、地志、叢書、别集，皆當參稽會萃，覈其異同，而審其詳略，自非輊材末學能與於此。且其文亦

---

① 周偉洲《吐谷渾墓誌通考》，《中國邊疆史地研究》2019 年第 3 期。

② 畢波、辛維廉《新發現安優婆姨雙語塔銘之粟特文銘文初釋》，《文獻》2020 年第 3 期。Bi Bo, Nicholas Sims-Williams, *"The Epitaph of a Buddhist Lady: A Newly-discovered Chinese-Sogdian Bilingual,"* Journal of the American Oriental Society 140/4, 2020, pp. 803-820.

多瓌偉怪麗，人世所罕見，前代選家所未備。是以博學君子，咸貴重之。"[1]對榆陽區古代碑刻藝術博物館藏誌，亦當作如是觀。陳寅恪在《陳垣〈敦煌劫餘録〉序》中亦指出："一時代之學術，必有其新材料與新問題。取用此材料，以研求問題，則爲此時代學術之新潮流。治學之士，得預於此潮流者，謂之預流（借用佛教初果之名）。其未得預者，謂之未入流。此古今學術史之通義，非彼閉門造車之徒，所能同喻者也。敦煌學者，今日世界學術之新潮流也。"[2]陳寅恪此文寫於二十世紀前半葉，故特標舉敦煌學。饒宗頤《法國遠東學院藏拓片圖録引言》一文中則説："向來談文獻學者，輒舉甲骨、簡牘、敦煌寫卷、檔案四者爲新出史料之淵藪。余謂宜增入碑誌爲五大類。碑誌之文，多與史傳相表裏，闡幽表微，補闕正誤，前賢論之詳矣。"[3]《藏誌》又爲文獻淵藪的第五大類史料即"碑誌之文"增加了一百多方新品。

在我看來，繼王國維、陳寅恪之後，將新材料、新問題、新工具、新觀點、新學風與學術預流、構建中國學派談得最透徹的要推傅斯年和賀昌群兩位前賢：

　　此雖舊域，其命維新。材料與時增加，工具與時擴充，觀點與時推進，近代在歐洲之歷史語言學，其受自然科學之刺激與補助，昭然若揭。以我國此項材料之富，歐洲人爲之羨慕無似者，果能改從新路，將來發展，正未有艾。故當確定旨趣，以爲祈嚮，以爲工作之徑，以吸引同好之人。此項旨趣，約而言之，即擴充材料，擴充工具，以工具之施用，成材料之整理，乃得問題之解決；並因問題之解決，引出新問題，更要求材料與工具之擴充；如是伸張，乃向科學成就之路。[4]

　　大抵一時代有一時代的學風，一番新史料的發現，必有一番新學問的領域，能够站在新學問的領域中利用這番新材料，就是學術上的前驅者，陳寅恪先生稱此爲"入流"，反乎此而不聞不問，自以爲坐井可以觀天者，謂之"未入流"。但我想入流與不入流，有時亦不在以能獲得新材料爲目的。近來學術界因爲爭取發表新材料的優先權，往往令人有玩物喪志之感。所以尤在要明瞭學術研究的新趨向，然後才知所努力，在思辨上有深澈的眼光，文字上有嚴密的組織，從習見的材料中提出大家所不注意的問題，所以學術的思考上也有入流與不入流之别。[5]

王國維總結宋代金石學研究的經驗："既據史傳以考遺刻，復以遺刻還正史傳，其成績實不容蔑視也。"[6]本書對所收碑刻的録文整理和部分墓誌的初步研究，秉承並發揮地下文物與地上文獻"往復互證"的原則，同時採用新文物之間"比較互見"的方法。目前所做的工作，猶如地質勘探中試鑽的巖石取樣，野外採集中的標本展示，不能代表全部。但管窺蠡測，也可以讓大家對館藏文物的整體多一份嚮往。奇物共賞，疑義相析；嚶其鳴矣，求其友聲；希望能引起更多同道的關注。

碑誌研究涉及到古人對冥界立體多元的規劃設計和營造製作，其中既有觀念層面的，也有技

①［清］王昶撰《金石萃編》，陝西人民美術出版社，1990年，第1—2頁。
②陳寅恪《陳垣〈敦煌劫餘録〉序》，《金明館叢稿二編》，生活·讀書·新知三聯書店，2001年，第266頁。
③饒宗頤《選堂序跋集》，中華書局，2006年，第49頁。
④傅斯年《國立中央研究院十七年度總報告》，轉引自傅樂成《傅孟真先生年譜》，《傅斯年全集》第七册，聯經出版事業公司，1980年，第2622頁。
⑤賀昌群《歷史的新途徑》，《賀昌群文集》第一卷，商務印書館，2003年，第285頁。
⑥王國維《宋代之金石學》，謝維揚、房鑫亮主編《王國維全集》第十四卷，浙江教育出版社、廣東教育出版社，2009年，第320頁。

術層面和材料層面的, 還有藝文美術層面的, 與現代的醫養學、死亡學、宗教學、規劃學、建築學、美術學、社會科學、技術科學、材料科學等息息相關, 關涉"古今學術史之通義"的"大事因緣", 是尚未被廣泛重視的學術富礦, 期待更多有識之士的科學挖掘和深入研究。

中國古代史學科對於考古具有天然的敏感性, 考古與史學的融合順理成章。近年來, 藝術史學科因爲圖像學、空間敘事學, 對考古學的介入越來越深入。古代文學與古典文獻學, 過去僅從史料和文獻整理角度關注考古新發現, 本書主要也是這一方面的努力。但從大遺址及現地的角度, 同步跟進考古學的新進展, 縮短時間距離, 立體全息地及時追蹤考古學的推進, 仍然任重道遠。從這個意義上來説, 古代文學和古典文獻學對新材料的"預流", 不僅僅要關注有限的文字文獻, 而且要著眼整個遺址與地下空間, 不僅僅是爲了對接今日之跨學科及交叉學科, 更是爲了致敬傳統的金石學。

"疑陵谷之易遷, 刊金石之難改。寄萬古而揚名, 託流芳於千載。"[①]我們的目的異於是, 意在通過對這批新文獻的錄文整理, 爲中古隋唐歷史、社會、文學、藝術包括絲路文化的研究提供更爲豐富的新材料、新個案, 拓展文史研究的空間, 因爲新出文獻中僅僅人物傳記部分就"數倍於兩《唐書》紀傳人物的傳記資料"[②]。並希求藉整理《藏誌》, 穿越漫長幽深的時間和空間, 觸摸有溫度的歷史細節, 考察重要事件的發生現場, 聚焦古人對死亡的情禮百態, 調整因史料缺乏而板滯的宏大敘事, 細化並深化有更多高清像素的歷史圖景。我和團隊成員爲有這樣的歷史際遇而慶倖, 也希望我們的學術研究能如傅斯年先生所云, "擴充材料, 擴充工具, 以工具之施用, 成材料之整理, 乃得問題之解決; 並因問題之解決, 引出新問題, 更要求材料與工具之擴充; 如是伸張, 乃向科學成就之路"。

三

本書在啓動整理之前, 就參考多種已刊石刻文獻錄文集, 草擬了一個初步的編撰整理體例。在開始工作後, 發現原體例問題不少, 於是大家根據所承擔工作中的具體問題, 各抒己見, 編委會擇善而從, 最後形成了作爲工作守則的這個新《凡例》, 在具體操作中, 我們還有一個將凡例細化的工作細則。其中, 中華書局朱兆虎先生, 整理團隊中的馬立軍、胡永傑、趙陽陽、王偉、盧燕新等對《凡例》和細則的定稿貢獻尤多。

整理團隊的幾位副主編各司其職, 齊志兄主要負責訂正圖版及團隊成員入館接待。樊文軍主要負責與榆陽區政協、博物館和出版社的業務聯繫。馬立軍、王偉、盧燕新、胡永傑、趙陽陽五位分別負責一個整理小組, 組織組內的初錄工作, 並負責初審。馬立軍、胡永傑和趙陽陽三位按書局要求, 分別又做了一遍覆校工作, 胡永傑最後負責統稿工作。郭琳作爲聯繫人, 爲大家複印稿件, 彙總稿件, 同時爲博物館的佈展做了大量工作。書中對每方墓誌的初錄者在文後統一括注姓名, 以示負責, 也便於統計工作量。

工作開展過程中, 我們曾集中召開過兩次專題研討會, 就研究的心得和錄文中的問題進行討

---

① 《隋闞明墓誌》, 見王其禕、周曉薇編著《隋代墓誌銘彙考》, 第1冊, 綫裝書局, 2007年, 第350頁。
② 胡戟《〈珍稀墓誌百品〉序》, 陝西師範大學出版社, 2016年, 第1頁。

論。在初録工作進行中，還曾邀請古籍文獻研究的專家針對稿件中的具體問題問診把脈、對症下藥，指出具體問題，對大家觸動很大。隨後編委會要求每個小組就組内成員所整理的每篇文獻，利用騰訊會議的方式，逐篇討論，將一些明顯的問題解決掉。

本項目雖然是以中國文化研究中心的名義申請，但中心成員參與者較少。主要原因是，當時中心還承擔其他幾項較緊迫的縱向任務，爲了不影響中心的正常業務工作，我們另外組織了這個專業團隊。

四

團隊成員雖然竭盡全力，但鑒於我們的能力和水平，仍有一些明顯的不足，主要有以下原因：

首先，榆陽區政協委託我們所整理的材料雖屬新見文物，多有學術價值，且是第一次公開發佈，但不是通過考古所獲文物，有關遺址及現地的信息闕如，故無法按照考古文獻的要求，提供詳盡而科學的背景材料。

其次，《藏誌》所收的這批文獻，面世的時間不一，來源不一，有些文物磨損嚴重，甚至漶漫不清，有些石質較差，不便移動，增加了録文整理的難度，也極大影響了工作進度。

博物館開館在即，榆陽區方面希望限時完成任務，所以我們組織了這個人數較多的工作團隊。團隊成員主要都有兩古專業背景，但相當部分成員没有獨立進行古籍整理的經歷，更没有從事新出文獻整理的實踐。大家學中幹，幹中學，通過這次實踐積累了從事石刻文獻整理的一些經驗，學會了從新材料中尋找學術問題，發表了一批優秀論文，也申請到了多項國家及省部級重要課題，從長遠的人才培養和團隊建設角度講未嘗不是好事，但也極大地影響了工作進度，提交上來的初録稿件參差不齊，增加了審稿和定稿的工作量。

鑒於以上原因，懇請同行專家和讀者朋友對這個初刊本不吝賜教，幫助我們不斷完善。

最後是致謝。撫今追昔，應該感謝的朋友很多。

首先，應該感謝榆陽區委區政府和區政協。感謝苗豐兄的信任，使我們和齊志三位三邊少年朋友在二毛之年能再次攜手，爲故國招魂起魄，爲地方文化做一點切實的事情。按照當時區委區政府的工作安排，博物館建設主要由區政協牽頭，政協的工作專班特別投入，使得整理工作能得以順利推進。在此要感謝榆陽區政協的萬勇、雷亞雄主席，郝燁琳副主席等，也感謝他們的理解與寬容，允許我們延後結題。

其次，要感謝出版方中華書局派遣由朱兆虎先生牽頭的强有力的專業編輯團隊。朱兆虎、王鵬鵬等幾位認真負責，且有古籍整理編輯的實踐，故所提意見和建議很具體。兆虎兄本人也是走出家鄉的榆林人，他也將承擔此項任務視作爲家鄉服務的機會，在確定體例、分組討論及最後定稿中都能踴躍發言，反復斟酌，廣搜書證，以理服人，體現了一個專業編輯認真的工作態度和深厚的學術造詣。

同時，也感謝我們團隊成員幾年來的辛苦和付出。通過本次合作，我們不僅完成了地方政府交辦的文化工作，而且也拓展了自己的專業能力，使得習慣於"書齋式"研究的古代文學學人，站在了新文獻發佈的前沿。但學海無涯，知識宇宙有無盡的未知，我們需要開拓和升維處還很多。

　　最後，感謝陳尚君先生對本項目的指導和支持。尚君先生對傳世文獻有精深的造詣和廣博的瞭解，對新文獻也非常敏銳。他參與了本項目的幾次專題研討，拙著《摩石録》也蒙他揄揚。本書完稿之際，正是他的《唐五代詩全編》出版前夕，感謝尚君先生撥冗賜序並隆重推薦。我因參與了本書的全過程，故代表編委會略述始末，交待緣由，敬請大家批評指正。

李　浩
二〇二三年十月六日

凡　例

一、 本書收録陝西榆林榆陽區古代碑刻藝術博物館所藏167方墓誌銘（其中西魏、北周2方，隋代10方，唐代144方，後唐1方，宋代1方，金代1方，明代7方，時代不詳者1方）。

二、 本書墓誌按照墓主葬期（如有權厝、遷葬、合葬，則依最後葬期爲準）先後排序。不記葬期者，據卒期排列；無紀年，或因誌石殘泐致失紀年者，置於所在年號或朝代之後。葬期與實際紀年不符者，不予改動，仍以原刻所載年號先後爲序。

三、 本書圖版頁包括圖版、解題兩部分。圖版包括誌石和誌蓋的拓片圖版。解題包括題名、葬年、尺寸、形制、書體、行數、字數等。其中題名徑取墓主姓名，統稱作“某某墓誌”，塔銘、磚誌等仍其稱，成婚女姓墓誌則冠以夫名，殤子墓誌冠以父名，宗教人士亦稱其身份。原誌有題者，於題名下復列原誌題，並括注墓主之名，或夫名、父名。

四、 録文采用通行繁體字，並加標點。原刻中的俗別字（例如“竹”頭、“艸”頭互用，“扌”與“木”無別等情形）、古體字（例如武周所造新字）以及當時通用的簡體字（例如“万”“与”“礼”等）均改爲現代通行繁體字。至於原刻中的假借字、錯字、改字、避諱字以及誤刻、漏刻、衍字等皆予以保留。

五、 原刻文字漫漶殘泐無法辨識者，用“□”表示；據殘留筆劃或上下文義推定之字外加方框；若殘泐過甚無法確知字數者，用“☒”表示；原刻文字顯誤者，在其後括注正字。誌石每行末字後加“/”，以示原拓行款。墓誌銘詞則另起提行，誌題亦單獨占行，以便閱讀。

六、 原刻中，除墓主名字、卒葬日期等應有刻字而留空不書外，其餘空格均不再保留。

目　録

榆陽區古代碑刻藝術博物館藏誌

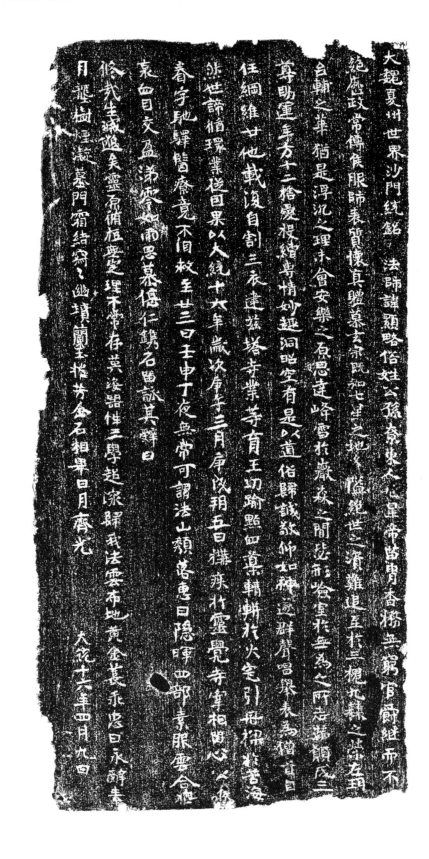

001 顯略法師銘

大魏夏州世界沙門統（顯略）銘

西魏大統十六年（550）四月九日葬。誌石方形，
長31、寬66、厚14釐米。誌文楷書，共10行，滿行
40字。

〔誌文〕

大魏夏州世界沙門統銘

　　法師諱顯略，俗姓公孫，遼東人也。皇帝苗冑，杳撥無窮，官爵繼而不/絶，歷政常傳侯服。師表質懷真，體慕玄宗。既知七星之地多隘，絶世之資難追。至於三槐九棘之榮，左珥/台輔之華，猶是浮沉之理，未會安樂之原。思達峰雪於巖森之閒，毖形嶮室於無爲之所。志滿願成，三/尊助運。年方十二，捨愛投緇，專情妙趣，洞昭空有。是以道俗歸誠，敬仰如神。遂群聲唱舉，表爲僧首。自/任綱維廿他載，復自割三衣，建茲塔寺。業等育王，功踰點血。導軿軒於火宅，引舟檝於苦海。/然世諦循環，業從因果。以大統十六年歲次庚午三月庚戌朔五日，構疾於靈覺寺。宰相留心，公侯/眷字，馳驛醫療，竟不個救。至廿三日壬申丁夜無常。可謂法山頹落，惠日隱暉。四部素服，雲合□/哀。血目交盈，涕零如雨。思慕德仁，鎸石留詠。其辭曰：/

　　倏哉生滅，邈矣靈原。脩短無定，理不常存。英姿器性，三學超深。歸我法雲，布地黃金。薲乖惠日，永辭素/月。壟樹煙凝，墓門霜結。寂寂幽墳，蘭玉摧芳。金石相畢，日月齊光。大統十六年四月九日。

（郭琳整理）

周持節撫軍大都督顯親縣開國子拓拔恭君墓誌

王賜漏刻替餌帚符道武皇帝之功也

高祖諱遷字伏莧魏使持節極軍左丞相名弼相山
妃獨孤氏

曾祖諱素連魏徒幷徵西大將軍都大達官常山王魏交成皇帝引內訪諸治
鎮都督大將內外二都
政蒐贈大將軍祿禘衤之服謚曰康陪葬金陵配饗清廟
妃恭連氏

祖諱洲字買仁魏孝文皇帝時宗正少卿肆朔燕二州刺史徒
柈節都督漂夷懷荒柔承三鎮二道諸軍事平北將軍平城鎮
將蒐贈相州刺史皮謚曰靖

父諱袤字九泉魏夔部尚書侍中關府徵同三司尚書左傑射
東南道大行臺大都督司空右馮翊王蒐贈本官雍州刺史皮謚曰簡穆
夫人東平人氣國侯呂繼女

君諱慎字仁茶河南洛陽人逸魏昭成皇帝六世之孫君兄弟
將軍尚書令司空公有州牧霞洛靈泰淫雍七州刺史領軍
五季兼太常少卿二季除持節撫軍將軍大都督通直散
人元魏尚書僕射程雲季沖李沖女
中前无後二季轉散騎常侍君少好學愛文史為山已匵方異有
常侍隨大將軍魏安公代當有功封顯縣開國子食邑方
騎常侍隨大將軍魏安公
百戶後二季經綿淹曆歲厚春秋十有五周王元季四月十四日
戒而覆疾歲次丁丑十月丁卯十八日甲申窆於雍州山
忽同過陳其季歲次
北小陵原謚曰恭

002　拓拔慎墓誌

周持節撫軍將軍大都督顯親縣開國子拓拔恭君
（慎）之墓誌

北周孝閔帝元年（557）十月十八日葬。誌石方形，長
41、寬41、厚7釐米。誌文楷書，共24行，滿行24字。
誌蓋佚。

〔誌文〕

周持節撫軍將軍大都督顯親縣開國子拓拔恭君之墓誌/

高祖諱遵，字伏兜，魏使持節、撫軍大將軍、左丞相、右丞相、常山/王，賜漏刻督銅虎符，道武皇帝之功臣也。/妃獨孤氏。/曾祖諱素連，魏使持節、征西大將軍、都督河西諸軍事、統萬突/鎮都大將、内外二都大達官、常山王，魏文成皇帝引内訪諸治/政，薨贈大將軍，襚袞冕之服，謚曰康，陪葬金陵，配饗清廟。/妃赫連氏。/祖諱淑，字買仁，魏孝文皇帝時宗正少卿、肆朔燕三州刺史、使/持節、都督禦夷懷荒柔玄三鎮二道諸軍事、平北將軍、平城鎮/將，薨贈相州刺史，謚曰靖。/夫人東平人，襄國侯吕繼女。/父諱海，字九泉，魏吏部尚書、侍中、開府儀同三司、尚書左僕射、/東南道大行臺大都督、司州牧襄洛靈秦涇雍七州刺史、領軍/將軍、尚書令、司空公、左馮翊王，薨贈本官、雍州刺史，謚曰簡穆。/妃隴西人，魏尚書僕射、司空、文穆公李沖女。/

君諱慎，字仁恭，河南洛陽人也，魏昭成皇帝六世之孫。君兄弟/五人，厥次第三。以魏大統十六年，兼符璽郎中。十七年，解給事/中。前元年，兼太常少卿。二年，除持節、撫軍將軍、大都督、通直散/騎常侍。隨大將軍魏安公伐蜀有功，封顯親縣開國子，食邑三/百户。後二年，轉散騎常侍。君少好學，愛文史，爲山已匱，方冀有/成，而寢疾纏綿，淹曆歲序。春秋廿有五，周王元年四月十四日，/忽同過隙。其年歲次丁丑十月丁卯十八日甲申，窆於雍州山/北小陵原，謚曰恭。

（郭琳整理）

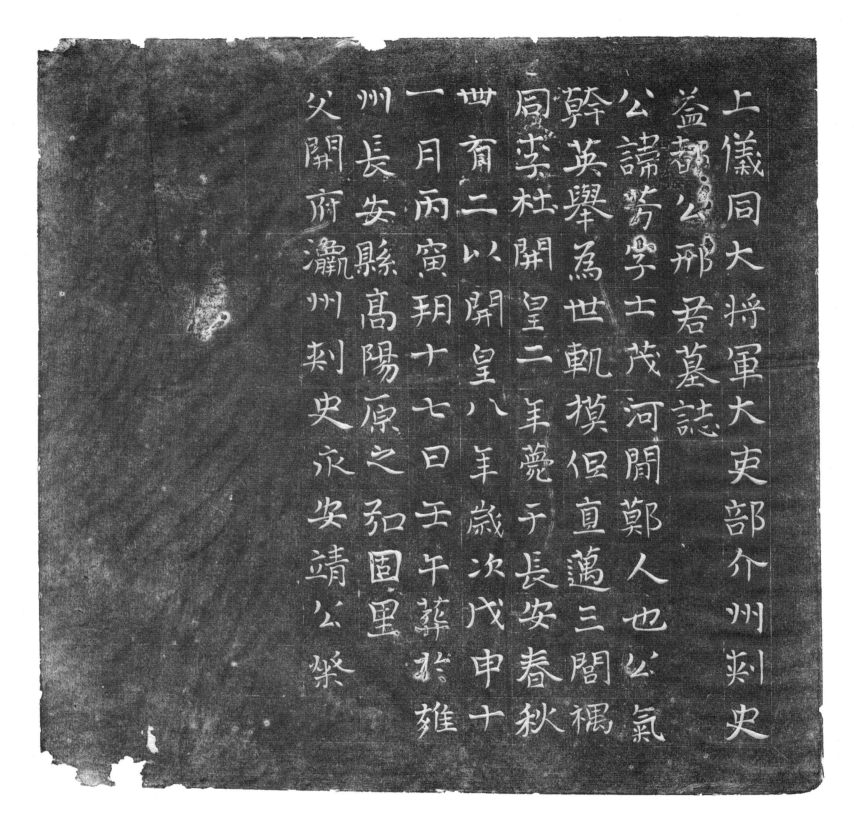

父州一世同幹公益上
開長月育李英諱都儀
府安二以杜舉芳公同
灞縣丙開開為字邢大
州高寅皇皇世茂君將
刺陽朔皇二軌河墓軍
史原十八羊模間誌大
永之七羊歲但鄭吏
安知日歲次直人部
靖固壬次戊邁也介
公里午戊申三公州
祭葬申春閒氣刺
於十秋裙史

003 邢芳墓誌

上儀同大將軍大吏部介州刺史益都公邢君（芳）
墓誌

隋開皇八年（588）十一月十七日葬。誌石方形，長
40、寬40、厚8釐米。誌文楷書，共9行，滿行13字。
誌蓋佚。

〔**誌文**〕

上儀同大將軍大吏部介州刺史/益都公邢君墓誌/

　　公諱芳，字士茂，河間鄭人也。公氣/幹英舉，爲世軌模。但直邁三閭，禍/同李杜。開皇二年薨于長安，春秋/卅有二。以開皇八年歲次戊申十/一月丙寅朔十七日壬午，葬於雍/州長安縣高陽原之弘固里。/

　　父開府、瀛州刺史、永安靖公粲。

（郭琳整理）

004　華政墓誌

大隋都督斌強縣令高唐縣開國侯華君（政）墓誌

隋開皇九年（589）正月葬。誌蓋呈盝頂形，長47、寬46、厚7釐米。蓋題篆書，4行，行4字。誌石方形，長45、寬45、厚11釐米。誌文楷書，共32行，滿行33字。

〔蓋文〕

大隋斌强縣令高唐侯華使君之墓誌銘

〔誌文〕

大隋都督斌强縣令高唐縣開國侯華君墓誌/

　　君諱政，字世直，大甯武城人也。昔玄丘浴水，誕玉筐之聖；白氣貫月，降金鈎之神。感彼/空桑，夢兹胥靡，傳業三古，載祀六百。公之始祖，微子之裔，故能播美往策，踵武前脩。歷/周漢而彌隆，涉晉魏而逾盛。桓珪錫土，赤紱以朝，布在簡書，故略言也。祖爽，氣業弘遠，/幹藝優深。魏景明之世，以郡功曹貢爲本邦太守。父紹，履端居正，名蓋當時，資度宏遠，/清徽宿著。孝昌之始，解褐奉朝請，歷任大行臺右丞、中書舍人、黃門侍郎、使持節、驃騎/大將軍、開府儀同三司、文州刺史，封高唐縣開國侯，邑一千五百戶。天和二年七月，薨/于京第，詔贈燕幽二州刺史。公氣稟丹霄，潤資玉海，智啓勞楚之年，業茂羊車之歲，風/儀疎朗，志性豪雄。保定之初，盛設庠序，廣洙泗之風，弘昇堂之數。公侯子弟，俊义有聞，/乃豫青衿，入爲經學。公西園獨步，東觀稱首，六翻未舉，九皋便澈。周之懿弟，出總蕃維，/妙選國華，以爲毗讚。辟公爲譙王府記室參軍事，仍府典籤，既侍帷幄之謀，實允儀形/之寄。仍遷外兵參軍，智兼九伐，務總三戎。天和五年，進位都督，轉水曹參軍，俄授閬中/縣令。灑春雨之澤，振秋霜之威，既理亂繩，彌制美錦。建德元年，襲爵高唐縣開國侯。承/家盡孝，必見無改之容；奉國竭誠，先聞有犯之色。宣政元年，授陰城縣令。有周之季，四/海橫流，夷敵乘間，諸侯問鼎，烽照甘泉，塵飛河朔，南蠻猾夏，邊鄙叛亡，路有驚苻，野無/宿草。公內施惠化，保境寧民；外示威略，連城荷潤。於是徵公南討，星言赴接。彼衆我寡，/遂被重圍，箭盡晉陽之城，泉窮疎勒之井。刁斗不擊，偃鼓臥旗，按劍勵士，勢如奔電，遊/霧百重，迸散千里，論功幕府，受策司勳。洎皇業光啓，疇庸敍德，州舉省貢，表薦頻繁。/開皇三年，除斌强縣令。職員將滿，仍遷經城縣。九功咸事，五教在寬，毒獸浮河，蝗飛他/境，導德齊禮，有恥且格。化未踰稔，仍遭母憂。毀瘠以形，水漿不入。號擗思歸，解職言邁。/攀轅臥轍，留詠甘棠。遂不勝哀，乃薨于路。嗚呼哀哉！惟公寬仁博愛，履道孝慈，信結友/朋，直心奉上，見善如不及，疾惡如去草。武兼七德，文表四義，灑翰若飛，算不旋踵。志高/河岳，氣逸風雲，臨難既無苟免，臨財義無苟得。方當調斯鼎實，疇兹問道，昊天弗吊，掩/及歎楹。聖后悼傷，群辟哀戀，豈直春婦綴𢆶，郊廛廢市者哉。龜謀允襲（襲），禮期非遠。粤/以大梁之歲，析木之月，日御玄黑（黓），時維閼逢，還窆于雍州大興縣之小陵原。風引薤歌，/響入松門之路；塵飛素蓋，迴趣黃泉之道。驥馬徘徊，送賓嗚咽。將恐南湖淹縣，東海生/桑，勒此徽猷，乃爲銘曰：/

　　天命玄鳥，降而生商。運傳金氣，祚始玉筐。神哉厥緒，裔彼殷王。洪源宏遠，盛業遐長。顯/考上德，惟後剋昌。家傳長戟，禄重高箱。伊君令哲，命世維良。才逾元顗，謀深子房。澄波/萬頃，秀立千刃。矢直筠貞，金聲玉振。錦續增暉，隋和流潤。名溢前脩，德隆後進。昊天弗/吊，梁木云催。綴春巷哭，趨車赴喪。玄堂北掩，白日西迴。墳低舊壟，松列新栽。人疎鳥集，/野曠寒來。嗚呼名寶，長埋夜臺。

　　　　　　　　　　　　　　　　　　　　　　　　　（郭琳整理）

005　成崟墓誌

大隋東宮勳衛右衛率倉曹參軍事成府君（崟）墓誌

隋開皇九年（589）十月二十四日葬。誌石方形，長43.2、寬43、厚8.7釐米。誌文楷書，共28行，滿行27字。誌蓋佚。

〔**誌文**〕

大隋東宮勳衛右衛率倉曹參軍事成府君墓誌/

　　君諱晉，字師衍，遼西陽洛人也。昔五曜入房，仍搆洪流之本；三辰襲建，/即肇峻極之基。始受命於鶉火，啓農祥於震木。於是派源玉樹，分影若/枝，鍾茲下武，因官命族。祖子希，清風遠振，神用英舉。歷任給事中、大丞/相府屬、同州別駕、高平郡太守，封陽洛縣開國伯，食邑五伯户，薨贈撫/軍將軍、儀同三司、平州諸軍事、平州刺史。父備，器量宏遠，幹藝優長，聲/振華戎，德兼文武。屢辟樂曹及隴右府、大丞相府參軍事，歷位都督前/將軍、左銀青光禄大夫、使持節、車騎大將軍、儀同三司、御正大夫、長安/令、雁門郡太守、平營狹三州三鎮諸軍事、三州刺史、營州總管、開府儀/同三司。出總六戎，入參八柄，上曜星台，下連岳牧，威稜海外，治舉京華。/薨於官。公氣資玄象，量擬河山，智啓幼靈，業隆弱冠。有周建德，帝度乃/弘，股肱唯賢，爪牙俊乂。公則飛纓武帳，躍步文昌。建德四年，入英果宿/衛。宣政元年，任司衛都下士，既掌禁戎，司管闈闈。大象元年，遷右司衛/旅佐。二年，任前侍都中士。昇降丹陛，參聞神密之算；出入龍樓，仰贊如/絲之旨。大隋皇帝，龍飛在天，預簡英俊，親奉鸞罩。泪重離出震，又/侍春宫。開皇三年，策授右勳衛、陽洛國世子。承家奉國，出誠入孝。又以/穀曰民天，禮義伊始。六年，授右衛率倉曹參軍事。九扈惟司，棄稷是務；/三農弗惰，倉流腐粟。方騁逸足之才，用盡搏扶之勢，而顏子庶幾，歟楬/奄及。以開皇六年十二月十三日，搆疾卒于京第，春秋卅。嗚呼哀哉！惟/公幼而岐嶷，夙播英奇，長逾爽異，聲聞朝野，武兼七德，文該四義。妙於/絲竹，能致風雲之感；善奏宮商，懸知水旱之調。侔金待價，似玉傳聲。彼/蒼者天，如何不淑。以九年十月廿四日，窆于雍州大興縣小陵之原。歟/高岸之爲谷，懼海水而生桑，故勒嘉名，寄之玄石。銘曰：/

　　脩幹峩峩，長瀾浩浩。降靈維岳，神哉顯考。秀此民良，挺茲國寶。緯武經/文，秉德含道。搏扶未遠，高天已沖。既倍紫闥，又奉春宫。謀參甲帳，纖履/禁戎。會（倉）盈庾億，國富儲豐。含芳委耀，璧毀松傾。奄斯至德，墜此嘉名。人/希地泠，野曠煙生。風搖去柳，務（霧）合佳城。流啼染竹，灑淚沾纓。獨鐫玄石，/播此餘馨。

（郭琳整理）

006　梁脩芝墓誌

隋故使持節柱國相州刺史華陽襄公梁史君（脩
芝）墓誌銘

　　隋開皇十三年（593）十一月二十四日葬。誌石方形，
　　長60.5、寬58、厚10釐米。誌文楷書，共36行，滿行
　　35字。誌蓋佚。

〔**誌文**〕

隋故使持節柱國相州刺史華陽襄公梁史君墓誌銘/

　　公諱脩芝，字彥光，安定烏氏人。發系金天，流慶玉女，本枝同於嬴氏，胙土別於梁國。三后六/貴之光榮，七序五噫之詞氣，固以昭彰圖史，射越不窮。曾祖茂，魏鎮西大將軍、秦州刺史、臨/涇郡開國公。祖育，平西將軍、華州刺史。父顯，東雍州刺史、大鴻臚卿，贈開府儀同三司、涇刑/二州刺史。女㜗丹穴，鸞鳳連飛；懸圃曾城，瓊瑤秀出。門容駟馬，豈止于公；里號乘軒，更同蘇/相。公載營抱魄，陽舒陰慘，同人者形有，異人者精靈。幼著仁心，夙標智骨，言同帛曒，操等松/寒，性理虛沖，襟神條暢。綠綺清英之妙，絃驚鶴儷；懸帳臨池之巧，筆轉鵷飛。初補大學生，尋/除祕書郎。冊府書淵，肆意研覽，芳潤咸盡，糟粕無遺。周元年，除舍人中士，轉上士。周高祖爰/始封唐，妙簡僚佐，除魯公府屬。保定三年，稍遷小縣伯下大夫。四年，除大都督戎右下大夫。/天和二年，轉小馭下大夫，丁艱去職。公天經地義，至性過人，集蓼茹荼，哀瘠越禮。尋起復本/官，仍授小內史下大夫。封泥握素，任典絲綸；燥吻濡翰，詞同綺縠。除使持節、車騎大將軍、儀/同三司、樂部中大夫。發揚蹈厲，賓牟未知其理；硎鎗鼓儷，制氏不達其義。公性曉八音，洞明/六律，若季子之聽曲，風俗咸辯；同周郎之蹔顧，舛誤必知。雅鄭遂分，金石有序。建德三年，除/御正下大夫。六年，從平東夏，以功授使持節、開府儀同大將軍、御正中大夫，封并州陽城縣/開國公，食邑一千戶。又授上開府。周武粵自蕃邸，蕭繽皇極。公義則代臣，情同宛故，綢繆丹/陛，出入青蒲。或昌言政治，或揚搉今古，抵掌盱衡，分霄達曙。賈誼之説神道，太宗前席；馬援/之論兵法，光武意同。而秉心淑慎，樞機謹密，問樹不言，數馬方對。每以謙撝下物，不持爵位/驕人。故終高祖之世，克全榮寵。宣帝踐祚，除華州刺史，改封梁州華陽郡開國公，邑一千戶，/百戶舊封，聽迴授一子。大象初，治御伯中大夫。二年，授上大將軍、御正上大夫。又進位柱國，/除青州刺史，不之任。大隋受禪，除岐州刺史，增邑五百戶，并前二千戶。公務農勸學，恤老/矜孤，舉大綱而略細網，先德教而後刑罰。誠感徵祥，化致清靜，乃有瑞木連理，嘉禾合穗，巢/鵲俯而可窺，馴鳩乳於寢室。事聞宸扆，發詔褒揚，賞以粟帛，用明勸獎。開皇五年，冊拜趙/州刺史，尋改授使持節、相州諸軍事、相州刺史。十年，又除趙州刺史，還任相州。河朔漳濱，前/衛後趙，遠則袁曹遞據，近則燕齊舊都。俠窟餘民，奸豪不息；商淵大賈，狡猾難治。公勵之以/仁義，糾之以明察，威德兼宣，寬猛相濟，蒞任九載，風化大行。既而魏世兩童，空聞遺藥之語；/堯年五老，終有入昴之期。以十三年六月九日，寢疾薨於位，春秋六十。相杵之聲，寂寥於里/巷；墰粥之旅，罷散於旗亭。皇上追悼名臣，有加恒感，遣使弔祭，賜謚曰襄公，禮也。仍以其/年歲次癸丑十一月丁酉朔廿四日庚申，厝于小陵原零泉鄉黃渠里。五百歲有達者，已驗/今辰；三千年見白日，勒銘來世。其詞曰：/

　　《易》曰賢人，《書》稱畯德；惟公誕降，高明柔克。保姓受氏，承家開國；世有民英，咸為士則。爰初蒙/幼，山下出泉；既升庠序，秉志精專。人同玉潤，水類璧圓；離經鼓篋，操縵安絃。道藝內融，英華/外發；劍氣侵斗，珠精連月。志在崇讓，心存去伐；談足擘肌，文非次骨。一從宦伍，屢變朝衣；淵/龍值躍，代馬逢飛。宮臺贊務，帷幄參幾；鳴鑾曳綬，若若騑騑。五運移序，千齡啓聖；事夏遷虞，/加榮錫命。禮數逾重，聲明日盛；八翅飛州，六條斑政。前臨柏柱，却走蒤臺；丹帷再闢，朱駼往/來。惠風春動，愛日冬開；命殊金石，夢有瓊瑰。反葬西京，遊魂北帝；百年人盡，千秋泉閉。野曠/風酸，松寒日瞖；香名不朽，永垂來裔。

（郭琳整理）

儀同三司長孫行布墓誌銘
君諱行布□□□之貴
祖光光禄大夫聲魏朝
父晟左領軍將軍冠冕
重當世君生而聰令個僮不羣性好墳籍史偏
武用出身而為漢王諒庫真左右常陪奉蓋恒
朱翰集蒲坂之來幕府無二諒以少年充悼贇
蕭牆免每欲達節自板陽之鈡諒出城遂籠絆
勢不撲謀拒守歸順身徇義為國立勳出年廿八
運機於并州城內投身徇義為國立軀出
窆於并州城內投身徇義為國立軀出賜物五
間盡一生之命詔書襃誄贈儀同三司賜長
百段即之原痛感羊二月廿三日葬於長安城
南小陵之原痛感羊行路襃切飛鳥恐山河頻
陵初王出世故有勒石幽泉以彰茂實乃爲銘曰
郙谷無常世有名賢惟祖有事王府少閒聯珠
漢水先武志勳田年始弱冠應時羲舉十生難盡
終使先軺武志勒氷霜應時羲舉士難盡一
飄忽先榮堂電元勳勒氷霜應時...
昔宴春秋獻堂...
泉門...

007　長孫行布墓誌

儀同三司長孫行布墓誌銘

隋大業元年（605）二月二十三日葬。誌蓋呈盝頂形，長35、寬35、厚7釐米。蓋題楷書，4行，行4字。誌石方形，長35、寬35、厚6釐米。誌文楷書，共20行，滿行18字。

〔**蓋文**〕

大隋儀同三司長孫行布墓誌之銘并頌

〔**誌文**〕

儀同三司長孫行布墓誌銘/

　　君諱行布，鰲屋人也。奕世卿相之門，本枝冠冕/之貴。祖兕，光禄大夫，聲魏朝。父晟，左領軍將軍，/名重當世。君生而聰令，倜儻不群，性好經史，偏/工武用。出身爲漢王諒庫真左右，常陪紫蓋，恒/御朱輪，榮寵之來，幕府無二。諒以少年兇悖，釁/起蕭墻，集蒲坂之兵，興晉陽之鉀。君先被籠絆，/勢不獲免。每欲建節，自拔無由。因諒出城，遂潛/運機謀，拒守歸順。事卒不成，奄致摧滅。年廿八，/喪於并州城内。投身徇義，爲國亡軀。出萬死之/間，盡一生之命。詔書褒獎，贈儀同三司，賜物五/百段。即以大業元年二月廿三日，葬於長安城/南小陵之原。痛感行路，哀切飛鳥。恐山河頹變，/陵谷無常，故勒石幽泉，以彰茂實。乃爲銘曰：/

　　厥初先葉，世有名賢。惟祖及禰，官爵蟬聯。珠生/漢水，玉出藍田。年始弱冠，有事王府。少閑文德，/終便用武。志勵冰霜，應時義舉。千生難盡，一朝/飄忽。先軫喪元，馬援歸骨。誰言壯士，俄然埋没。/昔宴華堂，今□□墓。不復車馬，唯交狐菟。一奄/泉門，春秋□□。

　　永壽鄉皇泉里。

（郭琳整理）

大隋使持節儀同三司馮君墓誌
君諱世康□州新平郡人也轉為原州□高縣伯□南真里遠祖龍駒燕
代弘開帝晶蔴紀監根因茲善祖諱誕使持節驃縣使持
行臺司空公附馬長舉王祖諱寧使持節驃騎大將軍儀司三司侍中
左右光祿大夫涇州大中正少師墻靈原縣□之九諸軍事五州刺史壽輔
部開國公但仁風爪備雄略早聞兒五主上□於□邦第□禮贈加為
政功業兒隆忽遣綏緝病竟於私第□禮贈加為懷襄軍蒙迫
州感其父諱呈使持節柱國□南北二州襄原竟於漢曲諸軍事三
刺史東海郡開國公景萋葉不節□疾□蒙於漢曲揚於
九域蟬聯卿員□器□□莫弘邁志峻□雲□振於荒英文揚於
安公其之禮也君即公之第五子年于七□但志氣□曲雲□□□
顯裝脈師思報劬積性懷□遂棄儒門氣仕堵壁二感親行禮吊義曰
武略常任親衛爵追榮蒙前驅帥都督屬工湖遂發雄驅馳
存顯令名播於朝進爵上既以勳□記授千車牛□□□諸宿衛宮閭
表氣申效次林邑便總榮馬前驅鐵騎霜明飛日身委以深重驅馳
載名重之圖登百城之柵烏合之類僮介霜明飛曜日身□士平咸縱武
累陣後之□時年世有四即歸柜長安拍霞□不祐德禧溢交人勇決前驅武
開萬□燭焰起年世有四即歸柜長安拍橫亂注但天不祐德禧蟻泉之徒俄然電藏于時盧
傳語其雄詩則蕭曹可敵威揚陽贈儀同三司伐谷子龍即以大業二年十一月
驚風燭時年世詔□贈陽邱儉僪名□魄掘六軍□功皇庭竹柏永謝
後風燭焰□禮錫加馬遂□朝倫素意合朝物何其少哀弓馬關以世剛懷恨
天子追悼敬仁州長安縣福壇贈陽邱僪名□振六軍□勳功皇庭竹柏
世三日葬於雍州加馬遂合朝□素意合心存□物□何其少哀弓馬關以世剛雄
謂孤塋埋厚地死生交綰如□境□伀城易削影逐箨龍形□□天誰
何窮擁涕餘萬為銘日物沈淪去留如雅□亂城易削影逐箨龍形
粵以天地死生交綰人物沈淪去留如雅□乾城易削影逐□靈惟
隨送鸞帳埋隴月霧隱寒松泉扉永斎關戶喪扯□題石柱劍排荒龍聚靈惟
徒設霄帳一朝風燭萬事飄零長辭白日永霤區庭悲炊德化窆此幽
城終天無及空聽哀聲

008　馮世康墓誌

大隋使持節儀同三司馮君（世康）墓誌

隋大業二年（606）十一月二十三日葬。誌蓋呈盝頂形，長51、寬50、厚9釐米。蓋題篆書，4行，行4字。誌石方形，長52、寬52、厚12釐米。誌文楷書，共29行，滿行29字。

〔**蓋文**〕

大隋使持節儀同三司馮府君之墓誌銘

〔**誌文**〕

大隋使持節儀同三司馮君墓誌/

　　君諱世康，幽州新平郡人也，轉屬原州平高縣伯達鄉南真里。遠祖龍昇燕/代，弘開帝圖，曆紀盤根，因茲不絕。曾祖諱誕，使持節、都督征西征東南北行/行臺、司空公、駙馬、長樂王。祖諱寧，使持節、驃騎大將軍、開府儀同三司、侍中、/左右光禄大夫、原州大中正、少師、鹽靈原綏兗五州諸軍事、五州刺史、壽張/郡開國公。但仁風夙備，雄略早聞，剋三危於魏都，定九黎於周室。屬河清輔/政，功業剋隆，忽遘纏疴，薨於私第。主上悼惜，禮贈加焉，悽愴於懷，特蒙追/感。其父諱昱，使持節、柱國、南北二汾襄漂四州總管、郢靈漂三州諸軍事、三/州刺史、東海郡開國公。然公器亮弘邁，志峻風雲，威武振於八荒，英文揚於/九域，蟬聯帝胄，累葉不窮。奄疾襄原，薨於漢曲。天子追慕，親行禮弔，謚曰/安公，其之禮也。君即公之第五子，年十七，敕入國子學，仍充七十二數。開/曚發簪，師不再言；攬古宣今，義無二問。但志氣肱（弘）毅，情貪弓馬；卷袠停文，心/存武略。常思報效，恒積於懷，遂棄儒門，乞仕堦陛。上感誠節，仍許宿衛宮闈，/標顯令名，蒙任親衛長上。既以勳冑，詔授千牛，侍御非輕，委以深重，驅馳/累載，名播於朝，進爵追榮，蒙授帥都督。屬兵車南討，罰罪江湖，遂發雄情，/表乞申效。軍次林邑，便躍馬前驅，鐵騎霜明，飛鋒曜日，身充士卒，威武縱橫，/開萬重之圍，登百城之栅。烏合之類，倏爾雲銷；蟻衆之徒，俄然電滅。于時塵/驚陣後，霧起軍前，流矢縱橫，飛鋒亂注。但天不祐德，禍濫及人，勇決前驅，奄/從風燭，時年卅有四。即歸柩長安，招酹遊魂，權殯私第。論其功績，則韓白易/儔；語其雄情，則蕭曹可敵。威揚八表，名振六軍。勳著皇庭，功書竹帛。/天子追悼，禮錫加焉。遂詔贈儀同三司，仍令子襲。即以大業二年十一月/廿三日，葬於雍州長安縣福陽鄉脩福里。但生平所好，弓馬關心，志性剛雄，/氣凌霞漢；情敦仁素，意洽朝倫。無愧在心，不負於物。何其少夭，永謝終天；誰/謂孤魂，長埋厚地。形沉隴底，魄墜荒原，玉樹無春，金枝有萃。徒傷追往，悽恨/何窮，揮涕飾辭，乃爲銘曰：/

　　粤以天地，死生交錯。人物沉淪，去留如昨。幻境難依，乾城易削。影逐旌翻，形/隨送鐸。雲埋隴月，霧隱寒松。泉扉永籥，闇户長封。芳題石柱，劍掛荒藂。靈帷/徒設，霄帳終空。一朝風燭，萬事飄零。長辭白日，永翳昏庭。悲哉德化，窆此佳/城。終天無反，空聽哀聲。

　　　　　　　　　　　　　　　　　　　　　　　　　　　　　　　（郭琳整理）

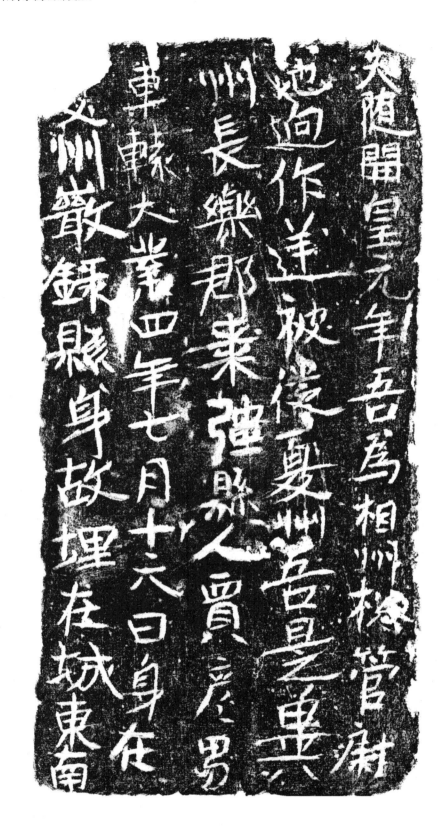

009　賈車轅磚誌

隋大業四年（608）七月十六日卒。誌石方形，長17、寬33.5、厚4.5釐米。誌文楷書，共5行，滿行13字。

〔誌文〕

　　大隨開皇元年，吾爲相州總管尉/池迥作逆，被徙夏州。吾是冀/州長樂郡棗彊縣人賈彦男/車轅。大業四年七月十六日，身在/夏州巖録縣身故，埋在城東南。

　　　　　　　　　　　　　　　　　　　　　　　　　（郭琳整理）

大隋故右軍將軍奉車都尉宋府君之墓誌銘
君諱仵興字五女京兆大興人也帝嚳之後以窆其十代
殷湯之後名譽重於百王是以窆其十代
葉難可繼言譽重重
斜谷開國公祖魏哲魏蘭中將軍左金紫光祿大夫遷邊荒州
別駕太子洗馬幼標岐嶷早禀淳粹蘭臺侍御史中書讓郎秋書
風神鑒遠給事中尋如右軍將軍奉車都尉
誡強濟位公宅山北縣父鲁奉
宣威將軍韓用春秋未舊異苹松筠遘疾不療掩同露之春秋
三台之保四筆二月廿二日薨於彭澤子父及其手作朝請之子
世有五之羽林監從自東保進谷非常故刊玄石以京
也郡太守之姑怡聲和之原以十二月十一日葬於陵場政川
二郡事易縣歲次庚午十四德有壽元年三月廿五日
則言燭春神縣令下氣方聞三眉壽以保配君何一子曼郎
風業六大興乃為銘曰族武越陳張文蹈潘陸蕐開恭儉風姿雅
不朽承殷斯摽魂埋泉壤志盡生
系如何一旦蕐承殷斯摽徒輕月輝夕照松風曉聲一悲長往
謝自何華蕐輝金詔織難枕
難鳴麟提臨檜總幕徒輕月輝夕照松風曉聲一悲長往万
恨堂縈

010 宋仵興墓誌

大隋故右軍將軍奉車都尉宋府君（仵興）之墓誌銘

隋大業六年（610）十一月十五日與夫人合葬。誌蓋呈盝頂形，長43、寬43、厚9釐米。蓋題篆書，3行，行3字。誌石方形，長44、寬44、厚7釐米。誌文楷書，共22行，滿行23字。

〔蓋文〕

隋故奉車都尉宋君誌

〔誌文〕

大隋故右軍將軍奉車都尉宋府君之墓誌銘/

　　公諱仵興，字五女，京兆大興人也。帝嚳之胤，盛德彰於千代；/殷湯之後，名譽重於百王。是以究其鴻源，波瀾峻遠；窮其遐/葉，難可縷言。祖永，魏殿中將軍、左金紫光禄大夫、游邀將軍、/斜谷郡開國公。父哲，魏蘭臺侍御史、中書議郎、秘書丞、荆州/別駕、太子洗馬。公稟淳粹之精靈，資太和之景氣，瓌姿英懋、/風神鑒遠。幼標岐嶷，早擅聰穎；弱脩孝道，長備臣節。起身魏/宣威將軍、給事中，又遷宇文大丞相東閤祭酒。以公夙展勳/誠，强濟幹用，尋加右軍將軍、奉車都尉。既齊七德之美，兼顯/三台之位。公春秋未耄，冀等松筠，邁疾不瘳，掩同朝露。春秋/卌有五，保定四年二月廿三日，薨于本第。夫人席氏，安定人/也。祖朗之，山北縣令、羽林監、彭澤子。父魯，奉朝請、三巴始平/二郡太守。夫人四德有聞，三從自秉。及其作配君子，條枚是/則；言事舅姑，怡聲下氣。方介眉壽，以保遐年，如何一旦，奄從/風燭。春秋八十四，以仁壽元年三月廿四日，薨于本第。即以/大業六年歲次庚午十一月戊午朔十五日壬申，合葬於京/兆郡大興縣神和之原。且丘陵易改，川谷非常，故刊玄石，以/傳不朽。乃爲銘曰：/

　　系自帝嚳，葉承殷族。武越陳張，文踰潘陸。節用恭儉，風姿雅/淑。如何一旦，壞斯樑木。魂埋泉壤，志盡生平。鼉金詎織，雞枕/難鳴。隧埏既掩，總幕徒輕。月輝夕照，松風曉聲。一悲長往，萬/恨空縈。

（郭琳整理）

011　杜懿墓誌

大隋故太僕卿杜君（懿）之墓誌銘

隋大業九年（613）十月十五日與夫人合葬。誌蓋呈盝頂形，長74、寬73.5、厚7釐米。蓋題篆書，3行，行4字。誌石方形，長72.3、寬73.5、厚10.5釐米。誌文楷書，共32行，滿行32字。

〔蓋文〕

大隋故太僕卿杜君之墓誌銘

〔誌文〕

大隋故太僕卿杜君之墓誌銘/

　　君諱懿，字弘仁，京兆杜陵人也。二守夾河，名高漢册；五世清德，譽重晉庭。不墜冠冕，/海内歸其著族；遞爲卿相，天下稱其世家。不絕良史之書，故可得而略也。祖顒，魏使/持節、征西將軍、金紫光禄大夫、太尉公、都督三雍幽涇五州諸軍事、雍州刺史、平陽/武公。父秀，周征東將軍、右金紫光禄大夫、儀同三司、渭州刺史。維君降德英靈，資神/穎悟，映玉質於髫丱，振金聲於齠齔，發號神童，終成令望。建德四年，起家即爲左司/衛、左侍伯色。五年，轉爲司服下士。及乎/隋運且昇，霸圖肇建，即謀同德，仍授禮曹參軍。既屬崩壞，誠資制作，捃摭頹綱，於兹/大備。開皇元年，蒙授御府直長。三年，襲封甘棠縣男，邑二百户。十二年九月，遷爲金/部侍郎，應星象之尊，伺泉府之重，握蘭敷奏，僉曰惟宜。十九年，蒙授大都督。二十年，/出爲北道行軍總管府長史，董察戎旃，首僚督府。自非深識奇正，豈得總司戎幕。既/而制勝在乎樽俎，折衝寄於帷帳，決機兩陣，策勳第一。飲至行賞，進授儀同三司。鼎/餁之和，台階之峻，儀形之美，莫尚於斯。其年十月，敕授内舍人。大業元年，蒙/授河南縣令。于時卜惟雒食，百堵初興；民利用遷，五方繁會。君首膺規橅之政，創謀/教富之術，革頑民於殷俗，鉏莠穢於周餘，穆此淳黎，覃兹聖化，造之與因，見其難矣。/三年四月，入爲殿内大監。其年四月，又加朝請大夫。公既三虎之取掌，實九龍之種，/庭樹不言，欄楯無譖。至十月，轉授禮部侍郎。四年八月，奉敕檢校河南贊治，/接畛則黍稷彌望，離房則機杼相和，反本爭歸，遷善罔匱。五年十月，蒙授太僕卿，良/以慎同數馬，善若御龍，故得恤勿金鷗之節，騰驤玉鸞之度。方當侍瑶池之高讌，陪/玉檢之升封，而與善無徵，殲良遂及。以大業六年十月八日，薨于私第，時年五十五。/維公鑒度弘遠，器宇純粹，覩物識奥，研道知機，故能契闊權輿，思媚嗣德，坐光九/棘，位重千金。及乎贊毗神牧，享割京縣，潛思以化其本，不言以遷其俗，洋洋乎德之/爲政也。夫人韋氏，京兆人也。祖遠，廷尉卿。父　　　　　　　。夫人工容之盛，四德無虧；/笄盥之嚴，五事斯飭。年十有七，歸于杜氏。仁壽三年，策拜永樂縣君。既以達禮見封，/且得從夫有秩。以大業元年三月八日，遘疾薨于私第，春秋卌九。以今九年太歲癸/酉十月辛未朔十五日乙酉，合葬於大興縣洪原鄉之延信里，禮也。世子虔福，痛乾/坤之夙傾，陟岵屺而長訣，敢髣髴乎紀著，用少申於貫徹。呼嗚孝矣！乃作銘云：/

　　積德積慶，世禄世家。深根固柢，接耀連華。乃祖乃父，陽艷春葩。天降純德，早標英跱。/色憂傷足，心驚噬指。祗敬六德，膏潤三史。濯纓宰府，矯翼崇華。榮均鄧騭，任等君牙。/帝京富沃，王里豪奢。民知禮讓，吏息奸耶。齊姜宋子，魚駕鸞飛。兢兢沃盥，戰戰懸揮。/方諧異室，忽此同歸。蘭摧鄭夢，璧碎秦宫。一埋匣玉，永閉熜銅。黃山嚴其苦霧，白楊/結其悲風。諒春秋之非我，日出入其安窮。

（郭琳整理）

君諱勣，字立言，京兆鄭人也。大夫建節辯越，王司馬揔戎威
校蜀主，豈止玄宗精思，綜七聖之才子，橘文減三司空，楚之
世祖涇，信魏尚書令、司徒、東平威王。祖騰，周柱國、大司空，
陵涇信五州揔管、上司，鳳庸定穎，脫融大將軍、伊洛二州刺史。
懷公既體變詩君，生而聰慧，際纏洞通書傳，神宣發德於天，儀盛於
人倫，誦君生而微研五機際纏，洞通書傳，即仁壽四季七月召補挽郎，視性不
厽無競，取季知明陸選，為朝議郎，生于時居壽，此散貞晨昏求遷職代君，
其者歡兼累載，每以君不勝棗增大業，十一季十四夫人王氏，太原
高之系，果既而君詩毀殞，禮卒時季世四，夫人作配瑟琴，負影蘭桂廬
之歡，業孫女也，季綿力於塋側，於君以長兄立素黨黨，在疚負隻影奉安
月廿七日，攢扶綿力於塋土，蘧師三餘理會，墳弘籍明開一紙緣
遺孫女也，季綿扶力，於塋土蘧師加以濟，篤愛墳弘籍唯開悟心窺
兂其啟德輕君，輕財重諾諸善玄經，翻趨通以濟篤愛，墳莊受弘籍
象及其德輕君，輕財美景受諾，善玄經，翻趨師宋加以遍昔乃為母志天
傳其綴杖，五張行武挍多孤必，終命毀斃滅於所恃，呼孝救裴秀子
全若杖五，張武挍居寵情，蓋寔俯就如金比王，忘懷大數月寶竭建
淵嶠率人貞操善居得情，盖寔俯仁如就迂子野，數月寶竭志歲餘屬
和心為禮守，顏丁何疎痛矣，李臂悲衺，救宇裴秀永絕模楷誰其領袖
因結名流悲深，慕胄身歿，名彰方傳宇宙，永絕模楷誰其領袖

012　陸勣墓誌

隋大業十二年（616）五月十七日葬。誌蓋呈盝頂形，長49、寬49、厚8釐米。蓋題篆書，3行，行3字。誌石方形，長50、寬50、厚8釐米。誌文楷書，共25行，滿行24字。

〔**蓋文**〕

大隋故朝議郎陸君誌

〔**誌文**〕

　　君諱賾，字立言，京兆鄠人也。大夫建節，辯折越王；司馬總戎，威/稜蜀主。豈止玄宗精思，綜七聖之經；才子摛文，減三張之價。七/世祖　　，魏尚書令、司徒、東平威王。祖騰，周柱國、大司空、楚隆江/陵涇信五州總管、上庸定公。父融，大將軍、伊洛二州刺史、定陵/懷公。維君生而聰慧，夙標穎脱，神采發於勝衣，風儀盛於弱冠。/亦既誦《詩》，便明五際；纔通《書》傳，即宣三德。天經地義，孝性竭於/人倫；體變知微，研機洞於物理。仁壽四年七月，召補挽郎，寔資/高蔭。其年十月，選爲朝議郎。于時居此散員，多求職任，君獨保/其無競，取貴陸沉，故得嘯咏生涯，從容孝德。晨昏遞代，竭視枕/之歡；寒暑推移，展問衣之志。既而太夫人寢疾彌年，君亦不解/衣者累載。每有增動，必亂首流襟。有識之士，固以憂其至性，及/遭荼蓼，果不勝喪。大業十一年六月廿八日，太夫人亡。其年七/月廿七日，而君毀卒，時年卅四。夫人王氏，太原人，太原公思政/之孫女也。既以詩禮見知，遂以德容作配。瑟琴方睦，蘭桂早摧。/大業十年，搆疾先殞。君長兄立素，煢煢在疚，負隻影於苫廬；喘/喘窮號，扶綿力於墳土。以今十二年五月十七日，奉安厝於先/塋，仍窆君於塋側。維君識度通濟，器局弘整，腰帶稱其言，容皃/充其德。輕財重諾，善交趨士。加以篤愛墳籍，明敏開悟，纔窺《易》/象，反啓郭恩；始受玄經，翻師宋衷。理會莊篇，唯開一紙；心精史/傳，無綴五行。美景必命嘉賓，三餘不虧百遍。昔郭宏母在，僅得/全其杖苴；張武幼孤，終毀滅於所恃。嗚呼孝哉！乃爲銘曰：/

　　淵哉若人，貞操拔俗。寵義富仁，如金比玉。忘懷大寶，竭志天屬。/和嶠率禮，顏丁善居。得情蓋寡，俯就如迂。子野數月，石建歲餘。/因心爲貴，守禮何疎。痛矣李膺，悲哉裴秀。永絶模楷，誰其領袖。/恨結名流，悲深華冑。身没名彰，方傳宇宙。

（郭琳整理）

大唐右宗衛率裴君夫人王氏墓誌

夫人姓王氏，太原人也。秦有將軍，以時來而樹功業；魏稱太尉，
遺世變而言固忠貞。司徒以英果定三江，尚書以識業鎮魏稱太。
上柱國大都督襄行臺，可略而言。曾祖思政，使持節河南道諸軍事、
父裕，止騎都尉，隨州揔管內道襄安沔州刺史、同安郡開國公。祖康，左僕射、河
崑峰漢源，即漢銀鉤；蕙內道襄安沔軍事、大州刺史、同安郡開國公。
自然弄筆，即望高奇，顧既裁文瓊瑤，外朗孝悌，得之長公主，婉人裴氏，順發於
河東貴族，名謁飾之，既有鳴環，於是為樹頌簡賢，布作配輔，佐君子於是。三在
進賢無私，謁之以八禮，太唐乙酉落年，八月廿一日，遷氏悟憂，
僕第無傷，春秋世長季縣，即八年大歲，禮難惜，疾卒於
私神巫於深邱，朱嗚呼哀我乃靈輴遠徐難豈乱於蒼蠅金
而歸卷背晚盛金哀邨碑之顧東郊樓也靈遠无軌一月遺文裴氏邁疾卒於
詘舒卷於奄族盛金鳴呼我乃馳譽忠魏婉慧俊悅詩書實獨步飛
祉憶於木乃父德維忠金貞佐生令洲天高唐棟言歸中閨配光崇芬蘭
乃隆乃祖齊榮方維忠資流名俊茂實獨步
竝立玉齊父榮方城比藏德茂萊玖聲高琴瑟嬿婉中閨配芬蘭秩
紗景述希進朱丹軒照日鍇翔鸞鳳諧魚軒罷駕咏山樹冥長蕤
王瑒空流十春長謝雄服虛陳魚軒罷駕咏
四序空流十春長謝

013　裴君夫人王氏墓誌

大唐右宗衛率裴君夫人王氏墓誌

　　唐武德八年（625）十一月十九日葬。誌蓋呈盝頂形，長43、寬43、厚10釐米。蓋題篆書，4行，行4字。誌石方形，長44.6、寬44.3、厚10釐米。誌文楷書，共24行，滿行24字。

〔蓋文〕

大唐右宗衛率裴君夫人故王氏墓誌銘

〔誌文〕

大唐右宗衛率裴君夫人王氏墓誌/

　　夫人姓王氏，太原人也。秦有將軍，以時來而樹功業；魏稱太尉，/遭世變而固忠貞。司徒以英果定三江，尚書以識鎮居百揆。焕/乎史册，可略而言。曾祖思政，使持節、大將軍、兼尚書左僕射、河/南道大行臺、都督河南道諸軍事、太原郡開國公。祖康，使持節、/上柱國、襄安二州總管、襄安汴三州刺史，襲封太原郡開國公。/父裕，上騎都尉、隨州刺史。母　　大唐同安長公主。夫人擢秀/崑峰，導源江漢。蘭蕙內芳，瓊瑶外朗。孝悌得之天性，婉順發於/自然。弄筆即擬銀鈎，裁文足爲椒頌。簡賢作配，歸于裴氏。裴氏，/河東貴族，名望高奇。既挺超乘之才，仍行布幣之禮。於是三周/動駕，六珈嚴飾，既曲顧於遥途，乃清談於紗帳。輔佐君子，憂在/進賢，無私謁之心，有鳴環之節。方享遐年，用歡偕老，豈悟瓊蘂/儵而飄墜，桂枝忽其銷亡。以大唐七年八月廿一日，遘疾卒於/私第，春秋卅有八。公主悼稸華之遽落，痛結遺文；裴氏惜難再/而傷神，悲深長簟。即以八年太歲乙酉十一月辛卯朔十九日/己酉，歸葬於萬年縣之東郊，禮也。靈輀徐軌而依遲，丹旐縈風/而舒卷。背朱邸而長辭，顧青樓而日遠。瓦雞豈亂於蒼蠅，金鹽/詎憶於桑晚。嗚呼哀哉！乃爲銘曰：/

　　祚隆木德，族盛金行。佐秦馳譽，忠魏流名。俊才茂實，獨步飛聲。/乃祖乃父，維忠維貞。篤生令淑，天資婉慧。敦悦詩書，貞芬蘭桂。/立玉齊榮，方娥比麗。德茂苤苢，聲高唐棣。言歸作配，光崇禮秩。/紗景從風，朱軒照日。鏘翔鸞鳳，諧和琴瑟。嬿婉中閨，芬芳蘭室。/玉瀝希逢，金丹難化。雉服虛陳，魚軒罷駕。寂寂山椒，冥冥長夜。/四序空流，千春長謝。

（任雅芳整理）

014　常深墓誌

大唐故輕車都尉常君（深）墓誌

　　唐貞觀八年（634）十月十日與夫人合葬。誌蓋呈盝頂形，長55.3、寬55.3、厚12釐米。蓋題篆書，3行，行4字。誌石方形，長54.5、寬54.5、厚12.5釐米。誌文楷書，共24行，滿行23字。

〔**蓋文**〕

大唐故輕車都尉常君之墓誌

〔**誌文**〕

大唐故輕車都尉常君墓誌/

　　君諱深，字明，河東人也。惠以功高絶域，播美漢朝；林以德重/衡門，飛芳魏史。英賢繼踵，簪珮相暉，固以昭著國書，焕傳家/牒。祖清，隨濟陰郡司户書佐，清規素烈，久被東偏。父展，枝江/縣令，茂績嘉聲，遠馳南裔。君早標岐嶷，夙挺珪璋，聰敏啓自/生知，孝友發於天性。起家吏部羽騎尉，尋遷饒陽縣尉，俄轉/濩澤縣丞，後除望都縣令。大業九年，奉使京洛，逢玄感作逆，/守固金墉，任都司兵，專知機密。凶徒既殄，授奮武尉，及賜物/百段，金銀器皿，細馬一匹，仍除雍丘縣令。/大唐啓運，投義晉陽，蒙授輕車都尉，兼檢校軍副。以武德三/年二月六日，寢疾終于京城之私第也，時年六十有五。君情/唯儉素，性好沖虚，榮利不撓於心，是非未談於口。敦詩悦禮，/據德依仁，故能結綬兩朝，鳴琴數縣。方欲入□台輔，觀盛禮/於雲亭；忽夢瓊瓌，奄沈魂於窀穸。夫人河内□氏，衣冠貴室，/環珮來嬪，未享遐齡，亦隨風燭。以貞觀八年十月十日，合葬/于雍州萬年縣洪原鄉洪原里之少陵原。世子右衛率、大明/府旅帥、驍騎尉相興等，並宦成名立，光宗顯親。□□風□，□/纏岵屺，恐陵谷之遷變，勒芳猷於墳趾。乃爲銘曰：/

　　遐源眇眇，遠系綿綿。載馳沙漠，晦迹林泉。濟陰清澹，進善求/賢。枝江亮直，絶後超前。夙稟高風，降生奇士。懷真抱素，披圖/藴史。釋褐辭家，彈冠入仕。毗贊兩邑，絃歌百里。既陳嘉算，既/殄元凶。俄逢逐鹿，鬱起攀龍。哀哉百行，痛矣三從。未終偕老，/俱遊岱宗。挽引高堂，車迴廣陌。暮途超遠，荒郊闃寂。日慘山/門，風悲隴栢。唯餘令範，長銘金石。

（任雅芳整理）

015　柳承明墓誌

大唐故荔州治中柳君（承明）墓誌并序

唐貞觀十四年十一月二十一日（641年1月8日）與夫人合葬。誌石方形，長47.5、寬47.5、厚11釐米。誌文楷書，共28行，滿行28字。誌蓋佚。

〔誌文〕

大唐故荔州治中柳君墓誌并序/

　　君諱承明，字安嗣，河東解人也。周之苗裔，下惠之後。蓋聞高明謂天，南斗/標其盛族；沉潛謂地，東魯稱其得人。是知嵩嶺糾紛，自有千尺之峻；蒼溟/渤澥，空聞汎日之波。況乎辰象降精，川瀆鍾祉，爰挺英俊，世載其華。遂得/門藉膏腴，位隆台鉉，赫奕列簪纓之盛，鏗鏘韻金石之音。事載縑緗，可得/而略。祖蔡年，周上儀同三司、順州刺史、艾陵僖公。父謇之，隨上儀同三司、/黃門侍郎、息州刺史。君志懷敏愨，情重藝文，舒錦縟於詞林，散銀鉤於筆/杪。閭閻推其秀美，鄰壤挹其清徽。以隨大業二年待詔金馬，射策甲科，君/之一時，見推當世。其年，授東宮奏通事舍人。四年，轉齊王府典籤。入侍春/宮，出參甲觀，趨馳吐納，時選爲難，君之任焉，綽有餘裕。屬皇家啓運，妙/選惟良。貞觀二年，除同州下邽縣令。此邑控帶三輔，連跨八川，自古迄今，/本多豪俠。君不待期月，下車政成，囹圄肅清，姦盜屏迹。豈止羅衡莅縣，路/不拾遺；言偃爲宰，絃哥自得而已。其年，勑以君歷官勤恪，清幹有聞，宜/贊遐蕃，助宣風教，特授荔州治中，本官如故。君尤工吏術，深達治方，追彭/羕之高蹤，嗣柳琼之逸軌，大興禮讓，廣闢田疇，布化宣風，允膺朝寄。夫人/隴西辛氏，魏徐州刺史季慶之孫，隨選部侍郎才之女。勤恭蘋藻，克合瑟/琴，金璧相暉，芝蘭滿室。既而隙駒易逝，電影難留，寢疾不興，相次顛殞。君/侯春秋五十，夫人春秋卅八。粵以大唐貞觀十四年歲次庚子十一月甲/子朔廿一日甲申，合葬于萬年縣高平鄉少陵原，禮也。子璡，國子監學生。/生痛結蓼莪，悲深陟岵，式昭德於九京，庶騰芳於千古。其詞曰：/

　　猗歟盛烈，赫矣高門。積善餘慶，流芳後昆。僖公立德，黃門立言。典籍爲囿，/仁義爲園。其一　寔生夫子，天資英儁。玉質內融，金聲外振。汪汪萬頃，峩峩千/仞。謙讓先推，禮樂後進。其二　束髮從政，莅職清顯。州贊六條，縣流三善。受委/遐裔，克弘帝典。教迹潛通，徽風遂遠。其三　辛氏貞潔，克敬母儀。好合君子，如/塤如篪。芝蘭同味，圭璧連枝。百行既備，四德無虧。其四　天地何長，人齡何促。/方期遐算，遽隨風燭。一閟幽泉，百身何贖。永辭人世，長編鬼録。其五　既嗟就/木，復愴刈蘭。隴日朝暗，松風夜寒。亭空思鳥，澗迴鳴湍。玉樹終謝，玄石徒/刊。其六

　　　　　　　　　　　　　　　　　　　　　　　　（吳紅兵整理）

016　顏柬庭墓誌

唐貞觀十五年（641）十一月四日葬。誌石方形，長
36.5、寬36.5、厚7釐米。誌文楷書，共12行，滿行12
字。誌蓋佚。

〔誌文〕

琅邪國第二郎君，姓顏氏，諱東/庭，字茂則。自我仁孝，天姿溫敏，/言行無擇，規矩夙成，枕藉藝文，/該綜墳典。秀而不實，遽輟良圖，/遘疾彌留，砭藥靡究。大唐貞/觀十五年歲次辛丑十月廿九/日，夭于京城通化里第，春秋十/有五。悼切朝彥，哀纏邦族。粵十/一月戊午朔四日辛酉，瘞于藍/田縣履義鄉之庫谷東原。別業/在焉，素志攸託。西望京室，南眺/崇山。松柏方深，蘭菊斯永。

（胡永傑整理）

017　皇甫行及墓誌

大唐故左虞候副率皇甫君（行及）墓誌銘

唐貞觀十六年（642）正月十七日葬。誌蓋呈盝頂形，
長43.5、寬43.5、厚7.5釐米。蓋題篆書，4行，滿行4
字。誌石方形，長43、寬43、厚8釐米。誌文楷書，共
27行，滿行28字。

〔**蓋文**〕

大唐故左虞候副率皇甫君墓誌之銘

〔**誌文**〕

大唐故左虞候副率皇甫君墓誌銘/

　　君諱行及，字公貞，安定臨涇人也。自夫玄鳥降祥，素雲表覘，洪源浚遠，靈/慶悠長，故以世載人龍，門傳天爵。豈直東都業晟，時賴安居；西晉道高，俗/宗玄晏而已。祖榮，周使持節、驃騎大將軍、開府儀同三司、大都督、散騎常/侍、復甘二州刺史、馬邑公，業著經綸，道存彝鼎。父敵，隨右翊衛、和平府鷹/揚郎將，績宣衰運，功晟當時。而圓折潛珍，方流蘊碧，公侯之世，義不虛誕，/云誰克尚，伊人是膺。肇自弄璋，即標岐嶷；逮乎負劍，早擅黃中。通人雅士，/咸所推挹，萬夫之望，俄然有歸。隨仁壽中，以資爲右勳衛。煬帝驊騮在駕，/將窮轍迹，西踰龍勒，東浮遼海。公勤勞匪懈，戰必先鳴，戎秩所加，我居其/厚。大業八年，從西征吐谷渾，授奉誠尉。八年，從渡遼，授奮武尉。九年，又從/渡遼，加建節尉。俄而火行不競，王室版蕩，鹿亡二世，流橫四冥。/高祖太武皇帝龍躍參墟，大拯焚溺。君深睹時變，獨悟機初，首赴義旗。/帝用嘉止，即授通議大夫。義寧元年，任左勳衛。武德元年，授左翊衛隊正。/二年，轉授左勳衛二府旅帥。三年，授左勳衛府校尉。君自結髮戎房，亟移/灰龠，松筠之操，歲暮不渝，班秩命官，用超恒授。貞觀二年，詔除游擊將/軍，守左武候、桑泉府左別將。而儲衛嚴重，綺禁華密，自非志烈秋霜，莫/或云授，以君斯處，時無異辭。□□守左虞候副率，十五年有詔正除。惟/君識斷強果，器局嚴正，剛而無虐，威而不猛，貞固足以幹事，利物足以奉/公，進思盡忠，退無謗議，柱石之任，時論攸許。而九仞未窮，遽傾覆簣，以十/六年歲次壬寅正月丁巳朔五日辛酉，寢疾終於京師之隆慶里第，春秋/六十有三。即以其月十七日癸酉，歸窆於萬年縣寧安鄉之通安里。將恐/舟壑潛移，陵谷有改，勒銘泉戶，俾傳來裔。乃爲銘曰：/

　　於奭華宗，奕世宣哲。有迪斯美，芳猷無絶。如松之貞，似冰斯潔。其敬伊久，/其忠則烈。爰初發迹，警衛天庭。夙夜匪懈，克隆厥聲。既迴帝念，乃振/華纓。戎章載緝，儲禁惟清。乃如之人，宜其多福。永錫黃耇，長膺百禄。遠迹/未窮，遽歌梁木。一親黃壤，永捐華屋。寂寂空隴，寥寥繐帷。生平已極，萬事/難思。桂醑空奠，松風自悲。式□玄石，終古爲期。

（胡永傑整理）

018　李百藥墓誌

大唐故宗正卿安平公李府君（百藥）墓誌銘

唐貞觀二十二年（648）十一月十九日葬。誌蓋呈盝頂
形，長73、寬73、厚13釐米。蓋題篆書，4行，行4字。
誌石方形，長73.7、寬73.7、厚13.5釐米。誌文楷書，
共41行，滿行41字。

〔**蓋文**〕

大唐故宗正卿安平公李府君墓誌之銘

〔**誌文**〕

大唐故宗正卿安平公李府君墓誌銘/

公諱百藥，字重規，博陵安平人也。昔咎繇佐舜，種德以穆四門；伯陽翼周，垂教以利萬物。廣武之贊戎律，建/英圖以下燕；將軍之扞邊亭，運謀猷以存趙。其後貂璫繼軌，龜組重光。雖王氏之熏灼西朝，楊族之載德東/漢，未可校兹官伐，匹此克昌。祖敬族，後魏廣陽王諮議參軍，隨贈開府儀同三司、定州刺史、安平孝公。珥玳/簪而遊東閤，曳珠履而步西園。寵盛賜田，恩隆設醴。父德林，齊中書侍郎，隨内史令、大將軍、安平文公。攝職/龍津，陪武帳以陳啓沃；莅官雞樹，踐文石以典絲綸。公齊衡申甫，降惟嶽之精靈；方駕蕭張，稟列宿之純粹。/含章抱叡，毓德依仁。少挺傑出之姿，幼標通理之目。干宵切漢，耀千丈之宏材；川鏡陂澄，包萬頃之弘量。凌/雲之筆，遒文麗於雕龍；挾天之詞，縟彩光於威鳳。學該石室，□□玉杯。肅穆風儀，將潘岳而連璧；慷慨志節，/與荀爽而齊名。後進於是攝齋，先達爲之傾蓋。譽馳河朔，聲偃秦中。開皇初，起家除太子通事舍人。十五年，/遷舍人，仍爲學士。服絳衣而侍前星，望高桓範；戴玄冠而託後乘，德重劉楨。十九年，奉勑追赴仁壽宮，詔襲/安平公，仍授禮部員外侍郎。煬帝歷試之辰，漢王居藩之日，二府交辟，八行遞至。禮甚碣石之館，恩隆枉道/之書。公既無背淮之心，遂遭貝錦之謗。因此成隙，頻被左遷。異晉后之怨何夔，殊漢君之賞衛綰。大業元年，/出爲桂州司馬。州廢，改授魯郡臨泗府越騎校尉。十一年，遷建安郡丞。于時麟鬬於郊，赤幘屯蟻聚之衆；龍/戰于野，青領起蜂午之郡。板蕩甚陳項之亡秦，幅裂邁劉石之亂晉。公飄颻百越，羈旅三吴。同彼許悠，潛懷/背袁之計；方兹韓信，陰圖歸漢之心。暨聖人履己握符，司契建極。運琁機以齊七政，御金鏡以静九圍。側/席佇英賢，翹車徵茂異。公聲實宿著，詔授中書舍人。譬鄴下雲銷，孟德賞陳琳之筆；隴陰霧廓，文叔重班/彪之才。貞觀二年，除禮部侍郎，尋遷太子右庶子。貳職春卿，國典資以損益；贊道震位，宫望藉以重輕。尋奉/勑修律令，酌甫侯之故實，採文終之舊條，創一代之彝章，爲萬世之茂範。又奉勑修《禮》及《齊史》，刊定則錙/銖賈馬，聲震曲臺；筆削則孕育荀袁，譽高延閣。史成，拜散騎常侍、行右庶子，俄除宗正卿。子政以忠直被任，/名編西漢之書；伯興以盡節見知，跡光東觀之史。以此方彼，曾何足云。公以年鬢漸頹，上表致仕，蒙勑允/請。方就閑居，而映弩成災，奠楹爲祟，未陪蹕於陽館，俄夢講於陰堂。類彼鄭卿，空留遺愛之詠；方斯周伯，唯/餘勿翦之謡。貞觀廿二年二月廿六日，寢疾薨於京師勝業里第，春秋八十五。太常考行，謚康公。朝嗟喪寶，/士歎殲良。伯牙於是絶絃，匠人以之罷斲。昔京兆杜預，託芒山而建塋；河内張文，相牛亭而卜地。長彦親無/反魯，時賢謂之通人；季札子不還吴，元聖以爲達禮。今遵遺令，以其年十一月十九日，遷厝於雍州萬年縣/少陵原，禮也。惟公總秀氣於五常，包多能於六藝，研幾體道，踐行顧言。色養天真，不假覩於橋梓；珪璋特達，/無待加於琢磨。志尚謙沖，奉之以庭訓；口絶臧否，稟之於家風。振民軌物之治方，體國經野之政術，茂陵魏/家之逸篇，三雍七郊之禮典，莫不遊刃髋髀，探頤隩隅。對魯國之墳羊，多識亞於尼甫；辯漢世之豹鼠，博物/踰於子雲。時彦藉以吹嘘，朝英資以題目。尚書左僕射楊素，經文緯武，命世雄才；吏部尚書牛弘，雅操清規，/當代偉器。咸分庭抗禮，傾首虚襟，許之以國華，期之以台輔。昔鄭玄碩學，文舉造門；王粲重名，伯喈倒屣。校/其優劣，未足相方。常誡滿盈，追魏舒之逸軌；每懷丘壑，踵樊英之芳風。抗表歸閑，掛冠辭禄。青春韶景，開筵/招三益之賓；素秋朗月，命賞傾十千之酒。情忘寵辱，心混是非。翫莊周之七篇，哥榮期之三樂。保名全譽，樹/德立言。但歲月若馳，光陰不借，未膺上庠之禮，奄切東岱之遊。世子主客員外郎安期，至情自然，孝情天挺，/濡露興慟，行客傷而輟哥；陟岵增哀，鄰舂感而罷相。恐寒來暑往，蓬山之史不存；日薄星迴，羽陵之簡將蠹。/所以式鐫貞石，用播芳猷。乃爲銘曰：/

儀天崇構，控地長源。高陽系遠，真人道尊。執鈞宰化，書社開藩。亮采調俗，服衮乘軒。象緯降祉，誕兹民秀。七/步才高，五車學富。極天孤聳，干雲獨茂。九宫隱括，百寮領袖。鄭標國器，桓稱公輔。縱横智囊，照晢靈府。門風/世德，重規疊矩。凝暉映乘，騰光曜廡。百六數否，三空運革。競起牙璋，争馳羽檄。石首韜彩，金陵晦跡。傒后躍/鱗，思旦振翮。時逢啓聖，命偶興王。揮翰綸閣，飛纓畫堂。載筆外史，從政文昌。爵隆帶礪，位極銀黄。懸車謝/識，抽簪養志。臺訪舊章，朝詢故事。逍遥文圃，優遊講肆。投分名流，連鑣勝地。莊稱怛化，孔嗟閲水。泣下瓊瓌，/歲躔辰巳。儵辭蘭室，遽歸蒿里。道喪九言，璧沉六美。車迴畫鹿，旗翻倒龍。金生貞礎，劍挂高松。白楸忽閟，玄/象俄封。英聲茂實，永奏笙鏞。

（李浩　羅曼整理）

019 元澄墓誌

唐故儀同犍州南安縣令元君（澄）墓誌銘

唐貞觀二十三年（649）十月十四日葬。誌石方形，長
42、寬42.4、厚10.5釐米。誌文楷書，共24行，滿行
23字。誌蓋佚。

〔誌文〕

唐故儀同犍州南安縣令元君墓誌銘/

　　君諱澄，字義静，河南洛陽人也。嵩山極天，爰騰秀氣；温洛帶/地，是景英靈。曾祖均，魏東南道大行臺、尚書左僕射、侍中、贈/司空，安昌景王。祖整，隨原州總管、趙州刺史、齊郡太守、河閒/郡開國公。父叡，隨朝散大夫、鷹揚郎將。並時範國華，卿才公/望，全忠貞以凝庶績，導德禮以矯仁經，軒冕蟬聯，風流繼及。/君承積德之基，稟中和之質，孝友爲體，温恭成性。武德元年/正月十一日，起家授儀同。武德九年三月十五日，除犍州南/安縣令。製美錦於一同，亨大鮮於百里。仁風與琴聲並遠，至/教與翔鸞共高。秩滿言歸，攀臥盈道。君早鄙名利，幼希澹泊。/雖身嬰世網，而以遊物外。遂怡情魚鳥，取悦林皋，垂芳餌則/陋彼貪以，對脩竹則重斯高節。優游卒歲，樂在其中。方當光/嚮百齡，永膺五福，而虞泉西落，過隙之景不停；閱水東歸，激/箭之流無反。以貞觀廿年八月十七日終於私第，春秋五十/五。惟君識宇詳正，機神明爽，冰以（心）雪操，莫改於窮通；義緯仁/經，弗革於夷險。而輔仁愆應，與善無徵。未極大椿，奄先朝露。/粤以今貞觀廿三年歲在己酉十月壬申朔十四日己（乙）酉，窆/于雍州萬年縣之少陵原，禮也。但三泉已閉，固永永而無曉；/儻千年見日，庶懍懍而如存。謹緣斯義，爲之銘曰：/

　　高門積祉，鼎族重光。世載名德，邦家克昌。景王垂裕，茂緒攸/長。河閒嗣美，嘉慶斯皇。其一象賢無絶，篤生才子。蕭蕭萬尋，昂/昂千里。宰斯大邑，綱維式理。來晚興謡，去思流美。其二人世非/久，雲電難停。珠埋照乘，玉掩連城。松昏霧合，隴闇烟生。敬鐫/琬琰，用紀風聲。

（和談整理）

020　元仲景夫人鄭德範墓誌

大唐故尚書司門郎中元君（仲景）夫人鄭氏（德範）墓誌銘并序

唐永徽三年（652）十月二十五日葬。誌蓋呈盝頂形，長44.5、寬44.5、厚9釐米。蓋題篆書，3行，行3字。誌石方形，長44.5、寬44.5、厚11釐米。誌文楷書，共25行，滿行24字。

〔蓋文〕

唐故元君夫人鄭氏銘

〔誌文〕

大唐故尚書司門郎中元君夫人鄭氏墓誌銘并序/

　　夫人諱德範，字令儀，滎陽中牟人也。善政美於隆周，推士彰於/盛漢。自茲厥後，名位具稱，故爲天下之望族矣。曾祖穎，魏豫州/刺史。祖規，周涇幽二州刺史，政洽千里，聲重一時。父海，隨襄國/郡守、開府儀同三司、通義縣開國公，克嗣家聲，是隆堂構，位不/充量，有道無時。夫人即通義公之第三女也。承積德之遐慶，降/陰祇而挺質，進退有範，容止可觀。以此女儀，弘茲婦德。至於披/圖鑒史，必以龜鏡爲先；悅禮敦詩，志唯恭順之節。出不冶容，有/異傾城之哲；入不廢飾，無替蘋蘩之道。寔閨門之令望，信姻族/之軌儀者矣。司門郎中元仲景，以帝者之胤，學行兼修，伉儷所/屬，是稱邦媛。既而敦如賓之儀，罄中饋之禮，二族有雍穆之稱，/移天致琴瑟之和。及司門不幸，中年殞逝。夫人守義爲心，徙居/成學，既同孟子之母，又若恭伯之妻，以今方古，異代同日。方冀/承斯積慶，永保期頤，與善冥昧，云亡奄及。以永徽三年歲次壬/子三月戊午朔六日癸亥，春秋七十有九，薨於雍州萬年縣之/義里第。即以其年十月乙酉朔廿五日己酉，遷厝於萬年縣少/陵鄉泉原里。式紀芳猷，乃爲銘曰：/

　　隆周本枝，俾侯于鄭。胙土作伯，系英累聖。胄興紱冕，家承積慶。/既曰德門，是稱著姓。學窮覩奧，名彰推士。鍾鼎奕葉，名德繼軌。/陰祇祚福，柔則降祉。六行聿修，四德具美。理詣探賾，智洽幽微。/三從備禮，百兩言歸。箕箒無替，車服有徽。琴瑟攸重，蘋蘩靡違。/良人不幸，先秋夭折。竹栢齊操，冰霜比潔。撫幼弘慈，守義成節。/異室匪他，言歸同穴。薤露悽楚，旌旒翩翻。隴月夜朗，松雲晝昏。/厝宅蒿里，旌德泉門。音儀永謝，徽猷若存。/

　　永徽三年十月十九日鎸。

（邱曉整理）

021　申絢墓誌

唐故朝散大夫申君（絢）墓誌

唐永徽四年（653）五月十日葬。誌石方形，長40、
寬40、厚9.8釐米。誌文楷書，共18行，滿行19字。誌
蓋佚。

〔誌文〕

唐故朝散大夫申君墓誌/

　　君諱絢，字文明，京兆藍田人也。若夫道茂親賢，元/舅騰輝於周史；才經政術，貞臣馳譽於梁書。或移/孝存忠，致戎昭於旗鼓；或敦詩悅禮，明待問於蒲/輪。曾祖延，周梁郡司户。祖遷，隨勝州陽壽縣令。父/長弘，隨豐州總管府參軍事。並含英漢水，擅彩藍/田，勳績著於縑緗，問望流於朝野。君引長瀾於積/石，齊秀崿於峰雲。天爵克脩，殊命斯及。釋褐朝散/大夫，尋授陪戎校尉。方立功而辭館，遽遘疾以彌/留。以永徽四年四月廿九日，卒於豐邑之里第，春/秋五十有八。以其年五月十日，窆於高陽之平原。/君德度汪汪，黃陂以之不撓；風神蕭蕭，嵇松於是/孤貞。不失道以求榮，豈怵迫於貧賤？虚襟禮士，重/義輕生。孝行克彰，忠規早著。武苞七略，文括三墳。/豈圖積善無徵，朝露先及。悲德星之落景，歎垂棘/之沉光。懼陵阜之潛變，勒泉路以揚芳。其詞曰：/

　　長瀾沃日，崇基極天。金柯掩映，玉葉蟬聯。風摧蘭菀，/霜領芝田。幽扃掩兮空寂寞，八風悽兮悽九泉。

（趙陽陽整理）

興善寺故僧有懷墓誌銘并序
有懷者故漢王元昌之嬌子也
奮入道以薰循誡行積疾弥隆
幼長注以永徽五年正月十
一十有七即以其月廿日葬
卅於弘德坊舅氏之弟春
秋高陽之原一事發遣並蒙官寀
所有儀式一依僧法鳴呼哀
乃為銘曰同泡幻終歸寂藏窀樹風悲
於水咽
永徽五年正月十七日書

022　僧有懷墓誌

興善寺故僧有懷墓誌銘并序

　　唐永徽五年（654）正月二十日葬。誌蓋呈盝頂形，長46.5、寬46.5、厚11.5釐米。蓋題篆書，3行，行3字。誌石方形，長46.5、寬46.5、厚12釐米。誌文楷書，共12行，滿行12字。

〔**蓋文**〕

大唐故僧有懷墓誌銘

〔**誌文**〕

興善寺故僧有懷墓誌銘并序/

　　有懷者，故漢王元昌之嫡子也。/幼□入道，薰脩戒行，積疾彌隆，/奄然長往。以永徽五年正月十/一日，卒於弘德坊舅氏之第，春/秋一十有七。即以其月廿日，葬/於高陽之原。喪事發遣，並蒙官/給，所有儀式，一依僧法。嗚呼哀/哉，乃爲銘曰：/

　　□同泡幻，終歸寂滅。宰樹風悲，/□溝水咽。/

　　永徽五年正月十七日書。

（田苗整理）

023 侯士□墓誌

大唐朝議郎行太史丞騎都尉故侯君（士□）墓
誌銘并序

　　唐永徽五年（654）九月二十五日殯。誌蓋呈盝頂形，
長41、寬42、厚8釐米。蓋題篆書，3行，行3字。誌石
方形，長42、寬42、厚10釐米。誌文楷書，共24行，滿
行23字。

〔蓋文〕

大唐朝議郎侯君誌銘

〔誌文〕

大唐朝議郎行太史丞騎都尉故侯君墓誌銘并序/

　　君諱士□，字文禮，京兆萬年人也。昔夷門之客，既見重於魏/邦；朝廷之臣，自標名於漢國，子孫繼業，代有人焉。曾祖寔，隱/居求志，博識多聞。祖和，貞遯閑居，仰觀俯察。父暉，得京房之/妙術，包管輅之良材。君承茲祖武，聿遵先學，起家授太史局/司曆。于時鼎業初興，方隅未靜，玄象猶亂，恒文尚乖。先天不/違之道，敬順奉時之義，允資覈奏，以沃聖心。加授宣議郎，/仍居舊職。武德九年，加授武騎尉。君以藝術登仕，不離本局，/閏月定時之典，六日七分之法，蘊在胸懷，朗然獨照。又加授/宣德郎，直太史局，轉任司辰師，加授朝請郎，又加授通直郎，/又加授奉議郎，隨例授驍騎尉，又加騎都尉，轉授朝議郎，行/太史局丞。君恪勤匪懈，屢經遷擢。以職在天官，不交人事，屏/居獨寢，克慎私心，知止知足，以保其性。君子仰其徽猷，小人/欽其盛德。將謂踐浮丘之遠跡，與安期而遐逝，奄然遂往，悲/切同僚。以永徽五年歲次甲寅九月癸酉朔九日辛巳，終於/長安縣光義鄉里之第，春秋七十有七。即以其月廿五日丁/酉，殯於長安縣永壽鄉盧宋村東之原，禮也。嗟乎！佳城永閟，/隴月空明，式鐫玄石，以昭景行。乃作銘云：/

　　南正司天，北正司地。允恭五紀，其官不二。六虛四序，二分二/至。寒暑遞來，陰陽更□。其一厥道精微，其言□遠。禆竈占式，叔/興詞反。仰視琁璣，俯察灰琯。苟非清識，其業誰纂。其二惟君挺/生，是曰英俊。如金之朗，如玉之潤。德音孔碩，墻宇高峻。藝術/無虧，日官代進。其三積善之福，遂嚮遐年。保茲長籌，永閟幽泉。/名稱簡策，魂遊太玄。嗚呼哀哉！

（任雅芳整理）

大唐故蘇州長史杜君妻尉氏墓誌銘　并序

夫人諱慈字惠和河南洛陽人也其先出自代郡魏
孝文遷都洛因而家焉若迺黃軒廿五子以顯德
而跡葳宗玄朔九十九娠由計功而命氏既昭章於州剌史
碟示葳宗玄祖代魏散騎常侍原朔二川剌史
史深澤公父平原北燕州刺史大義公並
勘德滋德包水鏡而登鑒懸準的以翔風夫人稟慶
玉田滋德蘭畹風儀凝秀婆度清華年甫十四作
若悟子婦善無徵母先秋風迅忽以貞觀八年感
豈悟子婦善無徵奄春秋卅有八年九月十五
日終于蘇州官舍甲寅十一月癸酉朔十二日甲申
以永徽五年歲次甲寅縣之少陵原長子尉陵之西
遷空之古萬年縣之哀經昭寒泉而思遠痛柔慈
邙邈懷紀音作風貞琬迤為銘曰
卅光重霄河徽作氣浮洛龍圖慶祉降生
問望華宗玄冕縣秋朱紱斯煌曖落貞芳令
愛目久天長兒歸明德方敦閨政愛落貞芳令嘉世載
地久天長兒歸明德方敦閨政
永徽五年十一月七日書

024　杜君妻尉慈墓誌

大唐故蘇州長史杜君妻尉氏（慈）墓誌銘并序

唐永徽五年（654）十一月十二日葬。誌石方形，長40.5、寬40.5、厚9.5釐米。誌文楷書，共20行，滿行20字。誌蓋佚。

〔誌文〕

大唐故蘇州長史杜君妻尉氏墓誌銘并序/

　　夫人諱慈，字惠和，河南洛陽人也。其先出自代郡，魏/孝文遷都瀍洛，因而家焉。若迺黄軒廿五子，以顯德/而疏宗；玄朔九十九姓，由計功而命氏。既昭彰於史/牒，亦葳蕤乎篆素。祖祐，代魏散騎常侍、原朔二州刺/史、深澤公。父平，原北燕州刺史、大義公。並弘道康時，/勣德懱俗，包水鏡而澄鑒，懸準的以翔風。夫人稟慶/玉田，滋芬蘭畹，風儀凝秀，姿度清華。年甫十四，作述/君子，婦德鮮芳，母儀温劭。方謂福仁有感，克享松齡；/豈悟與善無徵，奄先風露。忽以貞觀八年九月十五/日，終于蘇州官舍，春秋卌有八，歸殯于杜陵之西。粵/以永徽五年歲次甲寅十一月癸酉朔十二日甲申，/遷窆于雍州萬年縣之少陵原。長子尚書刑部員外/郎懷古等，瞻風樹而哀纏，昒寒泉而思遠，痛柔慈之/升遐，紀音徽於貞琬。迺爲銘曰：/

　　榮光霭河，休氣浮洛。龍圖慶祉，龜書效錯。英靈世載，/問望重光。玄冕聯彩，朱紱斯煌。降生令媛，柔嘉貽則。/爰自華宗，允歸明德。方敷閨政，遽落貞芳。今來古往，/地久天長。/

　　永徽五年十一月七日書。

（馬立軍整理）

025　皇甫君妻崔大客墓誌

大唐曹王府故司馬皇甫君妻崔氏（大客）墓誌
銘并序

　　唐永徽六年（655）十月十三日與夫合葬。誌石方形，
　　長44、寬44、厚10.2釐米。誌文楷書，共26行，滿行
　　25字。誌蓋佚。

〔誌文〕

大唐曹王府故司馬皇甫君妻崔氏墓誌銘并序/

　　夫人諱大客，字雉兒，博陵人也。隱隱昌源，派琁波於姜水；巖巖峻/趾，分玉岫於營丘。洪、廓以道秀儒林，俯拾青紫；駟、瑗以聲芬翰菀，/高步公卿。自斯以降，無替前烈，詳乎史冊，可略而言。曾祖長瑜，後/魏員外散騎侍郎、浮陽太守、安平男。祖子博，周宣納上士，隨户部/侍郎、儀同三司、泗州刺史。父文康，隨雍州司功、皇朝池陽縣令、疊/州長史。並聲動搢紳，望隆纓冕，行棲仁域，業固儒城。或剖銅虎以/凝規，綰銀龜而緝政；或功宣製錦，道著鳴絲。將登騁驥之塗，遽徙/涵魚之壑。夫人滋榮桂畹，擢秀蘭階。淑性珠融，媲貞暉於寶務；柔/姿璧朗，儔粹魄於金娥。年甫初笄，來儀君子。舉無愆應，動必循規。/鑒嬪則以稱言，援女箴而緝行。孝愛之道，稟自天英；雍穆之方，具/於成範。率恭勤於纂組，展莊敬於蘋蘩。克諧之美既深，偕老之驩/方洽，而慶雲沉渥，樛木摧枝。對苫席以窮居，陳緑衣而靖處。實謂/輔仁無爽，餘慶有徵，長流廣被之規，終緝閨扉之訓。而陳雞遂往，/還成夜影之祠；衛雉無歸，空有朝飛之操。寂寥千古，安知匪春。以/永徽六年龍集乙亥五月庚午朔十五日甲申，遘疾終于靜恭里/之私第，春秋卌有二。即以其年十月丁酉朔十三日己酉，合葬於/司馬之塋，禮也。鳳吹吟飆，魚軒結霧，望牛崗而直指，循馬獵而針/趣。蒼蒼洲渚，還疑龍没之池；列列松楸，更似鵁栖之樹。託雕金而/撰美，庶終古而垂裕。其銘曰：/

　　焉奕崇基，蟬聯景胄。玉璜延祉，金柯挺秀。珩組駢紆，珪符疊授。搢/紳模楷，衣冠領袖。其一穆彼鸞儀，誕兹鴻胤。蕙心蘭郁，琁姿璧潤。埒姿齊娥，方苕比蕣。晬容閑淑，柔情婉順。其二施襟有託，捧匜來嬪。德猶齊體，敬叶如賓。調諧琴瑟，功深組紃。衛詩方奏，潘賦先陳。其三嗟/乎異世，邈哉同穴。桂影俄銷，菓波遂闃。琴前鳳徙，鏡中鸞絶。翟衣/卷衽，鸞車弛轍。谷貿陵遷，池平隴滅。唯餘翠琬，永存芳烈。

（馬立軍整理）

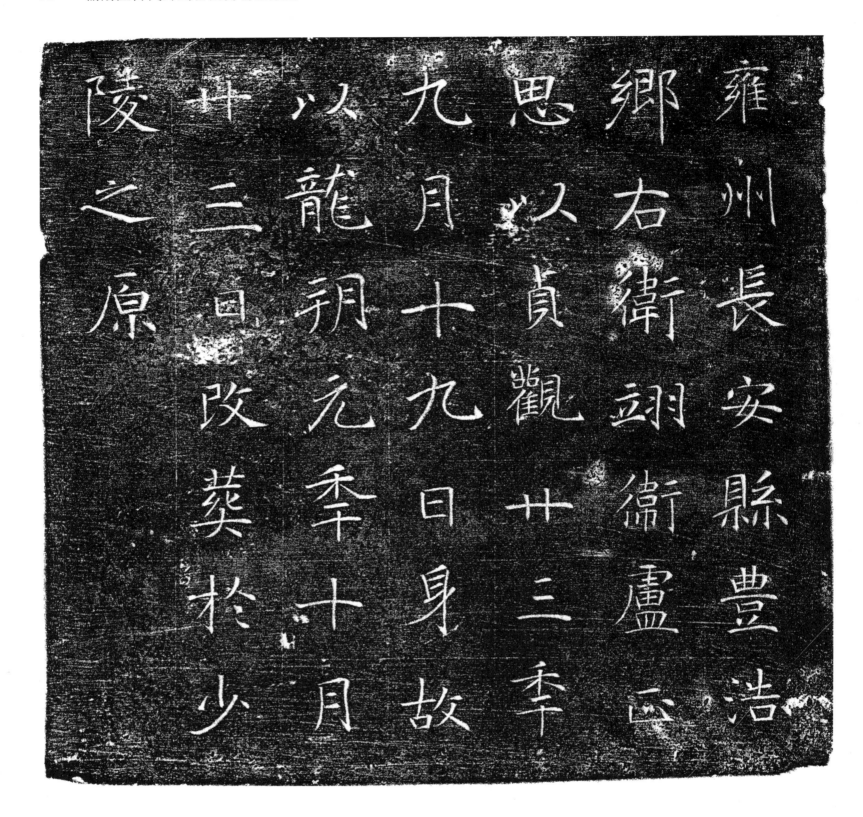

026 盧正思墓誌

　　唐龍朔元年（661）十月二十三日葬。誌蓋呈盝頂形，
長31、寬31、厚7釐米。蓋題篆書，3行，行3字。誌石
方形，長31、寬31、厚7.5釐米。誌文楷書，共7行，滿
行7字。

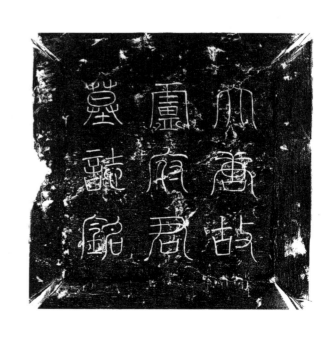

〔蓋文〕

大唐故盧府君墓誌銘

〔誌文〕

　　雍州長安縣豐浩/鄉右衛翊衛盧正/思，以貞觀廿三年/九月十九日身故，/以龍朔元年十月/廿三日改葬於少/陵之原。

（任雅芳整理）

027　司馬休墓誌

唐故鄜州三川尉司馬君（休）墓誌文

唐龍朔二年（662）三月二十六日與夫人合葬。誌蓋呈盝頂形，長43.5、寬43.5、厚6.5釐米。蓋題篆書，3行，行3字。誌石方形，長44、寬44、厚7釐米。誌文楷書，共25行，滿行25字。

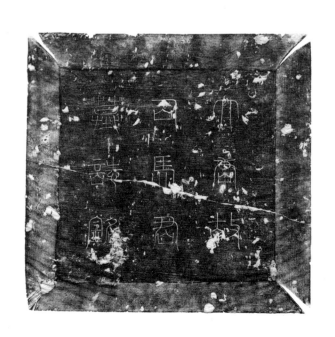

〔蓋文〕

大唐故司馬君墓誌銘

〔誌文〕

唐故鄜州三川尉司馬君墓誌文/

　　休，字希莊，河內溫人，晉烈宗孝武皇帝之八代孫也。劉裕篡國，七/葉祖琅邪貞王擁衆歸魏，王公繼軌，光盛兩朝。隨氏率由舊章，紹/隆三恪。王父、皇考，並爲國賓、琅邪公。君即公之第三子也。生而穎/晤，純孝自然。越在褓褓，誕就匍匐，固以克岐克嶷，如珪如璋矣。五/歲□諷誦，兼解屬文。雖聲未辯於宮商，學無涉於稽古，而奇文逸/韻，闇與理合。仍請習業，端拱黌門。師授之《千字文》，君整容而對曰：/“先聖遺言，大有經典，莊雖幼小，恥學童蒙章句。”師大奇之，因授《楚/辭》數紙，頃之循復，皆已成誦。師逸功倍，踰月而誦畢。自是優遊六/藝，馳騁百家，深好《老》《莊》，尤善《周易》，文辭秀麗，談論機警。心忘造請，/宦乏中人，雖學富五車，而書勞十上。永徽四年，以進士射策，除鄜/州三川尉。俄而詔求良將，司馬楊思訥舉聞，同例試者皆危冠/短後，揚戈聳轡，君恥而不就，乃致《辯將論》以歸。秩滿參敘，不被調/用。百尺低於寸莖，千里屈於牛皂。身窮志逸，宦薄才高。靈臺之內，/虛白而已。類合則親，聲同斯應。交遊必髦士，相與皆善人。小妹疾/于長安，君來省視，仍遭不造，連有凶故。季父之慕既深，同氣之情/彌切。痛兼孝友，哀溢生患。彼天不吊，殲我良人。龍朔二年三月十/六日卒，春秋卅有五。嗚呼哀哉！夫人隴西李氏，侍中姑臧文恭公/六代孫，御史主簿上德之女也。往因臭味，言歸好仇。奄棄華年，未/偕榮室之禮；共遊蒿里，終遵同穴之義。即以其月廿六日合葬京/兆少陵原，邇于大塋，從其志也。言念夭枉，哀痛切心。式/揚景行，寄辭貞石：/

　　報道如夢，與善則愆。吉凶安在，彼蒼者天。自宜降祐，曷其舍旃。魂/兮往矣，固亦無然。有始有卒，同盡百年。咨大限其何幾，終見爾於/幽泉。

（田子爽整理）

028　杜訥墓誌

大唐故杜處士（訥）墓誌銘并序

唐龍朔二年（662）九月十四日葬。誌蓋呈盝頂形，長45、寬45、厚8釐米。蓋題篆書，3行，行3字。誌石方形，長44、寬44、厚8釐米。誌文楷書，共20行，滿行20字。

〔蓋文〕

大唐故杜處士墓誌銘

〔誌文〕

大唐故杜處士墓誌銘并序/

　　君諱訥，京兆杜陵人也。華胄唐緒，命氏周朝。英□飛/聲，小冠聞於八水；鴻儒播美，武庫振於三川。門傳鄒/魯之風，代標冠蓋之里。備諸緗素，可略言焉。曾祖杲，/隨工部尚書。祖伽帝，隨朝散郎。或高步文昌，塵芳賜/劍；或陸沉俗網，譽重懷珠。父，大唐司稼寺丞，直道清/心，慎言敏行。君幼而岐嶷，質稟淳和。孝悌慈仁，得之/天性；温恭敬讓，不待師資。志勵聚螢，成均麟角；情存/裂組，妙體龍文。養志丘園，未應蒲璧。不矯南圖之翼，/先徂西落之輝，類奉蒨之無年，同延壽之早謝。春秋/廿有六，暴卒於京第。嗚呼！謝玉忽摧，痛彌深於子夏；/韋珠奄喪，恨逾甚於楊彪。以大唐龍朔二年九月十/四日，葬於少陵原。懼陵谷貿遷，聲塵寂寞，庶憑貞石，/式紀芳猷。其詞云爾：/

　　胄纂唐苗，姓光周室。盛德流慶，英賢秀出。代襲珪璋，/門兼華實。載誕之子，拔群俊逸。美嗣登龍，芳逾對日。/猰啼勁矢，雲飛健筆。思落銅丸，文參玉律。鑷鋠軒冕，/丘山芝术。福善難劾，養神無術。霜降脩蘭，風飄去日。/書帳寂寥，琴臺蕭瑟。白楊吹斷，青烏兆吉。一掩佳城，/千齡永畢。

（邱曉整理）

029　衛通墓誌

大唐故文林郎衛君（通）墓誌銘并序

　　唐龍朔三年（663）二月十八日葬。誌蓋呈盝頂形，長49.5、寬48.5、厚9.5釐米。蓋題篆書，3行，行3字。誌石方形，長49、寬49.5、厚10.2釐米。誌文楷書，共24行，滿行24字。

〔蓋文〕

大唐故衛君墓誌之銘

〔誌文〕

大唐故文林郎衛君墓誌銘并序/

　　君諱通，字婆伽，河東安邑人也。疏源康叔之後，啓胄隆周之裔。/宦徙咸陽之地，子孫因家於京兆焉。若乃上將宣威，譽騰朱鳥；/朝端變化，業劭黃星。四體軼鳥册之六文，玉人紀風流之内潤。/英華繼踵，可略而言。曾祖忻，周荆州刺史、行臺右僕射、許江公，/食封五百户，望隆端右，價溢荆南，八座酌其清規，四嶽欽其雅/量。祖和，周邵州司馬。父意，隨洛州偃師縣令，貳官分竹，鄙瑯琊/之不空；苌職專城，邁全椒之就賦。君資靈德宿，禀氣山河。剋巖/髫年，風儀秀上。及登學市，業照離經。道暎黃中，器苞人傑。追蹤/子夏，戰勝於胸懷；欽風許由，道肥於箕穎。皇朝調補文林郎，/非其好也。下僚局步，屈跡散班。金玉林泉，埃塵名級。優柔於墳/素，曠浪於丘園。博究群言，師逸功倍。邦家仰止，問望攸歸。俊乂/欽仁，老成斯在。豈圖與善無徵，驟易子輿之簣；山頹梁壞，奄致/秦矢之悲。粤以龍朔三年正月十七日子，遘疾終於長安縣隆/政里第，春秋六十有六。即以其年二月十八日，遷窆於京城高/高陽之平原。惟君神理内融，精靈外照。體仁成務，蹈德爲基。悲/矣夫，不駐隙駟之流，無救若浮之謝。三冬暖景，忽潛曜於春山；/萬頃澄陂，奄同流於閱水。玄扃易掩，白楸難固。追撰平生，式旌/泉道。何嗟及矣，乃作銘云：/

　　疏源括地，分枝造天。崇基復矣，靈根邈焉。通德有闉，積善無塞。/福祚斯永，踵武英賢。其一神池激湍，中南秀上。資靈禀氣，騰光振/響。取則衣簪，士林斯仰。琴人歇滅，空餘想像。其二西崿落景，東岱/飛魂。閱川驚逝，隙駟馳奔。勞生已息，人亡道存。四時非我，萬古/何論。其三

　　　　　　　　　　　　　　　　　　　　　　（王偉整理）

030 張儼夫人宋氏墓誌

大唐故張府君儼夫人宋氏墓誌銘并序

唐龍朔三年（663）五月八日葬。誌蓋呈盝頂形，長
43、寬43、厚10釐米。蓋題篆書，3行，行3字。誌石方
形，長43、寬43、厚10釐米。誌文楷書，共21行，滿行
21字。

〔**蓋文**〕

唐故張君夫人宋氏銘

〔**誌文**〕

大唐故張府君儼夫人宋氏墓誌銘并序/

　　夫人諱　　，字　　，其先廣平人也。後因□居并部，今/則爲太原人。□金版摛華，玉馬騰耀，始基商邑，終廓宋/都。裂封命氏，清徽弗替，森邈脩源，芬芳茂緒。昌則勳高/代底，龜緒推謀；弘則德冠洛濱，鳳笙辭匹。照灼丹素，蔚/映青編，當資短札，方稱詮備。是知源深派遠，德積慶延，/故能誕兹容德，絶倫當代。美傾南國，麗掩東家，寧止洛/雪舞於風前，巫雲發於嶺上。加以天姿仁孝，□斯柔婉，/動循法則，言成典訓。非因保姆，詎藉女師。等蘭桂之貞/芳，均珠璧之明潤。所冀享兹遐祉，永保脩齡。豈意步越/凌波，將閱川而遽委；梁朝昭日，隨隙駒而警騖。以今大/唐龍朔三載歲在昭陽四月甲申朔十七日庚子，因感/風疾，奄終於雍州萬年縣之崇仁坊第，春秋五十有六。/即以其年五月癸丑朔八日庚申，遷窆於縣之寧安鄉/少陵原，禮也。親識嗟惋，朝野悽傷。嗚呼哀哉，迺爲銘曰：/

　　商革夏正，周封殷士。五教同敷，三仁異軌。裂社□宋，傳/之宗祀。飛聲騰實，備昭圖史。源深委濬，祉積慶傳。挺兹/貞淑，儀冠神仙。東家掩麗，南國推妍。雲滋嶺上，雪亂風/前。動中准則，言成規矩。容德可師，方慈□□。□□松竹，/長諧姆輔。如何不憖，遽辭明宇。輇車冉冉，柳翣容容。四/隅結蟻，雙轅畫龍。淒風嘯竹，曙魄低松。空垂德悵（帳），永晦/言容。

　　　　　　　　　　　　　　　　　　　　　　（田苗整理）

031 長孫敬墓誌

唐故上柱國甘州司馬長孫公（敬）墓誌銘并序

　　唐龍朔三年（663）八月二十一日與夫人合葬。誌蓋呈盝頂形，長52、寬52、厚8釐米。蓋題篆書，4行，行4字。誌石方形，長52.3、寬52、厚11釐米。誌文楷書，共28行，滿行29字。

〔蓋文〕

唐故甘州司馬上柱國長孫府君之誌銘

〔誌文〕

唐故上柱國甘州司馬長孫公墓誌銘并序/

　　公諱敭，字山僧，河南洛陽人也。昔光樞演慶，聳靈構於軒臺；使昴摛祥，契神/符於石紐。用能王猷帝載，緯天地以開基；玉幹瓊枝，總華荒而錫胤。既禎銷/玄石，慶蘊真人。叶五運以全昌，應千齡而啓聖。肇飛龍燭，煥朔野以遐驤；載/舉鵬雲，掩天池而迴翥。既而化詠南服，業定中原，分爵命氏，允膺藩翰。曾祖/澄，周侍中、右衛將軍、義門簡公，德勤戎麾，道光帷幄。祖緯，儀同三司、太常少/卿、鍾離縣公，望重百僚，聲高九列。父威德，秘書郎、員外散騎常侍，器宇宏深，/風格秀整。君授祉坤靈，凝精象緯，瓌奇幼稟，雅度夙彰。冶質昆谿，鬱有衝星/之氣；騰姿宛路，高擅簫雲之彩。蘊神蛟於思府，藻繢彫龍；耀威鳳於文場，才/飛夢鳥。釋褐授朝請大夫，加開府儀同三司。名冠後來，道高前輩。尋以預平/劉闥，勳加大將軍，行始州司戶。屬繡衣巡服，分八俊於金闈；錦傳飛輪，耿二/星於玉壘。大使李亮以君名高士緯，職翰藩維，空負上才，仍拘下列，乃承制/改授益州導江縣令。功宣製錦，斐晨纏於文波；術妙亨鮮，肅夜漁於丙穴。又/遷潞州上黨縣令、甘州司馬，加上柱國。龐驥爰騁，該千里於百城；盧鶴斯飛，/賢一書於十部。故能課斯連最，竟興康海之謠；副彼惟良，終致贈刀之美。方/當承言天府，緝嘉猷於帝俞；贊道槐庭，締宏材於國棟。而輔仁多爽，積/善無徵，以龍朔三年四月廿三日，卒於長安永崇里第，春秋六十有八。夫人/清河崔氏，地藉膏腴，門承雅望，行標儀訓，德範嬪閫。不謂一劍先飛，慟雙龍/之永隔；孤鸞獨舞，悲隻影之空存。泣掩崩城，始結終天之恨；波驚閱水，俄臻/同穴之期。子趙客等，想枯魚而銜疚，思負米而興哀。宅兆既安，龜筮允協。粵/以龍朔三年八月廿一日，合葬於萬年縣之鳳棲原，禮也。悲夫！佳城鬱鬱，與/白日而長辭；神理綿綿，共黃泉而永翳。乃爲銘曰：/

　　浩浩靈源，峨峨峻趾。夏臺疏胤，軒宮降祉。代號王孫，家□□子。慶善斯積，英/華不已。其一束髮從政，飛緌入仕。績樹一同，化光千里。□□延惠，贈刀貽美。仙/驥晨飛，灾蝗夜徙。其二蓄彼高才，英藩竭來。亦既成仁，終然不回。流謙未□，伏/禍先開。逝川去矣，梁木其摧。其三婉婉淑人，凝姿貞順。行周女則，才宣婦訓。爰/初牢奁，式和秦晉。孰謂百年，俱成一瞬。其四簫聲兩去，劍影雙沉。夜臺寧曉，泉/戶方深。隴日朝晦，松風暝吟。勒玆貞琬，式播徽音。其五

（邱曉整理）

032　李藝墓誌

大唐故郇國公李君（藝）墓誌銘并序

唐龍朔三年（663）十一月十一日葬。誌蓋呈盝頂形，長50.5、寬50.5、厚11釐米。蓋題篆書，4行，滿行4字。誌石方形，長51、寬50.5、厚11.5釐米。誌文楷書，共28行，滿行29字。

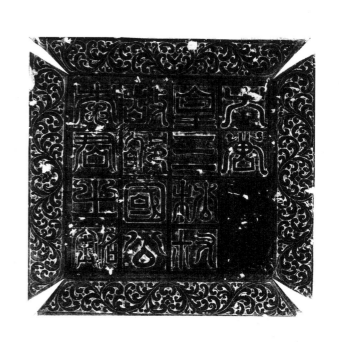

〔蓋文〕

大唐皇三松叔故郇國公李君之銘

〔誌文〕

大唐故郇國公李君墓誌銘并序/

　　公諱藝，字滿才，隴西成紀人，即皇三從之叔父也。曰若纂帝凝祉，鑠/丹電於天樞；承僊茂道，暎紫氣於函谷。表通猨於武節，玉帳仍華；祚履龜於/文昌，金蟬襲采。家風祖德，可略而言。曾祖乞豆，皇朝贈涪陵郡王。熊軾光軒，/翼晨駿於朱鷺；鶴洲清簩，澄月藻於棲龍。祖洛，左衛大將軍。父羅，右屯衛中/郎將。魚璜錫瑞，暢雄圖於鼓鼙；豹略甄奇，肅忠勤於軒傲。樹善深於固本，流/慶繁於後葉。子服之子，芳徽有融。公稟金木之粹精，降山川之秀氣。綺年騰/譽，儀珪璋而特達；冠歲飛榮，體松筠之貞勁。至若吟猨落鴈之妙，仰高月而/彈天狼；懷蛟吐鳳之詞，鬱雕雲而驚翰鳥。風琴切羽，留連紫陌之歡；霜野從/禽，怊悵青冥之賞。由是搢紳藉甚，朝野歸英，司衛宸嚴，寔資髦彥。解褐千牛/備身，扈長劍而侍青蒲，聳危冠而承紫禁，就堯雲而局影，捧程日而凝忠。勤/效以光，爰從獎擢。弱冠，拜游擊將軍，尋封郇國公。分命懿親，祚文昭之昔扞；/言官儁造，昇勇爵於前班。颺蒼璨以諠風，紐青綰而藻日。戎行致果，既飛聲/於曩志；軍容載緝，亦垂訓於遐編。帝難其人，僉議攸屬，除左屯衛義/明府果毅都尉。隼旗曾擊，雕鶚雲翔；鶴騎輕陳，鉤鋋電爍。茂功嚴于八校，清/績劭於九旗。既而鑒滿緗芸，閑情林渚。春泉吐綠，開曉鏡而明心；秋雲飛素，/影夕蓋而知止。妍歌妙舞，當年之款未窮；石火驚漪，大夜之期俄軫。粵以龍/朔三年六月四日，遘疾終于隆政里之私第，春秋六十有二。即以其年十一/月十一日庚子，遷窆于長安縣福陽鄉之高陽原。嗣子左長上處約，仰鑿楹/而增慕，攀風樹以崩欒。沉釭滅而幽局閟，凝笳愴而平野寒。于嗟兮萬古，終/悲兮一棺。清徽兮無昧，翠礎兮斯刊。其銘曰：

　　斗/電靈緒，仙氣神源。雲丘增峻，瑞葉滋繁。儀天建極，儷景高翻。照燭珪鼎，隱暧/簪軒。_{其一}曰祖曰考，惟貞惟一。寵極王臣，德充天秩。磐石維固，銜珠政謐。劍動/七星，弓凋九日。_{其二}誕兹淑茂，載馥聲芬。霜戈掞武，花籥飛文。偃泳絲醼，沉味/笙墳。冰華月鏡，綺縟蘭薰。_{其三}紫掖崇嚴，丹墀昭祕。佇斯勳睦，言光趨侍。裂壤/儀郁，作藩承懿。致果資德，臨戎杖義。_{其四}眇誠矜滿，高蹈林泉。浪情魚鳥，逸想/風煙。搜奇絳雪，銷徵素蓮。俄驚大夜，空傷小年。_{其五}北原既兆，東甌已食。霜樹/孤喬，風旌自直。容軒黲擾，厥局永息。恨滿青松，悲凝紫棘。

（王偉整理）

033　孟勝墓誌

唐故孟夫人（勝）墓誌銘并序

唐麟德元年（664）十月十一日葬。誌石方形，長37.8、寬38.3、厚7.7釐米。誌文楷書，共17行，滿行16字。誌蓋佚。

〔誌文〕

唐故孟夫人墓誌銘并序/

　　夫人姓孟，諱勝，雍州長安縣人也。祖蜀公，/父卿，並栖道怡神，慕阮生之慷慨；浮沉過/隙，欣老莊之無爲。夫人出醮移天，無虧婦/禮。三從之義，於此自申；四德之聞，方今攸/著。以斯處俗，冀畢百齡。如何天不慭遺，靡/終眉壽。以麟德元年九月廿一日，卒於私/第，春秋六十有一。即以其年十月十一日，/窆於京城南高陽之原盧村左也。嗣子愠/斯風樹，泣血於靈前；憾此隙駒，悲號於喪/左。然恐山平海變，陵谷遷移，是勒員石，庶/其長久。烏呼哀哉，乃爲銘曰：/

　　三輔豪宗，四姓良族。稟質自研，笄齡改卜。/其一萊婦重生，奚儔斯類。鴻妻更出，靡倫其/匹。其二奉上饒恭，育下多愍。希畢耆齡，如何/中殞。其三庶茲方石，銘此徽猷。□□□□，萬/代長休。

（趙陽陽整理）

034 成月公主墓誌

大唐興聖寺尼成月公主　　氏墓誌

唐總章元年（668）十一月二十二日葬。誌蓋呈盝頂形，長69、寬71.5、厚13釐米。蓋題篆書，3行，行3字。誌石方形，長71、寬71、厚11釐米。誌文楷書，共24行，滿行24字。

〔**蓋文**〕

大唐成月公主墓誌銘

〔**誌文**〕

大唐興聖寺尼成月公主　氏墓誌/

　　若夫千輪謝色，寂懸解於重昏；百影留龕，沈妙門於積晦。閱定/流而逝彩，遽移鯤壑；撲慧燈而掩照，久閟龍銜。其有獨鑒玄宗，/得髻珠於罔象；窮幽粹理，架心臺於橐籥。仁舟廣汎，其在我法/師乎。成月公主諱　　　，吐溶（浴）渾可汗海國王慕容鉢第二女也。/爾其濬源驚箭，孕蠙寶而涵漪；喬昷披蓮，挺虹珪而積仞。固以/銀黃疊暎，駕八虯而齊軫；軒冕交陰，凌三鳳而遐蹤。祖及父並/嫡嫡相承海國王，竝襟情爽秀，風局清敞。望東山而闢府，價蘊/連城；耿南斗而飛鋒，光合剚革。法師儀真獨運，乘玄戾止。珠胎/既剖，即開明月之暉；玉樹初標，還擢甘泉之秀。在乎髫齔，識昭/空寂，仰化城而警策，絕想鵷臺；去火宅以駢馳，栖神鹿野。自落/髮纘服，虔精玄觀，沈研九部，既無懈於晨昏；翹讚千蓮，固忘劬/於涼暑。至若龍宮妙典，具譚英詞，第一解脫之門，不二難思之/賾，莫不探微總隩，似萬流之赴金樞；摭實遺賓，若千象之開玉/鏡。故能擯情塵滓，澹想真如。坐燈王之牀，自標先覺；啓維摩之/室，爰稱獨步。所談唯空慧，不以俗網嬰懷；所務止玄虛，每用無/爲入賞。豈非形存理勝，望寶階而咫尺；神凝道寂，俯金地而鄰/幾者哉。既而水月澄規，未駐驚波之色；空雲卷靄，遽滅從風之/影。以總章元年四月七日，卒於興聖寺，春秋廿三。仍以其年十/一月廿二日，葬於明堂縣少陵原。嗚呼泡影，遂誌銘曰：/

　　玄津產玉，法海韜璣。自開虹照，還吐驪暉。偶質齊光，聯文合絢。/汎華蘭掖，飛芳椒殿。乘真詣理，控解窮幽。曾攀道樹，虛汎仁舟。/香巖委崿，漣河閟水。方去花臺，永遵蒿里。鶴林霜積，魚山梵空。/魂兮莫返，泣盡秋風。

（李浩　羅曼整理）

035　蘇璋墓誌

大唐故洮州安西府折衝蘇公（璋）墓誌銘并序

唐咸亨二年（671）七月八日葬。誌石方形，長45.5、
寬45.5、厚10.5釐米。誌文楷書，共30行，滿行30字。
誌蓋佚。

〔誌文〕

大唐故洮州安西府折衝蘇公墓誌銘并序/

　　公諱璋，字整，京兆萬年人也。自景電降祥，瑞雲發慶，弘大道而居極，照貞理而/代天。至德勸於前期，克昌繁於後葉。故得瓌奇疊彩，英華接耀，煥乎史策，無假/一二言焉。曾祖衍，周涇州刺史、東陽郡開國公，器韻標舉，風猷朗邁，豈直價重/十城，固亦光照千里。祖達，隨朝請大夫、守慶州都督府長史、上護軍。公寓量淵/凝，襟神儁發，公才公望，播美於當年。父仁，隨承議郎、松州都督府參軍事。慶貽/後昆，弓冶不墜；賞延餘緒，珪璋嗣興。公器宇凝遠，才包武略，進謀獲算，智勇過/人，不事彫蟲，英聲獨秀。去貞觀十八年，鑾駕問罪東夷。公得親承統領，揮/戈擐甲，特預前鋒，壯志先登，攻城剋敵，威振兇醜，功冠諸軍。特賞恩榮，位/班通貴，授慶州樂蟠府右果毅都尉。居職清慎，幹濟有聞，統領兵戎，威恩兼舉。/又除山泉府左果毅都尉。國家以百濟叛逆，興軍討罰；公以英略備聞，特蒙/詔遣。進謀帷握，威勇兼施，閫外兵權，俄然電滅，屍遍原野，流血盈川。功効可揚，/特蒙褒厚，賞繒綵一千匹、金銀五十兩、奴婢一百人，勳加上柱國。復以强明有/著，鎮守六周，勞効可嘉，特蒙昇擢，又除代州懷化府折衝都尉。未逾旬日，/恩詔特授雍州長道府折衝都尉。任經歲序，聲績有聞，又除洮州安西府折衝/都尉。公以英才顯著，委任邊隅。西戎背叛，不賓臣妾，特詔發公征伐，運籌立/策。兵矢纔交，兇徒潰散，波迸原野，屍填山谷，漂杵之血流川。擒獲兇魁，殊功可/紀，賞口廿人、馬牛羊三百頭匹。展微誠於薄効，答洪恩而詎申。而福善無徵，/沉痾已集，上天不弔，殲此良人。而泫露不停，隙光難駐，因茲遘疾，奄隨川逝。以/咸亨二年四月十一日，薨於安西府舍，春秋五十有九。臨終警悟，辭囑妻孥，言/念昆兄，死生永訣。靈虵可斷，天倫之重難分；鶺鴒載飛，連形之情斯切。粵以其/年七月八日，歸葬於雍州萬年縣霸城鄉之北原。西維闕庭，威鳳斯矚，北瞻細/柳，南望五陵，木葉下而秋風悲，原野曠而霜雲暮。青烏已卜，白馬戒塗，咽號慟/於泉門，垂旌旐於隴路。湊黃腸其已畢，掩玄宮而永固。乃爲銘曰：/

　　蕭蕭我祖，發系靈長。霸殷疊迹，相漢重光。前基垂裕，後胤克昌。赫奕軒冕，磊落/銀黃。其一 降神岱靈，構精濟瀆。厚均日觀，潼高暘谷。飛宇□臺，疎楨蟠木。飭躬利/用，榮名干禄。其二 策勳飲至，進秩加榮。朝寄日重，寵章增峻。委授蕃戎，邊隅守鎮。/機略宏舉，風威傍振。英勇摧峰，遙畲輟軔。其三 貽班詎幾，沉痾奄邁。運鍾寒剝，時/窮箭漏。良木摧柯，大廈淪構。德有餘烈，胤無遺冑。其四 素軒蕭駕，丹旐遄征。幽堂/墐户，泉宮秘扃。雲愁隴樹，霧苦佳城。刊茲銘勒，擅彼風聲。其五

　　　　　　　　　　　　　　　　　　　　　　　　　　　　　　（馬立軍整理）

036　孟陁墓誌

大唐孟君（陁）墓誌

唐上元二年（675）二月十日葬。誌蓋呈盝頂形，長44、寬44、厚8釐米。蓋題篆書，4行，行3字。誌石方形，長43.5、寬44、厚6.5釐米。誌文楷書，共19行，滿行20字。

〔蓋文〕

大唐故海州胊山縣主簿孟君

〔誌文〕

大唐孟君墓誌/

公諱陁，字仁，西涼武威人也。源乎神機潛運，除惡以/雪二崤；風軌内融，遷善用資三徙。源流縈映，本枝碩/茂。方策畢陳，可略言也。公禀靈丹穴，孕質渥川。□虧/而絢綷毛，遵塗而騁絶足。天姿魁悟，神氣激揚。□在/佐時，學優登仕。永徽之末，任密州諸城縣尉；龍朔之/首，除海州胊山縣主簿。毁方瓦合，奉上盡葵藿之心；/和光同塵，率下凝冬夏之景。由是聲流海上，譽塞關/中。道德仁義，見侔朝野。暨乎雞林肆虐，鯷壑驚瀾，赫/王斯威，班師振旅，以公領雞林道行軍兵曹。志□風/雲，鷹揚萬里；思同蓍蔡，人傑千夫。天不愁遺，竟先朝/露。以咸亨三年四月十四日，卒於萊州掖縣，春秋五十/有二。鬱鬱千丈，匪嚴霜而遽隕；巍巍九仞，無朽壤而/先頹。以上元二年歲次乙亥二月乙亥朔十日甲申，/歸葬於唐風鄉之平地焉，禮也。倏忽人事，悠悠泉壤。/楊風蕭瑟，拱木斂魂。馬鬣參差，蔓草縈骨。青山若礪，/碧海成田。式存不朽，乃爲銘曰：/

克勤克儉，允武允文。學該六藝，勇冠三軍。松筠挺質，/蘭桂含芬。存有顯號，逝勒餘勳。

（王偉整理）

037 盧君妻韋氏墓誌

大唐盧君故妻韋氏墓誌之銘并序

唐上元三年（676）十月十五日葬。誌蓋呈盝頂形，長
30、寬28、厚7釐米。蓋題篆書，3行，行3字。誌石方
形，長30、寬30、厚7釐米。誌文楷書，共17行，滿行
16字。

〔蓋文〕

大唐故韋夫人墓誌銘

〔誌文〕

大唐盧君故妻韋氏墓誌之銘并序/

原夫紀勳疇庸，必假琱鎸之刀；騰芬播美，/收資刊削之功。故表實於前，□揚名於後。/夫人韋氏，京兆人也，司農大卿之女，盧君/之妻。夫人星津降彩，月魄澄規。雅操不群，/若孤松之對雪；芳姿卓絕，似叢桂之流風。/爰及笄年，將歸茂族。暎雕梁而霞絢，舉玉/案以蘭芬。奏鶴鳴琴，始諧於唱和；遊龍寶/□，忽喪偶於交歡。粵以上元元年四月十/日，亡於商州豐陽縣，春秋卅有三。以上元/三年歲次景子十月乙未朔十五日己酉，/葬於少陵原。去高堂之寂寂，掩長夜之冥/冥。龘遇春而□□，雞喚曉而難明。想□臺/而月暗，聽松□以風清。□徽猷而不□，託/□典以□聲。□詞曰：/

□□□□，耀彩珠胎。如何□玉，翻瘞泉灰。/露□空□，月鏡徒開。唯餘□□，松□含哀。

（王早娟整理）

038 梁覺師墓誌

大唐故朝散大夫梁君（覺師）墓誌銘并序

唐儀鳳二年（677）八月十二日葬。誌蓋呈盝頂形，長
42、寬42、厚11.5釐米。蓋題篆書，3行，行3字。誌石
方形，長42.4、寬42.4、厚12釐米。誌文楷書，共21
行，滿行22字。

〔**蓋文**〕

大唐故梁府君誌之銘

〔**誌文**〕

大唐故朝散大夫梁君墓誌銘并序/

　　君諱覺師，京兆人也。軒皇析胤，載隆命氏之初；姬后分宗，/爰疏得姓之始。冀之盛業，疊彩於青編；鴻之擅名，飛華於/縹帙。詳諸史策，可略言焉。惟祖惟父，亡利亡名。志洽琴書，/侶安康而共樂；性諧泉石，挹巢許而俱恬。公丹穴摘靈，青/田毓質。綺晨炫異，掩黃桂而騰芳；卯歲聞奇，拂楊榛而挺/秀。愛敬之道，表自生知；友悌之情，本乎天縱。探六藝之淳/粹，顏閔愧其鈎深；獵百氏之菁華，蘇張慙其致遠。自/皇唐創運，宏業載興，人唱南河之謠，國締東征之唱。公早/申誠款，夙著勳庸，既類化鵃之榮，還同比屋之寵。授公朝/散大夫，旌殊效也。榮名共淬，簡易叶於神功；朝市俱塵，作/息殊於帝力。頤期靡極，耄載方遒，恨風樹之易飄，悲隙駒/之難駐。嗚呼哀哉！奄以儀鳳二年七月廿一日，遇疾終於/安邑里第，春秋八十有九。即以八月十二日，遷窆於白鹿/之原，禮也。欲使山藏地軸，騰懿範而題貞；劫盡天衣，飛英/聲而記美。式刊玄琰，以讚洪名。其詞曰：/

　　綿綿代緒，奕奕時宗。譽高荀鶴，材絢陸龍。惟祖惟考，如栢/如松。濯纓逸代，懷寶迷邦。猗歟令哲，穆兮芳裔。東箭飛美，/南金表麗。對雀韶年，談烏綺歲。業籠顏閔，塵同莊惠。風枝/未靜，隙影先移。青烏啓域，丹旐臨岐。松雲晻曖，楊吹差參。/式刊翠琰，庶表芳規。

（王早娟整理）

039 李警墓誌

大唐故武州將利縣令上柱國李府君（警）墓誌
銘并序

　　唐垂拱二年（686）二月二十六日葬。誌蓋呈盝頂形，
長53.8、寬53.8、厚9.5釐米。蓋題篆書，3行，行3字。
誌石方形，長54.5、寬54.5、厚12.7釐米。誌文楷書，
共28行，滿行30字。

〔蓋文〕

大唐故李府君墓誌銘

〔誌文〕

大唐故武州將利縣令上柱國李府君墓誌銘并序/

君諱警，字神機，隴西城紀人也。原夫日精表晛，真人起系而遐軒；雲氣發祥，帝/子開基而首出。是以如龍如馬，立德立功，西漢標六郡之良，北魏耀三台之秩。/遂得九苞疊影，五美交暉，茂族與盤古齊高，峻阯共太虛同廓。祖海，隨任鳳州/司法參軍事。父通，朝散大夫。或策名就列，翼皂蓋以□篠；或委質輸誠，赴黃旗/而杖節。公道符上善，信叶中孚，局量宏深，沖襟爽拔。家禽敘對，辯揚佩鞢之年；/窺鼠發明，敏契髧髦之歲。凝情練古，運思彤今，討子史之萬流，耀文章之五色。/尋途比驥，昂藏騁千里之蹤；翥迴如鵬，凌厲負九霄之翮。嵇叔夜之博綜技藝，/褪魄來懃；王仲宣之多識舊儀，危魂就服。不違同而懍禮，匪揚已而驚愚。孝極/溫清，言無枝葉。叢荊比秀，總五馬以推良；遊芷陶薰，居一龍而稱首。皇上/崇禋日觀，瘞帛雲壇，公智以濟時，擢從監作。雖復器高位下，義等於割鷄；然而/禮備樂終，寵登於厚祿。蒙授朝議郎，行隴州南由縣丞。既而富稱陸海，境跨三/秦，自非德遣災蝗，何以贊斯擾擢。考滿，授武州將利縣令。化敷脂粉，政叶韋絃，/惠愛美於全椒，恤隱光於綿竹。鳴琴弄緒，匪侔子賤之能；製錦宣工，彌覺尹何之/拙。則區分演潤，法於奮地之雷；出撫均郎，希應圖天之宿。不謂孔川易逝，莊壑/難藏，奄歎爍金，俄傷埋玉。以垂拱元年十二月十一日，遘疾終于神都清化里/私第，春秋七十有一。豈直西秦輟杵，北鄭停竽，故亦制服成群，設饋盈路。以垂/拱二年二月廿六日景申，歸窆於雍州乾封縣高陽原，禮也。惟公霞牆峙影，風/骨標奇，舉燕燭以齊明，止湘潭而寫鑒。善之也雖小，無不庶幾；惡之也縱微，有/使式遏。情均直矢，操凜貞松，搏節履乎德基，造次依乎仁地。嗣子知禮等，風枝/切感，霜徑摧心，用遵追遠之規，敬崇卜宅之禮。恐馮夷所倚之浪，倏變桑田；抃/龕所戴之山，俄沉桃岸。使芳猷堙滅，盛德寂寥。爰述茲銘，以存不朽。其詞曰：/

真人降日，帝子飛雲。如龍佇變，類馬披文。丹青圖像，鍾鼎銘勳。水清珠澈，徑紫/蘭芬。其一慶延祖德，美襲家風。篆金克紹，庭玉凌空。智包六藝，學贍三各（冬）。霞舒文/苑，雷發談叢。其二玉帛禮舉，君臣具驊。遷聲喬木，漸翼長瀾。宣誠緝務，貳職灌壇。/郊馴魯翟，野舞玉鸞。其三南陽佇法，西征降潘。導俗齊禮，濟猛從寬。緛錦工製，瑤/琴妙彈。尋途足逸，沖霄翮殘。其四玄龜演繇，白馬悲鳴。淒涼總幄，蕭索佳城。松昏/霧慘，草折池平。式彫翠石，以表玄扃。其五

（胡永傑整理）

040 宇文敬義墓誌

唐故左衛長上北門供奉宇文府君（敬義）墓誌銘并序

唐垂拱四年（688）四月二十二日葬。誌蓋呈盝頂形，長45、寬45、厚8釐米。蓋題篆書，3行，行3字。誌石方形，長45、寬45、厚7.5釐米。誌文楷書，共21行，滿行23字。

〔蓋文〕

大唐故宇文府君墓誌

〔誌文〕

唐故左衛長上北門供奉宇文府君墓誌銘并序/

　　公諱敬義，字敬義，河南洛陽人也。粵若仙禽演胄，瑞火疏源。/控□水而浮天，采蒼林而拂日。金壇制勝，秦臣總奇正之/機；玉鉉申謨，晉相叶台階之譽。亦猶匡虞底績，爰興鳴鶯之/基；翼漢收圖，載撫祥龍之運。故得謀孫有與，錫類無疆。崇本/光乎百代，賁禮優乎三恪。曾祖洛，周使持節、儀同大將軍、南/幽州刺史、虞國公。皇朝以承周絕，改封介國公。朱軒/踐務，玉節先朝。居魏老而登賢，作虞賓而奉聖。祖裕，/父暹，並襲介國公。譽緝言容，行優珪璧。昂昂逸步，籋千里而/騰姿；矯矯曾鶱，輶九包而動色。公即介公之第三子也。芝室/流芬，鯉庭趨訓。澄陂蘊量，居爲百頃之姿；照廡延才，坐得聯/城之價。年卅三，授左衛勳衛，腰鞬紫禁，戴鶡/彤闈，譽穆等彝，績光朝列。俄遷北門供奉，便繁聖問，/咫尺天威。秩異中郎，遇已隆於上菀；才均屬國，職有/謝於移中。鴻陸未躋，佇因林而矯翼；鯤溟已化，俄闕水而摧/鱗。永淳二年八月八日，終于神都之私第，春秋卅有九。垂拱/四年四月廿二日，遷窆于明堂縣少陵原舊塋，禮也。子胤等/良箕襲藝，鑿楹祗範，思旌隴隧，敢勒銘云：/

　　祥延契木，慶躋蒙羽。氣蘊山川，業光台輔。嗣夏興運，賓虞錫/玉。踵德聯衡，昇賢疊矩。猗歟令胤，玉朗冰清。脩塗未騁，厚夜/俄傾。松聯故域，櫬□先塋。式題貞範，永播佳城。

（王早娟整理）

041　鄧弘嗣墓誌

唐故使持節豳州諸軍事豳州刺史南陽縣開國男鄧府君（弘嗣）墓誌銘并序

唐天授二年（691）正月十日與夫人合葬。誌蓋呈盝頂形，長59、寬59、厚12.5釐米。蓋題篆書，3行，行3字。誌石方形，長56、寬56、厚13釐米。誌文楷書，共27行，滿行27字。

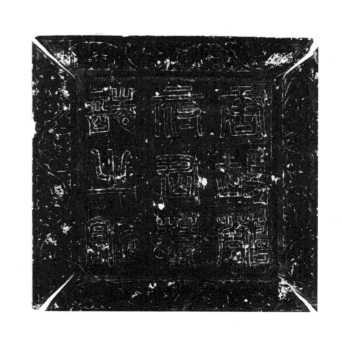

〔蓋文〕

唐故鄧府君墓誌之銘

〔誌文〕

唐故使持節幽州諸軍事幽州刺史南陽縣開國男鄧府君墓誌銘并序/

　　公諱弘嗣，字承先，南陽新野人也。開國周年，爲霸楚之甥舅；承家漢日，/成外戚之羽儀。奕葉傳輝，布諸史策。曾祖信，梁建威將軍。祖彪，梁太子/舍人、臨賀王長史。父高，陳東衡州刺史、隨右禦衛大將軍、唐太子左庶/子、靈州都督、上柱國、臨川郡公。靈慶所綏，簪裾代襲，清規素範，標冠士/林。公幼而聰敏，博好墳籍，局力貞正，履識詳和。少以門資，直秦王府文/學；纔逾弱冠，授魯王府兵曹。雖望府遞遊，俱參於諷議，而利器徒韞，未/申於斷割。尋檢校太州司兵，又授定州望都、洛州永寧二縣令，又遷岐/州、蒲州司馬，汴州長史。既應務州縣，大敷聲績。一同標儁鸞之美，半刺/彰展驥之能。俄遷鹽州刺史，又轉德州刺史，又除齊州刺史。洊臨蕃部，/咸留風愛。襲繩表察，廉火垂仁。太原帝原，地稱都會，元寮之寄，/朝選寔隆。儀鳳三年，授并州司馬。未幾，改鄭州刺史，又轉幽州刺史，加/爵南陽縣開國男。赤帷班政，頻膺方岳之榮；白馬疏茅，更叶山河之賞。/身遂名立，斯其謂焉。然而寸晷難留，尺波易遠，仁焉而逝，奄謝昭途。以/永昌元年正月七日，薨於同州蒲城縣，春秋八十五。夫人隴西李氏，地/表膏腴，才稱明哲，移天作儷，德茂宗姻，封隴西郡君，同夫貴也。以天授/元年九月十九日，薨於太州仙掌縣，春秋七十七。粵以天授二年正月/十日，合葬於明堂縣義善鄉鳳栖原，禮也。子懷敏等，痛結終憂，哀深罔/極。踐霜露而增感，攀風樹而不追。思頌徽猷，用旌不朽，式昭銘典，永勒/泉臺。其詞曰：

　　南陽盛族，東漢權門。業隆前祀，/聲芳後昆。建威執哲，名優位尊。臨川貴仕，翠蓋朱軒。其一載德不衰，像賢/傑起。識符劍鏡，材標杞梓。學富九流，文高四始。成龍百鍊，友麟千里。其二/遊梁表譽，從事飛聲。銅章著美，緹幃昇榮。爰分符竹，寔號仁明。化光六/郡，恩流百城。其三懿哉淑令，行光邦族。噰噰鴈鳴，鏘鏘鳳卜。以此蘿蔦，託/斯樛木。流荇河洲，萋葍中谷。其四川驚逝水，草晞危露。傳火易窮，閱人俄/度。椿冥終盡，金石難固。共歎小年，同悲大暮。其五青烏獻兆，白鶴標墳。曠/野寒日，高空斷雲。郭門徒送，泉路長分。唯茲貞石，獨紀遺芬。其六

（王早娟整理）

042 步儉墓誌

大周故步君（儉）墓誌銘并序

　　唐天授二年（691）七月十三日葬。誌蓋呈盝頂形，長
49、寬46.5、厚10.5釐米。蓋題篆書，呈“井”字形分
佈。誌石方形，長47、寬46、厚8釐米。誌文楷書，共
15行，滿行14字。

〔蓋文〕

步公墓誌

〔誌文〕

大周故步君墓誌銘并序/

　　君諱儉，字仁㝡，平陽絳邑人也。因宦/播遷，遂爲朔方人矣。原夫鄧林毓彩，/擢修幹於一枝；珠源圓流，蕩夜光於/十葉。代顯其人，即步君之矣。祖□，隨/任益州刺史，下車敷化，政流基月。父/倫，唐任龍門府果毅都尉，三略見珍，/六奇稱妙。君弱冠之歲，早獵明經；仙/童之年，已標翰苑。董帷長掩，孫户不/開，辭疾不仕。以天授二年五月十一/日，卒於私第，春秋六十有四。即以其/年七月庚午朔十三日壬午，葬於統/萬城南原，禮也。遂使銷聲蒿里，空挂/劍於松枝；影晦佳城，愴悲歌於薤露。/嗚呼哀哉！乃述其誌。

（狄蕊紅　孫强整理）

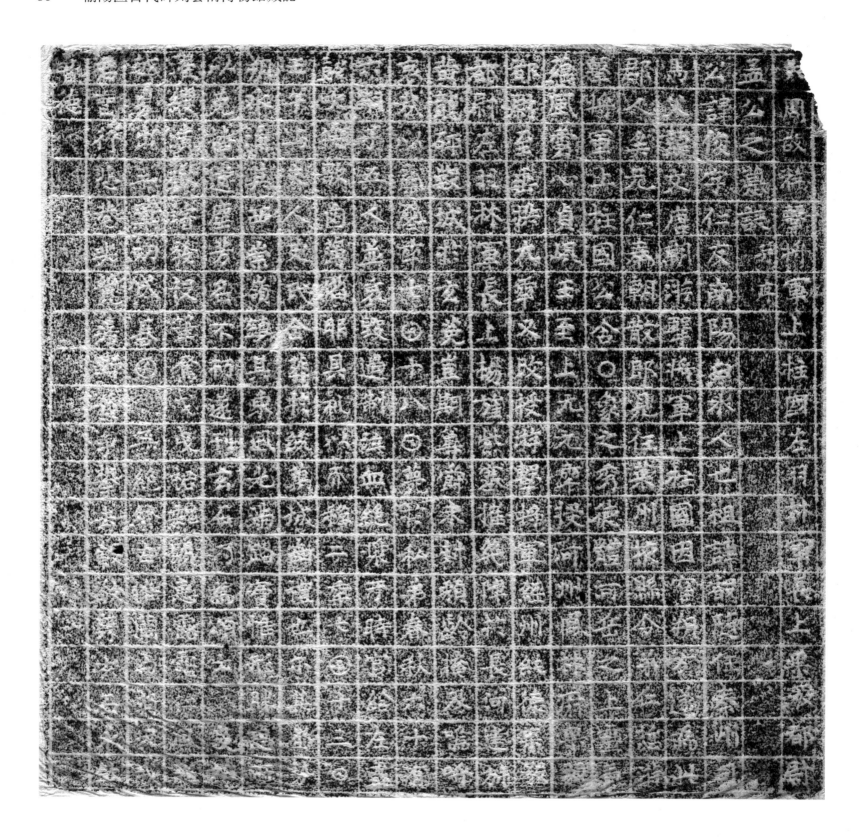

043 孟俊墓誌

大周故游擊將軍上柱國左羽林軍長上果毅都尉
孟公（俊）之墓誌并序

　　唐天授二年（691）七月十三日與夫人合葬。誌蓋呈
　　盝頂形，長53.5、寬53.5、厚8.5釐米。無蓋題。誌石
　　方形，長52.5、寬53、厚15釐米。誌文楷書，共20行，
　　滿行20字。

〔誌文〕

大周故游擊將軍上柱國左羽林軍長上果毅都尉/孟公之墓誌并序/

　　公諱俊，字仁友，南陽白水人也。祖諱叡，隨任秦州司/馬。父諱文，唐朝游擊將軍、上柱國。因 宜 朔方，遂爲此/郡人矣。兄仁奉，朝散郎，見任萊州掖縣令。弟仁悊，游/擊將軍、上柱國。公含星象之秀德，體河岳之上靈，氣/蘊風雲，心貞崑玉。至上元元年，授河州鳳林府果毅/都尉。至垂拱元年，又改授游擊將軍、經（涇）州純德果毅/都尉、左羽林軍長上。揚旌紫塞，摧幾陣於長河；建旆/黄龍，碎數城於玄菟。豈期尊爵未封，頹齡掩及。嗚呼/哀哉，以載初年七月十八日薨於私第，春秋六十有/六。嗣子五人，並哀毀過制，泣血絶漿。于時官給左 纛 、/鼓吹、挽歌、鹵簿，備 服具禮。以天授二年七月十三日/壬午，與夫人史氏合葬於統萬城南，禮也。爾其地勢，/朔水 源 其西，崇嶺鎮其東，風光滿路，實惟形勝。思所/以克播遺塵，芳名不朽。遂刊玄石，乃爲頌云：

　　爰 始/濯纓，清 酤 潛發。投筆奮戈，曳裾魏闕。惠露霑仁，風□/越□。□□□□，□□日□。無絶終古，惟蘭與菊。□□/君喪，行 悲巷哭。競□□□，爭攀去轂。敬鐫玄石，永欽/□德。

（師海軍整理）

大周故臧公墓誌并序

公諱德，字善，魯國郡邑人也。語拕先光分論豪，彩派長源。祖因宦遷，寓居朔方。人文藝隨，任滕州都督，賽帷撫窓，露冕宣風。端思□雄逸，煙慶磊落，志而耿長松，卓舉奇而朗。濟思□雄，逸煙慶磊落，烈火於英，毛猛殺除兇戟。朋思□掃，是以騰光鳳閣，紀績燕山，策勳。僑風於掃國，加游夢陰，將軍任雍州六十有三，終於私。上柱國命彰，夢陰堂春秋，雍州流谷鎮將臺私。感葳司王氏太原，蘆氏族之芳，幽堙也，不能攝妙率妙。第夫人聞早企珠蘙鳳，從幽堙也，不而擑合二率。七備蔵辛卯十戊戌朔十二□□。歲次辛南原禮也，其塋青鳥式相，白鶴式陳。統萬城田諒岑幽谷，爰勒堅珸式，功乃嘱詞。恐海染佳城，懵玄壤，悠慜塵驚，孤塪風乎千秋。日恒思軍廷鎮，想無傳，俄成一代永千秋。

044　臧德墓誌

大周故臧公（德）墓誌并序

唐天授二年（691）十月十二日與夫人合葬。誌蓋呈盝頂形，長51.5、寬50.5、厚9釐米。蓋題篆書，2行，行2字。誌石方形，長50.5、寬50.5、厚8釐米。誌文楷書，共17行，滿行17字。

〔蓋文〕

臧公墓誌

〔誌文〕

大周故臧公墓誌并序/

　　公諱德，字善，魯國鄒邑人也。語柢光分細柳，/論裔彩派長源。祖因宦遷，寓居朔方人□。祖/滿，隨任勝州都督，襄帷撫察，露冕宣風。父□，藝挺三端，才冠七略，勳授上柱國。公器含嶽/瀆，思逸煙霞，磊落志而耿長松，卓犖奇而朗/明月。雄威寇虜，縱烈火於焚毛；猛毅除兇，鼓/衝風於掃籜。是以騰光鳳閣，紀績燕山，策勳/上柱國，加游擊將軍，任雍州流谷鎮將。豈謂/感微司命，彰夢陰堂，春秋六十有三，終於私/第。夫人王氏，太原懋族之芳胤也。四能稱妙，/七備徽聞，早企珠簾，夙從幽壤。以天授二年/歲次辛卯十月戊戌朔十二日己酉，合葬於/統萬城南原，禮也。其塋青烏式相，白鶴垂扃。/恐海桑田，諒岑幽谷，爰勒堅珸，式陳功囑。詞/曰：

　　佳城鬱鬱，玄壤悠悠。塵驚狐壟，風切人/愁。恒思罕匹，鎮想無儔。俄成一代，永□千秋。

（師海軍整理）

大周朝議大夫
史丘公韡與神
公韡與神福寧明德河南洛陽人也
其先興後魏同祖祖
大將軍特進魏上柱譚國國公天水行
恭唐公公歷官衛至大將軍上柱國春秋七
襄公有十二女並延通李氏唐州長史靜王嗣子神
十有二女並延通李氏唐州淮安第王神
通第十舅玖延肅同元疾薨歲次私甲午七
斑等七玖巳酉同窆扵雛州次甲午
里之廿七○○原禮也銘曰廡人隨物壽
古代遂人新勒茲貞石廣紀鳴甄

045　丘神福墓誌

大周朝議大夫上柱國行松州長史丘公（神福）墓誌

唐延載元年（694）七月二十七日與夫人合葬。誌蓋呈盝頂形，長29.5、寬31、厚6.5釐米。蓋題篆書，3行，行3字。誌石方形，長33、寬33、厚7釐米。誌文楷書，共13行，滿行13字。

〔蓋文〕

大周故丘府君墓誌銘

〔誌文〕

大周朝議大夫上柱國行松州長/史丘公墓誌/

　　公諱神福，字明德，河南洛陽人也，/其先與後魏同祖。祖和，唐右金吾/大將軍、特進、上柱國、譚國公。父行/恭，唐十二衛大將軍、上柱國、天水/襄公。公歷官至松州長史，春秋七/十有二。夫人李氏，唐淮安靜王神/通第十女，並遘疾薨於私第。嗣子/珽等。粵以延載元年歲次甲午七/月廿七日己酉，同窆於雍州永壽/里之高陽原，禮也。銘曰：

　　人隨物/古，代逐人新。勒茲貞石，庶紀鴻勳。

（王早娟整理）

046 王英哲墓誌

大周故處士上柱國王君（英哲）之墓誌銘

唐延載元年（694）十月二十日葬。誌石方形，長55、寬55、厚15釐米。誌文楷書，共18行，滿行18字。誌蓋佚。

〔誌文〕

大周故處士上柱國王君之墓誌銘/

　　君諱英哲，字智傑，太原晉陽人也。曾祖則，齊瓜/州刺史。祖敖，隨夏州刺史。父弘及，隨宣德郎、行/延州延川縣令。稽胡末俗，並沐淳風；蕃邑夷□，/咸歸政化。屬隨季版蕩，生人塗炭，歸蜀不可，□/吳路遙，遂留滯朔方，便成井邑。君泉停岳峙，□/璞金精。往以塞候塵飛，將軍賈勇；邊烽焰警，天/子徵兵。君猛志凌雲，雄心入漢，冒霜戈而直進，/犯星劍以當鋒，命賞策勳，論功斯最。蒙授上柱/國，非其好也。榮啓期之三樂，歌詠自；陶潛明之/五柳，琴樽可作。豈謂舟遷夜壑，露散朝陽。春秋/六十有六，長壽二年六月廿七日卒於私第。以/延載元年歲次甲午十月辛亥朔廿日庚午，遷/窆於統萬城東南原，禮也。息思暕，痛魂靈之泣/血，對碑銘而墮淚。爰刊金石，用紀生平，庶陵谷/之有遷，覿芳猷之斯在。其詞曰：

　　天喪伯有，鬼/□顏回。桑榆景促，蒲柳年催。泉隧杳兮長閟，幽/扃深兮不開。望風松而自慼，對蒿里而銜哀。

　　　　　　　　　　　　　　　　　　（師海軍整理）

047　德業寺亡尼墓誌

德業寺亡尼墓誌銘

唐萬歲通天元年（696）七月二十六日葬。誌蓋呈盝頂形，長37、寬37、厚10釐米。蓋題篆書，3行，行3字。誌石方形，長34、寬34、厚7釐米。誌文楷書，共9行，滿行16字。

〔**蓋文**〕

大唐故亡尼墓誌之銘

〔**誌文**〕

德業寺亡尼墓誌銘/

　　亡尼者，不知何許人也。蓋以良家入選，/充侍衛於瓊堦；行業見推，作津梁於寶/地。傳智燈而蕩昏室，揮覺劍而破邪山。/寔無去而無來，諒不生而不滅。以萬歲/通天元年柒月貳拾陸日卒，以其年捌月/肆日葬於咸陽原也。嗚呼哀哉，乃銘曰：/

　　諸行無常，是稱生滅。既如泡影，還同水月。/嗟物我之難齊，感存亡以嗚咽。

（狄蕊紅整理）

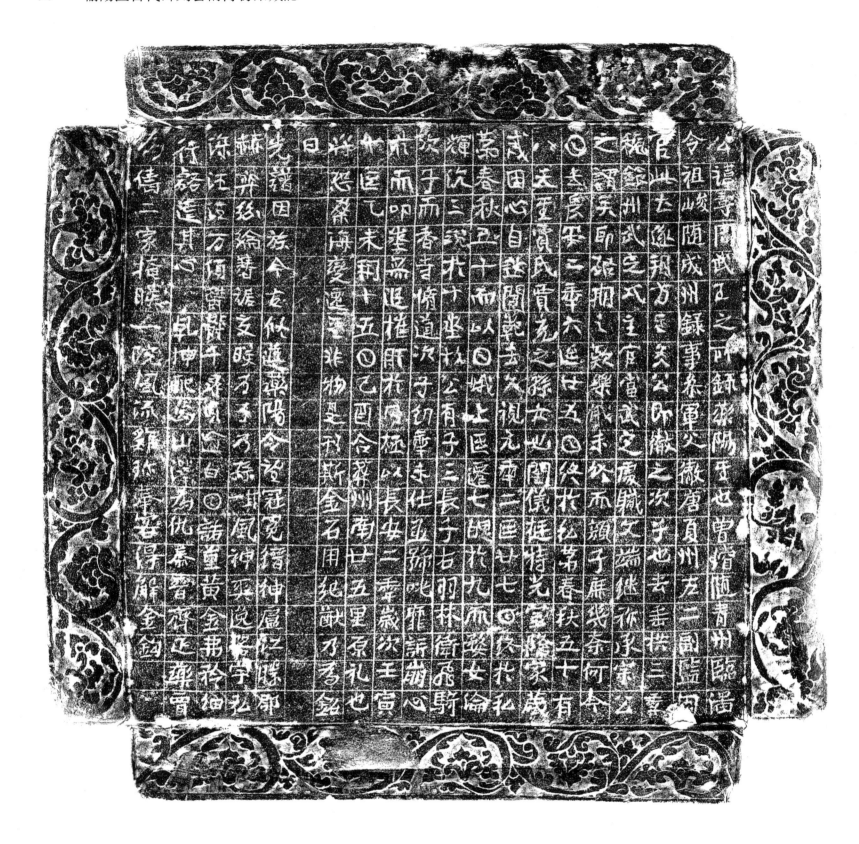

048　藥壽墓誌

唐長安二年（702）十月十五日與夫人合葬。誌蓋呈盝頂形，長51.5、寬51.5、厚8釐米。蓋題篆書，2行，行2字。誌石方形，長52、寬52、厚7.5釐米。誌文楷書，共20行，滿行20字。

〔**蓋文**〕

藥君墓誌

〔**誌文**〕

公諱壽，周武王之所□，藥陽人也。曾璿，隨青州臨淄/令。祖峻，隨成州録事參軍。父徹，唐夏州左二副監。因/官此土，遂朔方人矣。公即徹之次子也。去垂拱三年，/授銀州武定戍主。宦當武定，處職文端，繼禰承宗，公/之謂矣。即啓期之歡（歡）樂，俄未終天；顏子庶幾，奈何今/日。去長安二年六月廿五日，終於私第，春秋五十有/八。夫人賈氏，賈充之孫女也。閨儀挺特，光室隆家，箴/戒因心，自然闈範。去久視元年二月廿七日，終於私/第，春秋五十。而以日娥上月，遷七魄於九天；婺女淪/輝，沉三魂於十地。故公有子三，長子右羽林衛飛騎，/次子天香寺脩道，次子幼年未仕，並號咷靡訴，崩心/於天，叩地無追，摧肝於罔極。以長安二年歲次壬寅/十月乙未朔十五日己酉，合葬州南廿五里原，禮也。/將恐桑海變遷，人非物是，刊斯金石，用紀猷。乃爲銘/曰：/

光譜因族，今古攸遵。藥陽令望，冠冕縉紳。盧江勝郡，/赫奕紛綸。簪裾交暎，乃子乃孫。其一風神爽逸，器宇弘/深。汪汪萬頃，鬱鬱千尋。貞逾白日，諾重黄金。弗矜細/行，豁達其心。乾坤配象，山澤爲仇。秦晉齊匹，藥賈/爲儔。二家掩暎，一院風流。雞珍奉客，得解金鉤。

（盧燕新整理）

049　馬全墓誌

大唐故馬守貞墓誌并序

　　唐神龍元年（705）十月二十七日葬。誌蓋呈盝頂形，長33.5、寬33.2、厚6釐米。蓋題楷書，3行，行3字。誌石方形，長33、寬33.5、厚6.5釐米。誌文楷書，共17行，滿行17字。

〔**蓋文**〕

大唐故馬守貞墓誌銘

〔**誌文**〕

大唐故馬守貞墓誌并序/

　　馬全，字守貞，扶風茂陵人也。其先自漢至晉，/國史詳焉。夫仁人之德，天道運行，故盧植請/益於下筵，鄭玄摳衣而入室。父琮，吏部散官。/子自天生知，叶河精氣，照鄰庶幾，總該群義，/斯固通人之所包，非虛明之絶境。都督薛旭/擢令當屯，既而清晌泠風，粃粟流演，其年功/最，預選及第。未詮，遭父母憂，雖顔丁之居喪，/少連之善禮，方斯蔑如也。豈期輔仁虛應，奄/丁武庫，神龍元年七月殞于私第，春秋廿有/五。嬪張氏，譽浹銀鉤，光昇石窌，去長安三年/殀，享年一十有九。粵以神龍元年十月廿七/日，祔于統萬城南十里之原，禮也。凡爾懿親，/以丹青易滅，琬琰難凋，昭銘景行，用傳不朽。/其詞曰：

　　赫矣之子，載誕徽猷。天經地義，孝/洽仁周。彼蒼不憖，殲我良儔。英靈既祔，荒隴/長幽。出郭門兮直視，思夫君兮淚流。

（狄蕊紅整理）

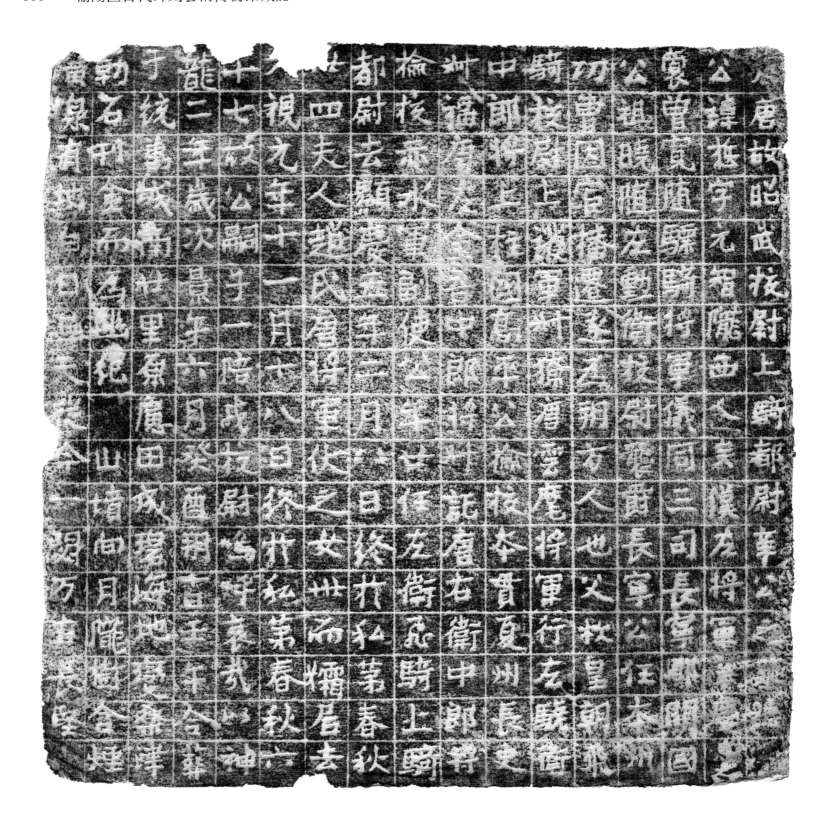

050 辛惹墓誌

大唐故昭武校尉上騎都尉辛公（惹）之墓誌

唐神龍二年（706）六月十日與夫人合葬。誌蓋呈盝頂形，長40、寬39.5、厚9.5釐米。蓋題楷書，2行，行2字。誌石方形，長40.5、寬41、厚9釐米。誌文楷書，共17行，滿行17字。

〔**蓋文**〕

辛公墓誌

〔**誌文**〕

大唐故昭武校尉上騎都尉辛公之墓誌/

公諱惹，字元智，隴西人矣，漢左將軍辛慶之/裔。曾寬，隨驃騎將軍、儀同三司、長寧郡開國/公。祖曉，隨左勳衛校尉，襲爵長寧公，任本州/功曹。因宦播遷，遂爲朔方人也。父枚，皇朝飛/騎校尉、上護軍。叔獠，唐雲麾將軍、行左驍衛/中郎將、上柱國、高平公，檢校本貫夏州長史。/叔福，唐左金吾中郎將。叔託，唐右衛中郎將，/檢校赤水軍副使。公年廿，任左衛飛騎上騎/都尉，去顯慶五年二月八日，終於私第，春秋/卅四。夫人趙氏，唐將軍伏之女，卅而孀居，去/久視元年十一月十八日，終於私第，春秋六/十七。故公嗣子一，陪戎校尉。嗚呼哀哉，以神/龍二年歲次景午六月癸酉朔十日壬午，合葬/于統萬城南廿里原。慮田成碧海，地變桑津，/勒石刊金，而爲幽紀：

山墳向月，隴樹含煙。/黃泉有地，白日無天。從今一閟，萬古長堅。

（師海軍整理）

051 李君墓誌

大唐故游騎將軍李君墓誌銘并序

　　唐景龍二年（708）四月二十二日與夫人合葬。誌蓋呈盝頂形，長44.5、寬44.5、厚7釐米。蓋題楷書，2行，行2字。誌石方形，長44.5、寬44.5、厚6釐米。誌文楷書，共15行，滿行17字。

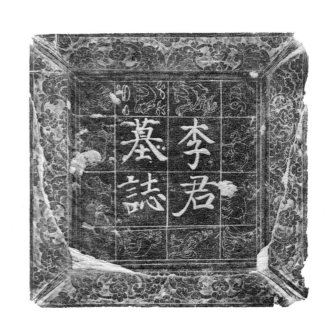

〔**蓋文**〕

李君墓誌

〔**誌文**〕

大唐故游騎將軍李君墓誌銘并序/

君諱□□□□陰山人也。景龍二年正月廿/□日終於私第，春秋七十有七。夫人賀魯氏，/□□廿七日卒於蘭堂，享年七十有八。粵以/□□二年四月廿二日，合葬統萬城東大嵗/山一百廿里之原，禮也。有子當義，雲麾將軍，/痛結寒泉，悲纏厚夜，式銘貞範，芳塵無謝。其詞/曰：

帝咨遠胄，于彼高陽。寔開水運，播美/幽方。九賓連率，萬里騰芳。衣冠有序，禮樂知/章。欽若將軍，赫矣雄姿。劍宣其用，謀入其帷。/結髮有志，簡策尋施。左賢右校，繼體承基。威/贊枌榆，媚兹昭穆。高轡方騁，徂年已速。昔趣/京華，輕塵其轂。今悲墟落，劈面而哭。日居月/諸，焚荆已吉。嵗兆荒涼，楊風蕭瑟。黯黯窮燈，/幽幽泉室。雙靈既祔，千秋永畢。

（師海軍整理）

052 劉府君夫人牛慈恩墓誌

大唐故光祿大夫行司農卿上柱國舒國公彭城劉
府君夫人狄道縣君牛氏（慈恩）墓誌銘并序

　　唐景龍三年（709）七月七日葬。誌蓋呈盝頂形，長
41.5、寬41.5、厚8釐米。蓋題篆書，3行，行3字。誌
石方形，長44、寬43.5、厚13釐米。誌文楷書，共22
行，滿行21字。

〔蓋文〕

大唐故牛夫人墓誌銘

〔誌文〕

大唐故光禄大夫行司農卿上柱國舒國公彭城劉府/君夫人狄道縣君牛氏墓誌銘并序/

　　夫人諱慈恩，隴西成紀人也。若夫少昊提衡，假雲官而/紀瑞；隆周昨士，託王父以疏宗。由是沉箏英材，象賢間/起；衣冠政術，繼武鬱興。祖弘，唐銀青光禄大夫，守禮部/尚書。父文秀，唐朝散大夫，行殿中丞。公侯錫羨，珪璋稟/德。曳履馳聲，登八座而昇位；彈冠筮仕，縮六尚以分司。/夫人載誕柔明，幼而恭敬，克生令淑，長而惠和，禮著有/行，作嬪君子。椒花起頌，響架於劉庭；柳絮摛文，道光於/謝室。箕帚所以明其德，蘊藻所以潔其誠。金夫舒國公/往以垂拱年中遷授原州司馬，龐士元之展驥，即履長/途；王休徵之佩刀，坐臨康海。夫人聿修内則，親奉中饋。/方畢燒丹有驗，與劉氏而俱仙；豈期偕老無徵，同宓妃/之永逝。垂拱□年六月廿八日，終于原州之官舍，春秋/卌有三。粤以大唐景龍三年歲次己酉七月乙卯朔七/日辛酉，遷窆于雍州長安縣高陽原，禮也。佳城鬱鬱，□/荒野而平蕪；蒿里沉沉，歸夜臺而永昧。泉扉遽掩，白鶴/之弔空嗟；陵谷儻移，黃絹之詞長在。其銘曰：/

　　蟬聯冠蓋，奕葉公侯。降生淑質，君子好仇。六行稱美，四/德聿修。季姜令範，孟母芳猷。道飆奄截，隙馴難留。生靈/已謝，人事長休。青松霧苦，白楊風秋。泉扉永閟，宅兆恒/幽。

（田子爽整理）

夫人諱淑字全儀博陵安平人也自太公□□分茅授邑錫
社命氏之後克隆昌緒□芬不歇應宇宙之星象僕茂勳榮大
雁令古之雲曰晉雄飄轂確一皇朝中書令人金紫光祿大
大光祿卿饒龍轂確三州諸軍事三州刺史藥封博陵祖恭禮駙馬
都尉齊延易曾祖雄三州諸軍事三州刺史藥封博陵祖恭禮駙馬
胡夫人承氷雪之芙權當年之秀倩長史戕母儀開容清在
珠若冰雪不孤發善則有隣詠雎鳩之詩作嬪君子歌鳳鳳之
膠和鳴以禮從時運逈峻於氏太人以堅白情契共室百身齊
曲和鳴以禮從時運逈峻於氏太人以堅白情契共室百身齊
羲洽同聲選和環珮之音比影雲虹宛在峻龍之匣常齊
桂蘭為意松竹貞心霜霞不渝芳鮮自止擔期萬齡以息
體鳴呼神專仙壽天不少遺未終遠志奮迫先閱景龍三年十一
丹十二日寢疾終于嘉會里之私第也春秋廿四夫人簡潔枝行
是虞帝之風忽悟物警悟滋裹隨睫之義無所闕迨不由嫣水克
諧奉已仁明上陽臺飛化楚王之雨即以其年十二月廿日窆公谷
非在存之念庭隔碧樓楸森槱煙雲多原野繼懷斷聲象有
相遷蕙聞關遺題之金石酒茲為銘春錦慢珠惟獨留明月貳公蓋
淑人挺生靈秀揮發齊錫洪鈞之情房櫳悲寂容有矌陵谷
平生之念存想嘱曰鐫時平勳菓馨芬下絕實
彧君德之無缺雲曰鮮姿氷霜峻節道洽情契擔期超越何速喪
我懷倏如盈闕白露秋早紅芳春歌影瞀猶聞形魂已俊羅帳悽
吹蕙樓悲月原野煙深松楸鬱列驪愛泉閟笳蕭寒咽玉石流芳
無終無忽

053　崔淑墓誌

崔夫人（淑）誌銘并序

唐景龍三年十二月二十日（710年1月28日）葬。誌蓋
呈盝頂形，長59、寬59、厚12釐米。蓋題篆書，3行，
行3字。誌石方形，長59.7、寬59.7、厚10.5釐米。誌文
楷書，共25行，滿行25字。

〔蓋文〕

大唐故崔夫人墓誌銘

〔誌文〕

崔夫人誌銘并序/

　　夫人諱淑，字全儀，博陵安平人也。自太公入齊，分子授邑，錫乎□/社，命氏崔城，其後克隆昌緒，光芬不歇。應宇宙之星象，漢茂勳榮；/曜今古之雲日，晉雄輝煥。曾祖碻，皇朝中書舍人，金紫光禄大/夫，光禄卿，饒、隴、穀三州諸軍事，三州刺史，襲封博陵。祖恭禮，駙馬/都尉，齊、延、易三州諸軍事，三州刺史。或綸膳利器，省寺用光。金華/珠節，外臺推重。父承行，中散大夫，左率府長史。儲皇是衛，春宮在/翊。夫人承不曠之美，擢當年之秀，倩練真淑，昭彰母儀。閑容清體，/皎若冰雪，道不孤致，善則有鄰。詠雎鳩之詩，作嬪君子；歌鳳凰之/曲，和鳴哲人。禮從時運，迺歸於□氏。夫人以堅白情契，□公以恩/誠義洽。同聲琴瑟，選和環珮之音；比影雲虹，宛在蛟龍之匣。常以/桂蘭爲意，松竹貞心。霜霰不渝，芳鮮自止。誓期萬齡共室，百身齊/體。嗚呼，神奪仙壽，天不少遺，未終遐志，奄迫先閟。景龍三年十一/月十二日，寢疾終于嘉會里之私第也，春秋廿四。夫人簡潔放行，/冲規奉己，仁明洞物，警悟滋衷，隨時之義，無所闕殆。不由嬀水，克/諧虞帝之風；忽上陽臺，飛化楚王之雨。即以其年十二月廿日，歸/窆于高陽原，禮也。松楸森拱，煙雲葳多。原野虛涼，笳簫悽斷。聲象/猶在，存亡已隔。碧樓芳樹，無復經春。錦幕珠帷，獨留明月。□公蓄/平生之念，庭宇思存；想疇日之情，房櫳悲寂。攸恐音容有曠，陵谷/相遷，蕙聞闕遺，題之金石。迺爲銘曰：/

　　淑人挺生，靈秀揮發。齊錫洪胤，漢光門閥。時奕勳策，聲芬不絕。賓/我君子，德之無缺。雲日鮮姿，冰霜峻節。道洽情契，誓期超越。何速/天機，倏如盈闕。白露秋早，紅芳春歇。影響猶聞，形魂已没。羅帳淒/吹，蕙樓悲月。原野煙深，松楸暮列。驕愛泉閟，笳簫寒咽。玉石流芳，/庶幾無忽。

（王偉整理）

（墓誌拓片，文字豎排，自右至左）

唐故正議大夫使持節坊州諸軍事行坊州刺史上柱國韋公墓
誌銘并序
公諱珍字季玉京兆人也胤大彭而開業承中台而詳美
曾祖家本於魯邑遷于秦朝端國楨金印王珮昭備實錄故難詳
襲貴家世於康隨吏部尚書上庸郡開國公祖契蘭後座馳能
祖皇洋州刺史風成道授忻州司倉轉徐浹州美司功潤州司法
惟況豐邑星紀遷域塗泥舊壤藏齋王浹美陳寵之選賢名地
明經權擢鳳成歧嶷巖峯仙弩黑水皇眷華州朱陸若侍
原縣令之岷峯仙弩黑水皇眷屬唐李之良所寄帝曰俗難之
知耿惟況豐邑星紀遷域塗泥舊壤藏齋又轉水部膳部
二迹而中朝贊郎中持譽惣惟良文欽同魏俗之陌既而轉坊州
三負外司門郎外臺務屬戶方異塩歡梅措同鼎量委涵牛豈將
柱公逮而成下車信及編召唯則公嬰孝友基身忠益奉上理均
牧公于政飛鷹之勢求利之先紳取喻華鳳藥夫日月其除贈民
終非高情恬恬春秋七十有二惟則永遺清白無施除裴氏青州
禍鍾官舍之哀族古先媛容華合葬于雍州其畢安之北顒樘
冥終于鍾飛鷹官舍情悰勢利求而擢紳取喻華鳳野標壝題
之女增罷市汾水令之衆族河洲淑媛容華風掩日月其雍州獲表
藏嗣惟當室豐積妙年魚軒召石銘曰鶉野標壝題獲安之北
金祠惟欲閫雲莊式題幽石銘曰泗濱縣崖取友弥旬俗瓈貌
里之談欲閫雲莊繼美京室弘榮知方有日大漸潛扃已勒方記
欽貳五霸代嗣清塵繼美京室弘榮泗濱縣崖取友弥旬俗名子
省閣芳香拖紳建隼州壞霖隨輪還崇孤墳託泰潛扃已勒方記
家緦喪親祖庭就古同宂歸真寅錄還崇孤墳託泰潛扃已勒方記
千春

054　韋珍墓誌

大唐故正議大夫使持節坊州諸軍事行坊州刺史
上柱國韋公（珍）墓誌銘并序

　　唐景雲二年（711）二月十日與夫人合葬。誌蓋呈盝
頂形，長51、寬51、厚9釐米。蓋題篆書，3行，行3字。
誌石方形，長51、寬52、厚10.5釐米。誌文楷書，共
26行，滿行26字。

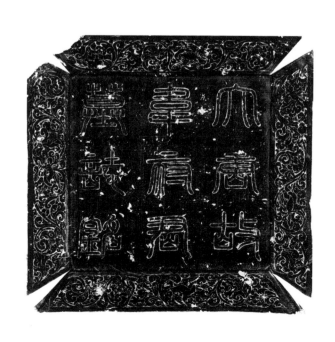

〔蓋文〕

大唐故韋府君墓誌銘

〔誌文〕

大唐故正議大夫使持節坊州諸軍事行坊州刺史上柱國韋公墓/誌銘并序

公諱珍，字季玉，京兆人也。胤大彭而開業，承中台而/襲貴。家本於魯，邑遷于秦。朝端國楨，金印玉珮，昭備實録，故難詳矣。/曾祖世康，隨吏部尚書、上庸郡開國公。祖福獎，隨通事舍人。父/【寯】尤，皇洋州刺史，並襲郡公。八座馳能，寔宗衡鏡；一人孚號，無乖/綸紱。公岐嶷夙成，道風玄著。契蘭後進，釋菜先師。鼓篋未淹，滿篇俄/紹。以明經擢第，起家授忻州司倉，轉徐州司功、潤州司法。地邇朔川，/境惟豐邑。星紀遥域，塗泥舊壤。職齊王涣，美陳寵之選賢；名類寇恂，/知耿況之從善。又轉梓州郪縣、華州華陰二縣令，加朝散大夫，雍州/三原縣令。岷峰仙崿，黑水皇畿。榮備朱輪，化高墨綬。又轉水部、膳部/二員外，司門郎中。時譽克播，天文欽若。侍魁衡而貲札，偉敷奏而題/柱。而中朝聲溢，外臺務總，惟良所寄，帝曰難之。轉坊州刺史，雖京都/密邇，而川谷盤紆。幸屬唐年之歡，仍同魏俗之陋。既富而教，允歸賢/牧。公政成下車，信及編户。方冀鹽梅揩鼎，量委涵牛；豈將旒旐隨車，/禍鍾飛雁。未覩次公之召，旋嬰孝仁之酷。以景雲元年八月十二日/終于官舍，春秋七十有二。惟公孝友基身，忠益奉上。理均榮辱，即軒/冕非高；情恬勢利，而搢紳取則。永遺清白，無施賵贈。俗蘊專城之痛，/人增罷市之哀。求之古先，厥喻奚爽。夫人河東裴氏，青州使君延慶/之女也。汾水令族，河洲淑媛，容華夙掩，日月其除。以大唐景雲二年/歲次辛亥二月景子朔十日乙酉，合葬于雍州之畢原，禮也。有子辭/金，嗣惟當室，豐積妙年，魚軒啓途，鶉野標隧。既獲袁安之兆，願遵樗/里之談。欲閟虞筐，式題幽石。銘曰：/

欽哉五霸，代嗣清塵。繼美京室，分榮泗濱。膠庠取友，州縣勞人。珥貂/省閣，芳香拖紳。建隼州壤，霡霂隨輪。知方有日，大漸彌旬。俗荷名子，/家纏喪親。祖庭就吉，同穴歸真。冥録還岱，孤墳託秦。潛扃已勒，萬祀/千春。

（王偉整理）

055　武憕墓誌

唐故昭武校尉上柱國武公（憕）之墓誌銘并序

唐開元二年（714）二月十四日與夫人合葬。誌蓋呈
盝頂形，長52、寬54.5、厚6釐米。蓋題楷書，3行，行
3字。誌石方形，長53.5、寬55、厚6釐米。誌文楷書，
共23行，滿行23字。

〔蓋文〕

唐故上柱國武公墓誌

〔誌文〕

唐故昭武校尉上柱國武公之墓誌銘并序/

　　伊大唐之太極元年，歲在壬子四月庚子朔二十五日甲子，/朔方武公卒。嗚呼哀哉！公諱愔，字道斌，其先太原人也。代宅/西土，因居朔方，故今爲其縣人矣。曾祖和育，隨正議大夫，使/持節勝州諸軍事，勝州都督。祖留，大唐朝議大夫，使持節靈/州諸軍事，靈州刺史。考寬，唐朝承議郎，行慶州録事參軍。上/則析珪分竹，宣肅皇風，次則振領提綱，僶俛王事，用能緝/熙庶績，匡贊六條，善政廉能，可略言矣。惟公桂山芳緒，嶰竹/蓀枝，櫹蠹孤標，連拳特秀，忠孝足以和其性，榮禄無以撓其/情，優哉遊哉，且閑居以卒歲矣。何圖天未悔禍，殲此名賢，遘/疾一朝，奄從怛化，春秋八十。夫人李氏，隴西公恭之元女也。/生而婉淑，幼則貞閑，一契乘龍，先遊蒿里。翠帷蘭室，闋疇日/之真形；蒿里泉臺，阻長宵之髣像。以開元二年歲次甲寅二/月乙丑朔一十四日壬寅，合葬于夏州城南二十五里原，禮/也。落日慘其寒光，塞雲愁其寡色，豈直鄉鄰泣其遺愛，故舊/聆其德音而已哉。故公嗣子三：一昭武校尉，右金吾衛麗水/府左果毅都尉，上柱國；次子宣威將軍，行右衛復禮府折衝/都尉，上柱國；次子翊府隊正等，蓼莪增慕，霜雪端憂，恐遺愛/之湮沉，懼前徽之歇滅，敬勒銘於埏隧，庶肦蠁於芳烈。銘曰：/

　　彼蒼者天，殲我良賢。魄生有月，魂返無年。其一 交交博黍，爰集/於栩。怨切仲行，哀深鍼虎。其二 寂寞陽塚，參差孔樹。切切悲風，/蒼蒼委霧。其三 蒿里茫茫，佳城寂寂。痛埋玉兮未已，悲挂劍兮/何益。庶鸞鏡之同輝，永和鳴于窀穸。其四

（師海軍整理）

056　王德倩墓誌

大唐故朝散大夫密王諮議參軍王府君（德倩）墓誌銘并序

唐開元三年（715）八月二十三日葬。誌蓋呈盝頂形，長59.5、寬59.5、厚15.5釐米。蓋題篆書，4行，行3字。誌石方形，長59、寬59、厚11.5釐米。誌文楷書，共29行，滿行30字。

〔蓋文〕

唐故朝散大夫王府君墓誌銘

〔誌文〕

大唐故朝散大夫密王諮議參軍王府君墓誌銘并序/

　　粵若炎農運否，軒轅膺三皇之籙；唐堯德謝，重華昭五帝之尊。其後派別源分，/執政於周秦漢魏；枝張脉散，握權於晉宋齊梁。故有夢月貽禎，筮淮標慶，大司/馬之雲飛電掃，右將軍之墨露銀鉤。喬號仙人，搏翠空而駕鶴；祥稱孝子，扣玄/冰而奠魚。至若閱市觀書之流，登樓作賦之類，斯徒寔廣，難可詳稱。君諱德倩，/字倩，太原祁人也。在昔因官，來儀上國，相承閥閱，即宅秦中，今爲京兆府萬年/縣人焉。曾祖回，後魏儀同三司、靈州刺史、懷德郡開國公，謚曰景。祖慶，隨使持/節、延青宋中曹潁丹石等八州諸軍事、八州刺史、平昌郡開國公，謚曰莊，食邑/二千户。父崇，隨千牛、太子舍人、朝請大夫、始安縣開國公。君幼齒聰晤，自得性/於天然；弱冠陪旌，無幾何而擢用。吳王分華帝籙，虢王疏派天潢，兩/府英寮，唯賢是擇。君鴻才碩學，絶後光前。尋授吳王府法曹，又授豫州司兵，兼/虢王府兵曹參軍事，陪遊東閣，侍讌南皮。累遷瀛州任丘縣令、徐州沛縣令，游/鯤萃德，躡單父之芳聲；野翟馴仁，蹈中牟之令則。又授硤州司馬。地接巴渝，控/帶長遠，以君識量宏贍，器用詳明，故贊彼百城，蒞兹三硤。俄奉詔除朝散/大夫、密王諮議。天孫帝戚，氣重風高。鄒陽上書而不從，晁錯削封而發怒。/顧非重德，孰可當官。君曰良能，允膺圖議。既而見機知止，嗣美疎公。言追東海/之遊，冀保南山之壽。豈謂中爲藥誤，因染沉痾，逝水不停，壑舟斯汎。以儀鳳三/年九月十九日，寢疾薨于私第，春秋七十有九。嗚呼哀哉！夫人河南元氏。曾祖/季海，魏馮翊王。祖亨，平涼公、雍州牧。父弘度，皇朝散騎常侍。夫人性惟婉/淑，體實幽閑，年十有九，歸於王氏。冀叶三靈之慶，忽談二豎之災。以咸亨三年/十月七日，終於私第，春秋五十有六。以開元三年歲次乙卯八月庚戌朔二十/三日壬申，祔于少陵原大塋，禮也。薤歌朝引，柳駕晨征，素帷塵擁，丹旐風驚。恐/陵谷有徙，桑海載傾，爰刊翠石，式播鴻名。其辭曰：/

　　筮淮疏祉，佩刀歸慶。處政之權，執國之柄。豈兹人事，諒從天命。舊業克脩，誰其/與競。其一曾祖翼魏，王父戴周。吏多平直，人無怨讎。頻紆九命，歷鎮八州。去思興/感，來暮成謳。其二君以弱齡，甫從親侍。未逾壯歲，越標簪珥。吳號封建，英賢即事。/望苑鼇官，梁園作吏。其三任丘製錦，沛邑弦歌。河間俗富，淮右旽和。夷陵控帶，密/府駢羅。諮謇是託，副貳攸過。其四徒聞積善，未見天親。夢兹楹奠，萎乎哲人。望荒/郊兮蕭索，視丘壟兮風塵。既長夜兮不曉，復何日兮逢春。其五

（樊文軍整理）

057　李處鑒墓誌

大唐廣州都督襄武李公（處鑒）墓誌銘并序

唐開元三年十二月十三日（716年1月12日）與夫人合葬。誌蓋呈盝頂形，長74、寬74.5、厚11釐米。蓋題篆書，4行，行3字。誌石方形，長74、寬74、厚11釐米。誌文楷書，共28行，滿行31字。

〔蓋文〕

大唐故廣州都督李公之誌銘

〔誌文〕

大唐廣州都督襄武李公墓誌銘并序/

　　大唐開元二年五月十七日，銀青光禄大夫、廣州都督、經略軍大使、嶺南道按察/使、襄武縣開國侯隴西李公薨於南海之官舍。粵以三年歲次乙卯十二月己酉/朔十三日庚申，與夫人河南宇文氏合葬於京兆府長安縣高陽原，禮也。公諱處鑒，/字處鑒，隴西狄道人。爰始近代，家于京輔。自狄道分封，昭王建國，綿休積慶，源深/派遠，上下數千祀，安可一二談。逮我皇家，鬱爲天族。曾祖敬猷，宇文朝安/康郡公，隨上開府儀同三司、驃騎大將軍、行臺侍郎、莒州刺史，謚曰武，《周書》有傳。/祖襲志，隨右千牛，累遷桂江等州刺史、始安郡公、桂州都督、上柱國、金紫光禄大/夫、汾州刺史，謚曰襄。父玄蘊，隨舉秀才，累遷始州臨津縣令、合州別駕、夔州都督/府司馬、太中大夫、行趙王府司馬、秦青始三州長史，皇朝贈秦州都督。累朝/冠冕，十紀羽儀。自祖及孫，重侯疊守，代濟其美，時無閒言。公弱不好弄，長有奇識，/敏於行，訥於言。辟强仕漢之年，時名自遠；叔寶度江之日，人譽所歸。十五而志學/從師，二十而明經待問，僉以遠大許之。總章元年，國子監明經對策高第。解褐江/王府記室，邛州録事參軍，朝散大夫，絳州司法參軍，大理司直，大理寺丞，加太中/大夫，汾州司馬，清夷、平狄等軍支度使，上柱國，彭州長史，萬涪沁嘉眉五州刺史，/襄武縣開國侯，銀青光禄大夫，潤滄二州刺史，左清道率，相州刺史，廣州都督經/略軍大使，嶺南道按察使。公早歲賓王，中年作吏，束髮從宦，始於斯也；宦成名立，/終於斯也。知無不爲，公也；冰碧其操，清也；永錫爾類，孝也；進思盡節，忠也；夙興夜/寐，勤也；拖紫紆青，達也。施之於國，可以共理生人；用之於家，可以作程當代。百越/之地，九真之俗，軺軒萬里，介胄三軍。馬伏波之暮齒，吳廣州之重寄。似鴞止屋，溘/盡於他鄉；旅鴈隨軒，言旋於此地。子愿，孔庭知十，漢代無雙；揚名立身，慎終追遠。/玄冬十一月，卜地攸從；白日三千歲，終天何覩。二陵莫奉，兩宮徒夾。上連崗兮坡/坻，下直渠兮浹渫。宿草兮將蔓，寒松兮始插。嗚呼哀哉！迺爲銘曰：/

　　南山萬仞，北河千里。仰絶端倪，傍無津涘。我有名輩，時之秀士。王公之孫，平相之/子。其一拾青爲吏，潔白從官。市獄不擾，威刑在寬。時稱惠愛，歲改暄寒。如馬之逐，如/鵬之搏。其二氛厲之鄉，荒遐之地。夜牛斯喘，秋鴻不至。遲暮之年，班春之寄。賢良忽/奄，邦國殄悴。其三人事終畢，龜謀叶從。魂歸舊里，隧掩新封。地入千載，山橫幾重。空/餘隴月，直照孤松。其四

　　　　　　　　　　　　　　　　　　　　　　　（盧燕新整理）

大唐故游擊將軍姜公誌銘及序
公諱義字克和隴西天水人昔有太
公望武王之後則隋桂國
府司成上士司隸校尉尚孝略陽公黎州長史代隋桂國
道並勳業克昭周使持節秦州略陽郡太守徐州黎州長史代隋
雜聲行行之剛勇預闈闈以中事自官令子以馳驅俗公誦詩達英氣灌禮連
我天常敵陷我鄙裔之因假假委中事自官令子會百濟更
微乎時用拜公為上柱國玄兔長之城巨尸浸所母憂尋去於自懷說受辯連
拜五千行府開公府會北極戰胡南牧蜂眾蟻裸調露二年八月十八日降我敵
力以竭數到行瞻危乎立則彼寶而此丹以過制要日勇而赴敵石所忠司兄致
以此增闖陣嗟嗚呼忠血幽隧八代贈游擊將軍金州刺史衡之第二子孝恭我太夫人光絢
貝息每後顯魏式明元皇帝教而讀或蒙學而讀敏才而文益男第二子孝恭日裕垂
少十日西鞃其齡而六祖以開蒙學而讀夫人于京南高陽原長沙里五代之塋
一日位真備其松門陰陰白日不觀俯夜漫漫王人何所銘三代二月
後滋禮興真備松之靈蕭蕭習習入始寧家子與齊國薄東
垂而指西極夷夜城下才推巳特胡場艶而勳弍錫寃功多義之
賊嗚呼懷欬生不得才推巳特胡場艶吏部常選裕書

058　姜義墓誌

大唐故游擊將軍姜公（義）誌銘及序

唐開元五年（717）二月一日葬。誌蓋呈盝頂形，長48、寬47.5、厚9.5釐米。蓋題篆書，3行，行3字。誌石方形，長47.7、寬47、厚11.5釐米。誌文楷書，共25行，滿行25字。

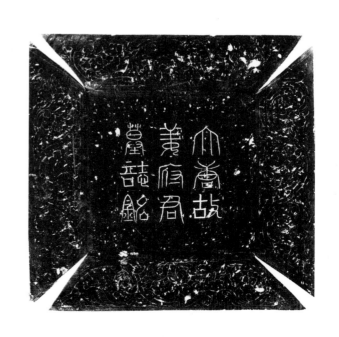

〔蓋文〕

大唐故姜府君墓誌銘

〔誌文〕

大唐故游擊將軍姜公誌銘及序

逸人天水趙僎撰文/

公諱義，字克和，隴西天水人。昔有太公望，武王參之。惟後則繁，乃/公是胤。三代，周使持節、秦州略陽太守、徐州刺史興。二代，隋天官/府司成上士、司勳侍郎尚。考，皇唐朝散大夫、黎州長史、上柱國/道。並勳業昭授，文明孚同，材乎自官，令以驅俗。公代獎英氣，族恢/雄聲，行行而貌容，誾誾以中事。始爲國子生，切於誦詩，達以觀禮。/偕仲由之剛勇，預日佩猥；委斑父之筆硯，先期肉食。會百濟夷通/我天常，搔我海裔，因假律東指，及公茲行，武算多於自懷，説辯/微乎時敵。蹈天鄙之境，下玄兔之城。巨浸所以不波，蟠桃于而受/貢。帝用拜公爲上柱國、左衛長上。且居母憂，尋去在職。起復，更/拜左率府開方府左果毅都尉。特旨轉領波斯路子總管，首步/卒五千，行逮碎葉，會北胡南牧，蜂衆蟻夥，既諡强寇，亦曰驕子。公/力竭數到，瞻危授軀，極戰四十日，凡過六十陣。昔李陵以此降，我公/以此殞。嗟聞忠乎立則，彼實何負。以調露二年八月十八日，死敵/于橫澗陣。嗚呼！血而今碧，誠而此丹。制要曰：勇而赴敵，忠以忘/身，宜增顯級，式光幽隧。贈游擊將軍，物六十段，粟六十石，所司致/祭。息母後魏明元皇帝八代孫、金州刺史衡之第二子。睦家允光，/恤愛其慶。不徙住以蒙教，曷泣林而子養。孟男曰頴惲，仲曰裕絢，/少曰毓拯，凡六子，或多學而識，或敏才而文，僉孝恭。我太夫人垂/八十四齡而候殂以開元二年十一月十五日之私舍。五年二月/一日，其用吉叶，葬我公泊夫人于京南高陽原長沙里三代之塋/後，禮位已哉。松門陰陰，白日不覿；脩夜漫漫，玉人何所。銘曰：/

茫茫冥冥，脩夜之靈。蕭蕭習習，白日之入。始寧家兮與濟國，薄東/垂而指西極。夷城下兮雄已特，胡場斃而勳微忒。錫寡功多義之/賊，嗚呼懷哉生不得。

吏部常選裕書。

（邱曉整理）

059　崔府君夫人于具□墓誌

唐故鄜州崔府君于夫人（具□）墓誌銘并序

　　唐開元五年（717）十一月十日葬。誌蓋呈盝頂形，長64.5、寬63.5、厚13.5釐米。蓋題篆書，3行，行3字。誌石方形，長62.3、寬63、厚13釐米。誌文行書，共24行，滿行24字。

〔蓋文〕

唐故東海夫人于誌銘

〔誌文〕

唐故鄜州崔府君于夫人墓誌銘并序/

　　夫人諱具□，字優德，其先東海人也。述夫代功命氏，載德開源，/在漢則丞相傳芳，居魏則將軍遺美。聲華人物，藉甚風流，國史/家諜詳焉，今可略而言矣。曾祖志寧，太子太師、太傅、/尚書左僕射、兼修國史、上柱國、岐華二州刺史、贈幽州都督、燕/國公，資敬履忠，重規沓矩。祖立政，吏部郎中、太僕少/卿、渠虢二州刺史，文塲錯綜，翰苑抑揚，官燭不然，私書無發。/父遊藝，符璽郎、行揚州江揚縣令，岳靈人傑，金相玉振，鳴/絃有善，釣道多能。夫人毓彩蘭室，霏華桂樹，覯止良人，嬪/于崔氏。方期克崇好合，義叶同歸，豈謂涉水無津，凌虛失翼，未/極隨班之養，忽捐加杖之恩。鳳凰棲梧，雖暫悲於半死；虬龍出/匣，終不忘於雙沉。粵以開元五年歲次丁巳七月戊戌朔十四/日辛亥，終於絳州大平縣之官舍，春秋六十四。即以其年十一/月丁酉朔十日景午，歸葬於京兆府萬年縣鳳栖之原，禮也。有子/三，長行大平縣令，次行澤州司士參軍，少行岐州參軍，並孝極/因心，悲深泣血。所恐陵遷谷徙，海變田生，思存我里之銘，式紀/他山之石。其詞曰：/

　　象賢鼻祖，明德貽孫。芳流遠慶，代襲高門。在家孝立，在國忠存。/可久之美，垂於後昆。於穆夫人，誕茲華質。婉娩柔順，緗油縹/帙。班誡無愆，張箴靡失。克嬪君子，允諧良匹。庶羞蕡栗，爰采蘋/藻。始冀同歡，終期偕老。忽嗟埋玉，俄驚碎寶。遽歎風枝，旋悲露/草。誰意從官，不窮子養。陟屺胡及，倚門無望。神自東歸，魂來西/向。汾川京兆，攀號惻愴。哀哉萬古，痛矣千秋。生涯既促，泉路何/幽。烏塋日慘，鶴隴雲愁。式刊玄石，永播清休。

（任雅芳整理）

060　韋籫金墓誌

唐開元六年十二月二十五日（719年1月20日）葬。誌石方形，長38.5、寬37.5、厚8釐米。誌文隸書，共17行，滿行17字。誌蓋佚。

　　按，原誌無姓氏，檢《新唐書·宰相世系表》，韋寰尤任洋州刺史，韋璋任湖州刺史，韋籫金任河南府參軍，與此誌相合，故可斷定墓主乃韋籫金。

〔誌文〕

　　公諱籯金，字承經，京兆人也。少禀岐嶷，長多/博古。書勤寸紙，侍中之家訓猶傳；學重一經，/丞相之門風不墜。高祖康，隨吏部尚書、荆州/大總管。曾祖福獎，隨通事舍人。祖寡尤，皇朝/洋州刺史。父璋，銀青光禄大夫、湖州刺史。並/介石爲心，渾金作量，衣冠推其雅範，忠孝挹/其芳聲。唯一子，即公之嗣也。公解褐任鄭州/參軍，次授洛州參軍，又拜豫州司法，植操公/清，禀質忠孝。果行育德，仁庶媲於曾參；藏往/知今，道術方於曼倩。冀以蘭薰萬葉，松茂千/齡。豈期積善無徵，奄遘膏肓之疾；藥砭不救，/俄鍾窀穸之哀。以開元六年七月十五日，終/於官舍也，春秋卌有六。以其年十二月廿五/日，葬於城南畢原之禮也。猶恐阡沉蒿里，海/變桑田，故勒石疏文，遂爲銘曰：/

　　珪組門盛，忠孝家傳。積善何罰，懷仁不甄。素/車指路，飛旐將遷。誰言白玉，永瘞黄泉。

（和談整理）

061　李府君墓誌

大唐故大理評事隴西李府君墓誌銘

　　唐開元十年（722）三月八日葬。誌蓋呈盝頂形，長36、寬36、厚6釐米。蓋題楷書，2行，行4字。誌石方形，長35、寬35、厚7釐米。誌文隸書，共16行，滿行17字。

〔蓋文〕

唐故李府君墓誌文

〔誌文〕

大唐故大理評事隴西李府君墓誌銘

　　君諱□□，字紹延，隴西成紀人也。祖德穎，/皇朝請大夫、使持節、趙州刺史。父□，瀛州平/舒令。指樹爲姓，始承于家；剖竹分符，乃光于/國。奕代高族，聞於海内。君以□□入侍，始□/相州内黄□□拜益州犀浦□。秩滿，改并州/太原□□□□□累課最，超授大理寺評事。/未幾遘疾，開元十年二月丁亥，終於萬年縣/□□□□第，春秋五十三載。即以三月己亥，/□于長安西南高陽原，禮也。嗚呼！先遠告期，/中年永歿。少子扶路，孀妻□堂。痛才高而命/□，亦人事之何常。銘曰：/

　　□□之族，循良之吏。□□□城，一拜評事。漸/□□遠，□□呈□。藏乎此原，刻石爲記。/

　　大唐開元十年太歲壬戌三月□□朔八日/己亥下。

（王早娟整理）

062 張敬本墓誌

大唐張府君（敬本）墓誌銘并序

　　唐開元十一年（723）□月□日與夫人合葬。誌石方
形，長56.5、寬56.5、厚7釐米。誌文楷書，共22行，
滿行22字。誌蓋佚。

〔**誌文**〕

大唐張府君墓誌銘并序/

　　君諱敬本，字懷素，其先南陽西鄂人也。昔强秦并吞六國，/卒成霸業，並張儀之秘略；至大漢初定，南面稱尊，皆留侯/之妙策也，斯並君之遠祖。自兹之後，歷代榮盛，焕□史册，/可略言焉。曾祖謙，好道不仕，避時潛遁。屬隨季版蕩，我/高祖神堯皇帝救代涂炭，而君抗戈附之，後削平□□，賞/君功效，授君雲麾將軍。祖寶，字璿，志性宏放，容貌瓌傑。囊/六藝，笥九流，嘯傲當時，迭宕軒冕。雲霄望遠，海岳情高。/雖身遊埃壒之間，而思入窅冥之境。恨不逢王子晉、浮丘/公，常以爲慨歎也。父諱策，字智囊，含山岳之精，懷風雲之/氣。行高智遠，性直心雄。非道不行，非禮不動。雅好風月，耽/味琴書。每勤勤於此，如不足也。君諱敬本，資忠履直，蘊義/懷仁。事父母必以色養爲心，在昆季而以友恭作性。田真/荆樹，對軒砌而增華；孟宗竹林，凌沍寒而植□。以今方古，/殆不如也。獨秀人表，遠近欽風。每談玄不疲，而□風痹，藥/石無效，二豎成災，以開元七年六月十日終於家。夫人董/氏，六行周備，四德聿修，閭里具瞻，内外所則，延和元年七月/廿三日而終。嗚呼！菱鏡空懸，無復恒娥之影；蘭闈虚設，唯餘/翡翠之帷。以開元十一年□月□日合葬於城南原，禮也。嗣子/冬日哀深扣地，痛貫終天。絕曾子之漿，泣高柴之血。遺令/薄葬，而今奉之。敬鎸□□，以勒貞□。其詞曰：

　　粵祖系兮/自南陽，今遷厝兮神之鄉。千秋萬歲夜未央，松兮柏兮自成行。

（和談整理）

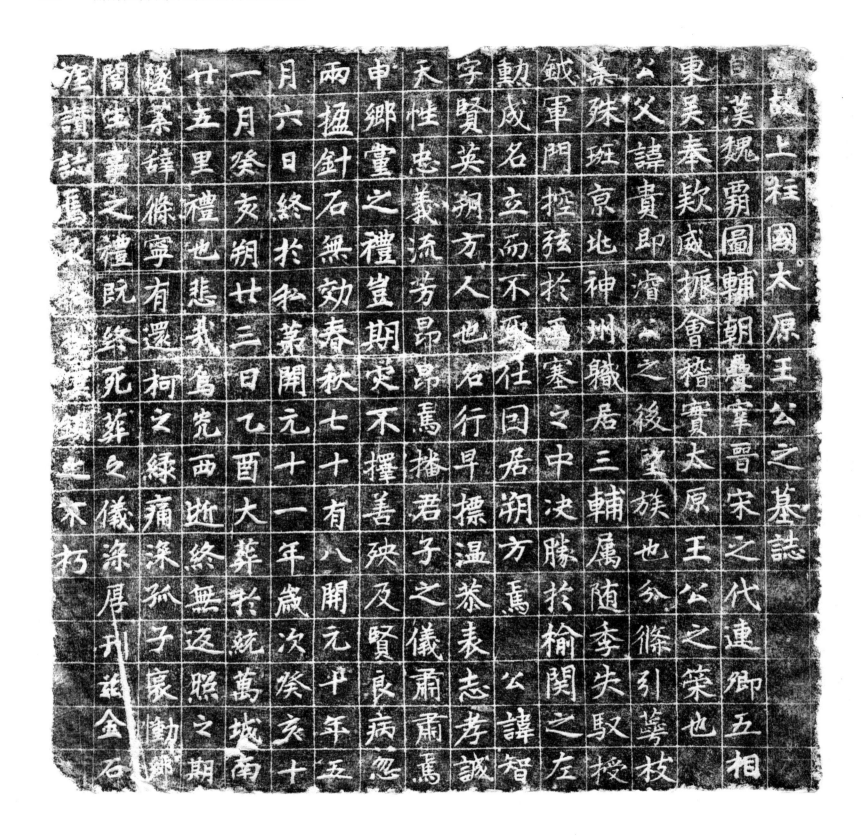

063　王智墓誌

唐故上柱國太原王公（智）之墓誌

　　唐開元十一年（723）十一月二十三日葬。誌石方形，長54、寬53.5、厚11.5釐米。誌文楷書，共17行，滿行17字。誌蓋佚。

〔**誌文**〕

唐故上柱國太原王公之墓誌/

　　自漢魏霸圖，輔朝疊宰；晉宋之代，連卿五相。/東吳奉款，威振會稽，實太原王公之策也。/公父諱貴，即瀋公之後，望族也。分條引萼，枝/葉殊班，京兆神州，職居三輔。屬隨季失馭，授/鉞軍門，控弦於玉塞之中，決勝於榆關之左。/勳成名立而不取仕，因居朔方焉。公諱智，/字賢英，朔方人也。名行早標，温恭表志，孝誠/天性，忠義流芳。昂昂焉播君子之儀，肅肅焉/申鄉黨之禮。豈期灾不擇善，殃及賢良。病忽/兩楹，針石無效。春秋七十有八，開元十年五/月六日終於私第。開元十一年歲次癸亥十/一月癸亥朔廿三日乙酉，大葬於統萬城南/廿五里，禮也。悲哉，烏光西逝，終無返照之期；/墜葉辭條，寧有還柯之緑。痛深孤子，哀慟鄉/閭。生事之禮既終，死葬之儀深厚。刊兹金石，/庭讚誌焉。泉路杳冥，鎮之不朽。

（師海軍整理）

君諱□，□□常寺科律郎表公，墓誌銘并序

大唐故太常寺□□律郎□公□□□□□□之列之立禮天月殯年多地洪風流□
君諱□□常寺科律郎表公墓誌銘并序
□□太尉公□□國慶□□遠□
益州新津縣令公雅量□□□
散大夫□□□靖□□君昂藏□□□自得□國
貞元朝□冠冕□□□□□藏不群蕭散□寺丞自柱國
之穆□□不至以孝悌傳親□□有□□□丁父□不住□
太常寺叶律□禮不調補太常□穆此疾人終英春秋□德坊之和□
天不報善□遺□神道禾原戌午朔□□人□□李氏并以開元十□
殯于二十三日神□□□原戌午朔二十五日壬午就□奕于□□
月殯□居陽□□□諸子高陽原居諸川陵還易故刻之玄
年歲次甲子高陽原□□□□□□大陵還易故刻之玄
多縣福將作銘目□□居諸川陵□易故刻之玄
地增衰乃作芳徽可佩□□□□□□□□□□□
洪窮朽揚孤擢類絕群嚴□□□□□□□□□□
風播永清芳□興墳□□□□□□□□□□□□
流而永建清□□延拔輩出群言亦惟世載灼灼夫君
□建清□□□□□□□□立言亦惟世有立雅□□本貞□夫君

064 袁公墓誌

大唐故太常寺叶律郎袁公墓誌銘并序

　　唐開元十二年（724）七月二十五日葬。誌蓋呈盝頂
形，長45、寬45、厚10釐米。蓋題篆書，3行，行3字。
誌石方形，長44.3、寬44.3、厚9釐米。誌文楷書，共
20行，滿行20字。

〔蓋文〕

大唐故袁府君墓誌銘

〔誌文〕

大唐故太常寺叶律郎袁公墓誌銘并序/

　　君諱□，字□□，汝南汝陽人也。漢太尉公安國康侯/之下也。祖相，隨朝散大夫、益州新津縣令，雅量宏遠，/列于前朝。父元貞，朝請大夫、司稼寺丞、上柱國，五公/之羽儀，十卿之冠冕。君昂藏不群，蕭散自得。□□□/立，悠然虛湛。恭穆天至，孝悌自然。信重友朋，學敦詩/禮。調補太常寺叶律郎。以侍親辭職，丁艱不仕。嗚呼！/天不報善，殲此人英。春秋四十有四，以文明元年六/月二十三日，遘疾終于京兆府光德坊之私第也，權/殯于萬年縣神禾原。夫人隴西李氏，並以開元十二/年歲次甲子七月戊午朔二十五日壬午，就葬于長/安縣福陽鄉高陽原之大塋。息若冰等，號天泣血，/叩/地增哀。將恐日月居諸，川陵遷易，故刻之玄石，傳之/無窮。乃作銘曰：/

　　沒而不朽，芳猷可佩。非止立言，亦惟世載。灼灼夫君，/風播清芬。孤邁特挺，拔萃出群。弱年有立，雅愛斯文。/流連詞□，揚榷典墳。家以孝理，國以義正。玉潤本質，/松寒□□。品類絕群，嚴巉□□。東瞻畢陌，西指原田。/森森古樹，壨壨新阡。飛來有烏，千載猶傳。/

　　吏部尚書裴洧撰。

　　　　　　　　　　　　　　　　　　　　（邱曉整理）

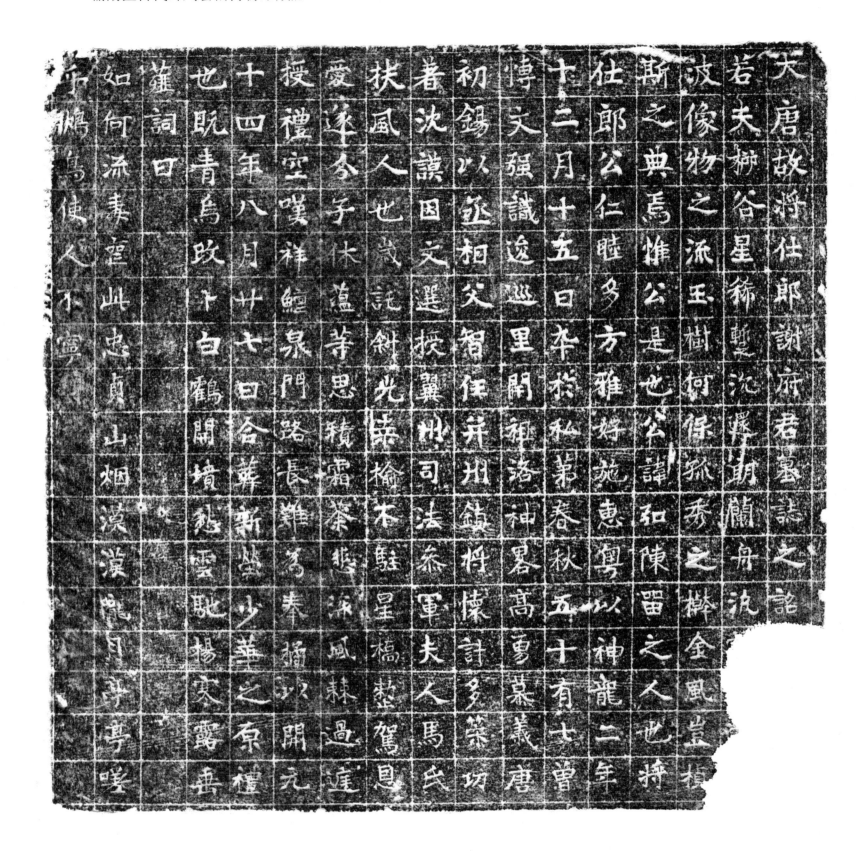

065　謝弘墓誌

大唐故將仕郎謝府君（弘）墓誌之銘

唐開元十四年（726）八月二十七日與夫人合葬。誌石方形，長42.5、寬42.5、厚6.5釐米。誌文楷書，共17行，滿行17字。誌蓋佚。

〔**誌文**〕

大唐故將仕郎謝府君墓誌之詺/

　　若夫柳谷星稀，蹔沉還朗；蘭舟汎□，□□□/波。像物之流，玉樹何保；孤秀之櫤，金風豈楨。/斯之典焉，惟公是也。公諱弘，陳留之人也，將/仕郎。公仁睦多方，雅好施惠。粤以神龍二年/十二月十五日卒於私第，春秋五十有七。曾，/博文强識，逡巡里閈。祖洛，神略高勇，慕義唐/初，錫以丞相。父智，任并州鎮將，懷計多策，功/著沉謨，因文選授翼州司法參軍。夫人馬氏，/扶風人也。葳託斜光，桑榆不駐；星橋整駕，恩/愛遂分。子休蘊等，思積霜荼，悲深風棘。過庭/授禮，空嘆祥鱣；泉門路長，難爲奉橘。以開元/十四年八月廿七日，合葬新塋少華之原，禮/也。既青烏改卜，白鶴開墳；愁雲馳楊，寒露垂/薙。詞曰：/

　　如何流毒，喪此忠貞。山烟漠漠，隴月亭亭。嗟/乎鳩鳥，使人不寧。

　　　　　　　　　　　　　　　　　　　　（和談整理）

大唐故游擊將軍守右領軍衛折衝都尉上柱國
程君墓誌銘并序
祖帝唐左郎將祖廣唐嶲遠將軍父顥南陽人也曾
中郎特降服紳言榮光勳府遂蒙榮名武列委質都
尉從上柱國早纓痼疾久屈雄心鑿無和鵲之
戎軒永在股肱長為牙
錄以開元十七年歲次己巳八月己巳朔四日
壬戌終於京邑春秋八十有一即以其年九月
十九日景午遷厝於城東鳳仙之原禮也善呼池
臺城闕思晏貴而無替松檟風雲結悲愁而有地
名家陳遺範用播芳暉惟雲霞赫赫高族冀翼洋
洋澄清蘊鏡煥惟祖惟父懷文武雖貿質不華洋
雖遺珥金不取事上唯敬故玄窒謀不畏福德不求華
冷教郎廟惟召深遠縱心玄窒每夜輕裘恒於鳴言猶阻清
濬景滔逝川楗盡畫夜取誚息麀全妙言猶阻清
風卡宣朝露遠至高訓誰傳千齡立塋一代英賢
悽焉顧松檟誰

066　程童墓誌

大唐故游擊將軍守右領軍衛折衝都尉上柱國程
君（童）墓誌銘并序

唐開元十七年（729）九月十九日葬。誌蓋呈盝頂形，
長35、寬35、厚6釐米。蓋題楷書，3行，行3字。誌石
方形，長35.4、寬35.4、厚8.5釐米。誌文楷書，共19
行，滿行19字。

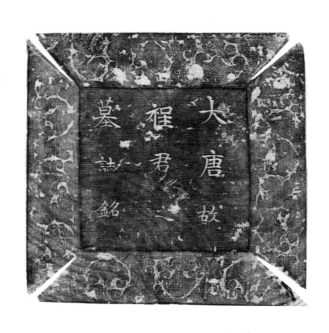

〔蓋文〕

大唐故程君之墓誌銘

〔誌文〕

大唐故游擊將軍守右領軍衛折衝都尉上柱國/程君墓誌銘并序

　　君諱童，字如玉，南陽人也。曾/祖奇，唐左郎將。祖□，唐寧遠將軍。父□，司竹府左/中郎。特降綸言，榮光勳府，遂蒙策名武列，委質/戎軒，永作股肱，長爲牙爪，積任右領軍衛折衝都/尉長上、上柱國。早纓痼疾，久屈雄心，翳無和、鵲之/録，以開元一十七年歲次己巳八月己未朔四日/壬戌，終於京兆邑，春秋八十有一。即以其年九月/十九日景午，遷厝於城東鳳仙之原，禮也。嗟呼！池/臺城闕，思晏賞而無歸；松檟風雲，結悲愁而有地。/式陳遺範，用播餘芳。其詞曰：

　　赫赫高族，翼翼/名家。澄清水鏡，輝煥雲霞。謀不畏禍，德不求華。洋/洋滿耳，千載傷嗟。其一惟祖惟父，懷文懷武。雖賢不/矜，遺金不取。事上能敬，愛下能撫。昂昂丈夫，來裔/之矩。其二惟君深遠，縱心玄寞。輕彼窮通，混兹厚薄。/雖敬廊廟，仍榮丘壑。每恥輕裘，恒欣鳴鶴。其三悠悠/落景，滔滔逝川。不捨晝夜，詎息虧全。妙言猶阻，清/風未宣。朝露溘至，高訓誰傳。千齡丘壟，一代英賢。/悽焉顧望，松檟蒼然。

（田苗整理）

君諱恒字垣素之常京兆杜陵人今寓之
縣令弘素之嫡孫洛州長史今審之
元子弘好俠薄於官或在鄉里結期戒百
為娛諧盖節為事或千里也以
金重諾盖原沙之流也以開元
二年七月廿二日病卒于家春秋四
十家有轅春吊而成市非德義貞信
其能雄此哉芳惟嘉聲而作銘曰
是人同軏聞雞新豐觀魚永懷芳
異代年來不留當世言行芳千秋
歲去十芳中野臺傾劍沒芳
今改元十八年十月廿一日祔於

大唐故處士韋府君墓誌銘并序

067　韋恒墓誌

大唐故處士韋府君（恒）墓誌銘并序

唐開元十八年（730）十月二十一日葬。誌蓋呈盝頂
形，長38、寬38.5、厚7釐米。蓋題楷書，3行，行3字。
誌石方形，長37.3、寬37.3、厚7釐米。誌文楷書，共
14行，滿行14字。

〔蓋文〕

大唐故韋府君墓誌銘

〔誌文〕

大唐故處士韋府君墓誌銘并序/

　　君諱恒，字元常，京兆杜陵人。洛州鞏/縣令弘素之嫡孫，洺州長史令賓之/元子。少好俠，薄於宦，在鄉里以書劍/爲娱，以義節爲事。或千里結期，或百/金重諾，蓋原涉、季布之流也。以開元/二年七月廿二日病卒于家，春秋四/十。哀有輟舂，弔而成市，非德義貞信，/其能此哉。恭惟嘉聲，而作銘曰：/

　　是人雄節兮出生入死，使我永懷兮/異代同軌。鬭鷄乎新豐，觀魚乎渭水。/歲去年來人不留，當世言行兮悠悠。/今改卜兮中野，臺傾劍没兮千秋。/

　　開元十八年十月廿一日祔葬。

（胡永傑整理）

（墓誌拓片）

068　王貞墓誌

唐故潞府王君（貞）墓誌銘

唐開元十八年（730）十月二十七日與夫人合葬。誌蓋呈盝頂形，長42、寬39.5、厚13.5釐米。蓋題篆書，3行，滿行3字。誌石方形，長44、寬44、厚14釐米。誌文楷書，共17行，滿行17字。

〔蓋文〕

唐故王君墓誌之銘

〔誌文〕

唐故潞府王君墓誌銘/

君諱貞，字習裕，太原王鍾之胤緒，因宦於此，/遂爲縣人焉。祖寬，唐任亳州山桑縣丞，撫/字合韋弦之妙，黎庶歌畏愛之謠。父敏，少無/宦心，泉石怡志。母郭氏，訓誡自天，母儀成躅，/春秋七十有六，卒於室。君八諫府隊正，武藝/超絶，簡擢銓補，春秋五十有八，卒於家。夫人/陳氏，徽柔懿恭，明允世範，春秋卅有六，卒於/私寢。男元簡，義方習於鱣庭，禮教成於鱗角。/代父于役，展力從軍。效縷二年，勳酬七級，擬/官輕車都尉。書壁盈貨，有越於師宜；題觀減/年，又夭於韋誕。春秋卅有九，卒於家。以開元/十八年歲次庚午十月壬午朔廿七日戊申，/合葬於城南六十里平原，禮也。故刊斯石，以/爲銘紀。詞曰：

左臨遥水，右帶烈山。龍嶠偃/其後，故關疏其前。痛孺妻之登隴，傷稚子之/無攀。嗚呼王君至於此，陌上行人泣淚還。

（王偉整理）

大唐故游騎將軍陳洲上陽府折衝都尉安北營田副使
張府君墓誌銘并序
君諱令光，字令光，清河武城人也。粤若著績春秋，相韓誄漢，因
陰德弥為夏州朔方人矣。五馬城南渡，聿雄志險，春秋相
從安政迻為博物，其清河同武城人及五馬城南渡，輦雄走險，春秋相
延衛仲折衝，贈襄夏朔都督，改位贈祖渡，隨鷟楊郎，故遷居，相
勳衛之，也長勇於餘，放而位孫讓聿，其後攷於慶將祖，左衛皇延
君之氣，俟消息別山川，體轉要盡，邊在仕于德州，都曾解禞變，授
絕復興，同府府二府左，果金邊左金內，蔭陰之商，果左授藝之，
北州禮，晋原別無所逃嘉性惄賞惟其綺魚氒金河，府惣毅舉其衛
原明不以晋察天子間之田，副乃成績，人莫其儉魚氒金府，惣毅弃夫
政農目都領安北營剡兩番朔方特遷將將敢犯兵之運，果毅夫戰其
魚我都委輸不絕滅，湯之即安北屢征儋軍陝州餤上陽亦為太衛
府折衝命之出馬援之，頗溢烈陳暴疾終于安北都北都榮之前塗官
遠之後除馬即二年五月一暴疾終于安朔丹都榮護之業之則已
舍之開元十明禮年歲次乙亥暴終于安北朔丹府護業之則官
百歸葬於夏州有四先五年一日二月丁亥朔北都榮之業之官
將春弄璋先令塋以禮何歲次乙亥二月丁亥朔廾三日已
史次兄礫先君令也依君元兄令寶惟朝散間悉神其不
聰使嗣子奚訢銘而殊嗚呼切君兹無膏石門庭間悉神其不
橫古今考業為年迫傷我心方遺孤將咸尖青林芳特生若人

〔蓋文〕

大唐故張府君之墓誌

〔誌文〕

大唐故游騎將軍陝州上陽府折衝都尉安北營田副使/張府君墓誌銘并序/

　　君諱令光，字令光，清河武城人也。粵若著績春秋，相韓佐漢，/陰德彌遠，博物其昌。及五馬南渡，群雄走險，故遷居祁焉。因/從政，遂爲夏州朔方人矣。曾祖讓，隨鷹揚郎將。祖晟，皇延州/延安府折衝，贈夏州都督，改贈涼州都督。考慶，左衛勳一府/勳衛，盛智有囊，勇餘賈而位孤，于德其將後乎？君即勳衛府/君之仲子也。長於邊，學於邊，仕於邊。至如兵之奇變，藝之貫/絕，氣候消息，山川體要，盡在於度内。以門蔭解褐，授左威衛、/洮州興同府別將，轉左金吾衛、勝州金河府左果毅，再遷太/原復禮、晉原二府左果毅，賞緋魚袋、朔方行軍總管。夫其爲/政，明不以察，物無所逃；性惟其寬，人莫敢犯；兵之足食，戰亦/兼農。天子聞之，嘉乃成績，特遷游擊將軍、陝州上陽/府折衝都尉，領安北營田副使、朔方十將。屢征憺（澹）林，館穀蒭/馬，自我之出，委輸不絕，滅裂兩蕃，即安北之力也。而前途尚/遠，後命匪賒。馬援之願溢先，陳湯之勳不立，丕崇之業，則誰/嗣之？以開元廿二年五月一日，暴疾終于安北都護府之官/舍，春秋卌有四。即以明年歲次乙亥二月丁亥朔廿三日己/酉，歸葬於夏州先塋，禮也。哀哀夫人，繐帷晝哭。夢蘭之兆，昔/將同祐。弄璋爰育，今也何依。君元兄令賓，朝散大夫，麟州刺/史；次兄璘盛，先君而殀。嗚呼，功業無替而門庭闃然，神其不/聰，使嗣子奚訴。銘曰：

　　朔雲陰沉，河水深兮。特生若人，/横古今兮。業爲年迫，傷我心兮。遺孤將成，哭青林兮。

（師海軍整理）

070 安優婆姨塔銘（雙語）

大唐故安優婆姨塔銘并序

唐開元二十四年（736）三月二日葬。塔銘方形，長
51.5、寬42、厚8.5釐米。右側爲漢文楷書，共11行，
滿行17字；左側爲粟特文，共17行。

〔誌文〕

大唐故安優婆姨塔銘并序/

　　優婆姨姓安，涼府孤臧人也。自開元十七之/歲，已屆□□王畿，遂聞有普別兩種仏法耳。/雖聞有藥，未霑身，唐捐二周，俄經三載。後遇/良友，爲演一乘之妙理，啓凡俗之迷心，誓畢/三祇，當闡正法。以開元廿四年二月廿五日，/遘疾終於群賢坊私第里也，春秋六十有一。/即以三月二日，遷柩於終南山大善知識林/側，起塔焉。男思□、善智等，遵遺命也。嗚呼哀/哉，乃爲銘曰：/

　　□□□真，仏子以智慧明厭生/死□□□□□。

　　開元廿七年歲次己卯二月十五日建。

（李浩　羅曼整理）

071　劉悊墓誌

唐故隴右西使左十四副監劉公（悊）墓誌銘并序

唐開元二十四年（736）十月二十五日葬。誌蓋呈盝頂形，長54、寬54、厚7.5釐米。蓋題篆書，2行，行2字。誌石方形，長53.5、寬54、厚8.5釐米。誌文楷書，共14行，滿行14字。

〔蓋文〕

唐劉君誌

〔誌文〕

唐故隴右西使左十四副監劉公墓/誌銘并序

　　太華天師筭塌子元泂文。公/諱悊，彭城人也，大漢上九無位之裔，/沛郡初六流浪之萌。曾祖灌，朝散大/夫；祖叔，慶州長史；父開，昭武校尉。公/仲子也，翯存家風，挺拔當代。監隴右，/則騏驥不伏於鹽車；供御膳，則德調/和於鼎俎。開廿四月沽洗十四日，遘/疾終於私第，春秋六十有三。嗣子順，/次秦，五起已資於事父，萬鍾彌積於/空堂。歲景子月應鍾廿五日，遷窆於/夏州城南廿里原。孝過百行之首，託/余一以誌之。銘曰：

　　其命則偶，其年/不終。鰲妻哭而荒毀，孤子號而喪躬。

（師海軍整理）

故主爵郎中彭州刺史李偡妻南陽郡君宗氏墓誌
京兆府萬年尉趙遐撰
夫人姓宗氏南陽人也漢廣化行南紀蓋華採茂人
謹尉五兵尚書開府儀同三司建平公
曾祖晟明隨司輪州
刺史益州長史食邑三百戶
食邑一千戶廣之即將館大學士徐國史
部封太守父廣夫人即將館大學士徐國史
孫也親賢外禁姻戚中貴西陵誕襲南正將
天之功若君門登翼歲中令濬甌夫人妻
出適郎中爵郎中李氏天父詠之近夫十五
玉潤之高良人頃好嫁裕暨蜺女尚泳於綂素盈之歲
巖霞何依中心而傷憂深蒸谷北目離柝於宸同逝川
之識於堅貞茹茶以忍其生兔家正依然親世祀服人
方其外甥紀之本有慈斯立二從女一不如李氏
其嬖無替可謂慈仁重牧義美三春秋五十
管所紀也高行者也宣平里咳八月六日藝於京東南芝
月廿九日暴終於餘疾歿有常寢於魂未酬記同究之北古
原存著令卽歿貞姬次貞惟彼妝妬百歲長將
家葉採伯易世何常禋熒凶短不韋遺孤於善襄南隣下祖
北涇志夾哀裒孝義餘裕慈仁於光凶幽藏

072 李偡妻宗氏墓誌

故主爵郎中彭州刺史李偡妻南陽郡君宗氏墓誌

唐開元二十七年（739）八月六日葬。誌蓋呈盝頂形，長39、寬39、厚5釐米。蓋題篆書，3行，行3字。誌石方形，長41.5、寬41.5、厚9釐米。誌文行書，共22行，滿行22字。

〔**蓋文**〕

唐故夫人宗氏墓誌銘

〔**誌文**〕

故主爵郎中彭州刺史李偡妻南陽郡君宗氏墓誌/

京兆府萬年尉趙岊撰　　外甥華州司士參軍王巖書/

夫人姓宗氏，南陽人也。漢廣化行，南紀盡萃。宗華族茂，人/望世德。兆自翼軫之郊，入居股肱之地。曾祖明，隨司隸/校尉、五兵尚書、開府儀同三司、建平公。祖岌，皇鄧州/刺史、益州長史，食封三百户。父楚客，皇光禄大夫、兵/部尚書，兼中書令、弘文館大學士、修國史、上柱國、郢國公，/食封七百户。夫人即令君之弟二女，則天大聖天后之/離孫也。親賢外榮，姻戚中貴。西陵誕襲，南正將司。媧皇補/天之功，吾門登翼；少康祀夏之典，中令緝熙。夫人年十五/出適皇族主爵郎中李氏。天父位瑶光之近，天夫姿/玉潤之高。良人傾好於衿鞶，嬌女尚詠於紈素。盈滿之戒，/巔覆何依？中心弔傷，變深爲谷；比目離析，哀同逝川。焚玉/方識於堅貞，茹荼以忘其生死。家亡依所親，世祀服李氏/之喪無替，可謂潔白守其志矣。躬撫姊之二孤女，人莫知/其外甥，可謂慈仁重於義矣。三從靡託，而六行蹇淵，自彤/管所紀，未有若斯之高行者也。春秋五十，開元廿七年七/月廿六日，暴疾終於宣平里。以八月六日，葬於京東南之/原。存著令節，歿有餘痛。孤魂未祔，記同穴之非古云。/

家榮族偪，易世何常。覆巢焚次，貞姬未亡。惟彼松栢，後彫/雪霜。孝義餘裕，慈仁有光。凶短不幸，遺孤善喪。南鄰下杜，/北望未央。哀哉厚夜，介石幽藏。

（李浩　羅曼整理）

唐故張公之墓誌并序

公諱亮字□子太原郗縣人也□厥
□□□□□□副尉右羽林衛飛騎
祖是唐朝蒲州虞鄉縣令□□□
神龍元年三月十五日立於家第
□□出因官歷城府左果毅都尉五
雄惟藝筆海無際□□□難逾八陣之策既開權內室溫閨
二豎加以家從武知祥燭行年八十有三□一武
閨帷□流□家門芳蘭□□畫星馳既決勝國□忠守法去松
自□□女娘之血飲陳□動頗自性至孝□禍□□當□憫
殊國知不祥下□雄□之□□顧傷□□禮已終死吳天
□之儀深風厚樹之□懷渟川□□□風不止子欲養而親不
更經風共厚樹□高柴之□孫子丘□何託以統萬城南升五里高原
遠□八日乙酉合葬於預□悲逝水不停□父於為勤英盧恐
臺末毀哉痛哉□□誌銘塞□竊□使將来君等泰泉
路以鎸海起埠推移勒

073 張亮墓誌

唐故張公（亮）之墓誌并序

唐開元二十九年（741）十月八日葬。誌蓋呈盝頂形，長53、寬53、厚6.5釐米。蓋題篆書，2行，行2字。誌石方形，長53.5、寬53.5、厚9釐米。誌文楷書，共22行，滿行22字。

〔蓋文〕

張君墓誌

〔誌文〕

唐故張公之墓誌并序/

　　公諱亮，字獦子，太原祁縣人也。翊麾副尉、右羽林衛飛騎。/勤恪匪懈，忠孝兢誠，長處爪牙，股肱階下。嗟乎，白駒過/隙，寒暑推移，古往今來，輪迴不絕。縱使揮戈駐日，詎能攘/衰謝之災；尼父大賢，不能却兩楹之禍。春秋六十有五，去/神龍元年三月十五日亡於家第。曾讓，隨任鷹揚郎將。/祖旻，唐朝蒲州虞城府左果毅都尉。五校早彰，六奇先/備。在文筆海無際，居武獎略難逾。八陣之策既開，權變之/雄迥出。因官歷職，遂□朔方焉。夫人李氏，母儀内室，温閨/閨帷；慈汎家門，芳蘭播美。理應垂榮一代，歡盡百年，何期/二豎侵齡，忽從風燭。行年八十有三，開元廿三年二月八/日亡於家宅。男知祥，居家盡孝，於國奉忠，守法去私，當屯/殊等。加以雄才武略，劍動星馳，既決勝榆關，當授勳於上/柱國。知祥女六娘等，深誠自性，至孝因心，禍及憫凶，昊天/罔極，淚下高柴之血，飲惟顧悌之漿。生事之禮已終，死葬/之儀深厚。見涼川之咽浦，彌傷風樹之悲；聞落葉之驚冬，/更纏風樹之慘。丘魚子曰：樹欲静而風不止，子欲養而親不/待。苦哉痛哉，孤子何託。以開元廿九年歲次辛巳十月戊/寅朔八日乙酉，合葬於統萬城南廿五里高原，禮也。昔高/臺未毀，孟嘗所以預悲；逝水不停，尼父於焉歎矣。慮恐桑/田變海，堌埠推移，勒誌留銘，瘞於窀穸，使將來君子，表泉/路以存焉。

（狄蕊紅整理）

074 陽承慶墓誌

唐天寶元年（742）正月二十六日葬。誌石方形，長51.5、寬52、厚9釐米。誌文楷書，共17行，滿行19字。誌蓋佚。

〔誌文〕

維唐六葉，至化洽於開元，迺擇良宰，式釐下邑，俾/令行而日新，家給而歲阜。熙熙焉，肅肅焉，致彼仁/壽，非徒然也。矧常山之陽，全趙之鄉，其風扇而侈，/其戶殷而昌。非承家之裕，幹時之具，明允孔時，清/規有素，安可以鳴弦是邑而濟其務也？則北平陽/君，諱承慶，字晛。解褐監門率府錄事參軍，作尉同/州之澄城，歷千牛衛冑曹參軍，拜恒州石邑令。越/開元廿九年十一月廿九日，遘疾終于西京安邑/里第，春秋五十有二。以天寶元年正月廿六日，即/安于萬年少陵原，禮也。嗚呼！君子疾没世而名不/稱。陽君據於仁，依於義，與朋信，臨財廉，官成四命，/愛流百里，有令名矣。陽氏之先，系周分晉。雍也聞/於漢，休之貴於齊。君即雙流令琳之曾孫，黃安令/秀之孫，太子家令靈之子。聯華奕世，慶之大也。嗣/子煦，聿遵素履，爰稽宅兆，泣血欒欒，俾余敘事。銘曰：/

少陵原上兮京兆東阡，松檟日暮兮愁雲四天。種/玉之田忽矣，生金之碣在焉。

（馬立軍整理）

075　辛承玉墓誌

大唐故右衛勳一府勳衛上柱國辛公（承玉）墓
誌銘并序

　　唐天寶四載（745）四月二十二日葬。誌蓋呈盝頂形，
長47.5、寬46、厚8.5釐米。蓋題篆書，3行，行2字。
誌石方形，長48、寬48、厚8釐米。誌文楷書，共17
行，滿行18字。

〔蓋文〕

大唐辛公墓誌

〔誌文〕

大唐故右衛勳一府勳衛上柱國辛公墓誌銘并序/

　　公諱承玉,隴西人也。氏族之盛,先祖任守,因而/屬朔方焉。曾寬,周驃騎大將軍、儀同三/司、平章事、上柱國、聞喜縣開國公。祖仁,/雲麾將軍、行左武衛中郎將、守夏州都督、上柱/國、高平郡開國公。父嚳,蒲州疑山府左/果毅都尉,宰牧克昭,五德齊格,率土知禁,邊氓/乂安。夫位以前興,德以位敘,重資德位之盛,不/亦宜乎?公自任親衛,功大而未遷,道廣而運促,/時哉!壽年七十有二,開廿七載五月五日薨,俱/逝單于。夫人武氏,天寶四載四月廿二日,歸窆/於統萬城南廿里之崗,禮也。古者墓而今墳,丘/父成戒。嗣子彥英等,悲纏幽隧,情軫原□,休□/象賢,克廣前烈,亦東南西北之人。陵谷攸遷,□/可以不?其銘曰:/

　　邐迤崇崗,野際茫茫。悽切風□,蕭條晚芳。墳就/故眷,月迴宵長。三泉永閟,萬古攸傷。

(和談整理)

076 劉廉墓誌

唐故上柱國劉公（廉）墓誌銘并序

唐天寶四載（745）七月十七日葬。誌蓋呈盝頂形，長57、寬56、厚10.5釐米。蓋題篆書，2行，行2字。誌石方形，長60、寬60.5、厚8釐米。誌文楷書，共20行，滿行20字。

〔**蓋文**〕

劉公墓誌

〔**誌文**〕

唐故上柱國劉公墓誌銘并序/

　　夫甲子屢遷，天之常道；日月盈昃，卯酉循環。盛衰者，/蓋之常期；存亡者，人淪（倫）之大分。公諱廉，字志廉，彭城/人。忠義博識，道德居尊，禮樂天成，楷模獨最，死而不/朽，甲族傳芳。因官宅兹，朔方郡人也。曾隨上大將軍/仁範之孫，唐武威郡灑水府故左果毅弘定之子。孝/悌著於家門，仁恕流於九族，義斷行於鄉黨，三者必/備，公其有焉。頗著令名，貞固幹事，禀靈純懿，郡縣無/雙。外讚揚名，内柔温義，幸承餘敘，步武丹墀。五十秋/於家退辭宿衛，不謂嗟烏曦而景促，無待百齡；策鳩/杖而長噓，不知老之將至。粤以天寶四載正月十日/寢疾不痊，終於私第，春秋六十有九。服朞軫悼，總麻/哀傷，行路莫不欽嗟。禮未遷厝，權殯故里，即以擇用/其年歲次乙酉秋七月丁巳朔十七日癸酉，窆於統/萬城南廿五里原，禮。嗣子崇光，號天扣地，慣裂心髓，/攀栢三周，毁不滅性，追憂之苦，永念幽明路殊。嗚呼/哀哉！痛感行李，事父孝盡矣，死葬之禮終矣。式表德/音，乃爲銘曰：/

　　蕭索丘隴，荒梁封域。樹樹秋聲，山山滇色。路絶平生，/□□長息。一閉千年，孤墳永悼。

（師海軍整理）

大唐故郭君墓誌銘并序

君諱奕，字又貴，西河隰城人也。其先弈耐之苗矣，當時名矣。祖諱俠，朝散大夫、大夫，奕世馳名，氣萬當時，名矣。奉燠國，拓之干祿，以德都尉，君忠誠，匡且埋志。名過渾俗，養性，由旗亭接進，褐海谿，為心之艱，勞竭力盡，河汭。章渥沈梁而己，界拯而化渡，慈仁功，向隱富觀，幽谷之艱，嶇臨觀，而亂志。之漑津千齡，罷易相十悲，有銜八，鳴呼寶四載三，載九月十三日，窆於。我私圓謝，春秋立，相廿九日萃於，聲鋪集雲，曖曖之歡泣。闕其嗣子十一罷，一月廿日葬，城東南三里，之京。者也其心，酸聆貞之質者，堕淚泣，四萃涌，妻郡城孤女，辟府泉尸而。增衰夫或，懍氣乘海，神遷清貨，刊琬琰所坎，重明為行誌銘，永闡，府泉尸而。

禄甚夫，銷聲而濟歸，物功備，脩橋有待而成忽，聲下男徧狀。

理晦迹，浮生而歸，斑滅豐，脩橋有，績成名，非輕識魚知。

上愆厥，浮生而歸，斑滅豐，有待而入，無形。

077　郭爽墓誌

大唐故郭君（爽）墓誌銘并序

唐天寶四載（745）十一月二十九日葬。誌蓋呈盝頂形，長54.6、寬54.6、厚11釐米。蓋題篆書，2行，行2字。誌石方形，長53.5、寬53.5、厚10釐米。誌文楷書，共19行，滿行19字。

〔蓋文〕

郭君墓誌

〔誌文〕

大唐故郭君墓誌銘并序/

　　君諱爽，字文貴，西河隰城人也，其先虢叔之苗矣。/祖俠，朝散大夫。父威，開府儀同。並氣萬（邁）當時，名/彰歿後。不干禄以苟進，但晦迹而育德。君忠以/奉國，拓定邊郵，御寇忘身，蒙授上騎都尉，且埋/名混俗，養性旗亭。接四海以爲心，匪貨財而亂志。/嘗過南界，路由雀鼠之谿，覩幽谷之崎嶇，覿河汾/之渤沉。已而慈仁在念，愍畜乘之艱勞；竭力盡誠，/□津梁而拯渡。其功向就，經三載之辛勤；福業既/圓，謝千齡而化往。以天寶四載九月十三日，猝於/私第，春秋五十有八。嗚呼！淑人其萎，雲天寡色。泣/我閭閈，罷易相悲。街攢唧唧之聲，鋪集嗟嗟之嘆。/以其載十一月廿九日，葬於郡城東南三里平原，/禮也。嗣子貞師，號天泣血；孀妻孤女，僻地槌膺。見/之者心酸，聆之者墮淚。所痛幽明永隔，俯泉户而/增哀。或慮桑海貿遷，刊琬琰而爲誌。銘曰：/

　　偉哉夫子，氣净神清。貨財不重，名行非輕。識分知/理，晦迹銷聲。濟物功備，修橋績成。忽辭下界，倏然/上征。厭浮生而歸寂滅，遺有待而入無形。

（王偉整理）

078　王翹墓誌

大唐故朝請大夫守銀川郡太守王公（翹）墓誌
銘并序

唐天寶六載（747）七月二十八日葬。誌蓋呈盝頂形，
長60.4、寬60.4、厚7.8釐米。蓋題篆書，3行，行3字。
誌石方形，長60.3、寬60、厚9.7釐米。誌文楷書，共
32行，滿行31字。

〔蓋文〕

大唐故王公墓誌之銘

〔誌文〕

大唐故朝請大夫守銀川郡太守王公墓誌銘并序/

　　京兆府櫟陽縣尉屈同撰/

　　公諱翹，琅耶臨沂人也。其先蓋軒轅黃帝之裔，泊卅六代周靈王之昭也。誕儲皇/子晉，幼得沖虛之道。時因王室，爰迺命焉。王氏著宗，自茲始矣。既得姓中古，源流/千載，或八王列譽，或五鳳馳英，其濟美傳芳，有如此者。君即晉文獻公導十二代/孫。四代祖瑱，陳都官尚書。高祖敞，陳駙馬都尉、秘書監。曾祖宏，隨謁者臺員外郎。/祖守忠，皇朝散大夫、典膳郎。列考踐義，初任始州參軍，又安州都督府倉/曹。公即倉曹公第二子也。公繼緒王侯，胤期必復，矧乎閒出奇秀，挺然異表。/學可以迹古，辯可以離橫，下帷以習成，決遊方而振業。以爲鄒魯守經學，齊楚多/智辯，韓魏有奇節，吾將歷訪而進德焉。繇是北首南轅，周流十載。討巖穴，契英豪，/洋洋嘉聲，鬱然籍甚。弱冠，以孝廉擢第。解褐以春宮入官，拜司經局正字。又遷京/兆府好時縣尉。至開元中，入選吏曹，俛從常調。尚書宋璟，衡鏡通微，特殊器重，覽/其刑憲之術，許以廷評之寄，遂授大理評事。既而大臣寵鷰，晁錯以射策登科；/天子召見，嚴安以推恩拜職。儒門光啓，允屬公焉。其載，奉敕差往揚、吉/等州，推捕僞人等事。公出國銜綸，辭天抗疏，恩加錫服，詔降/璽書。遐邇聳聞，所適風靡。稍遷萬年縣丞。又改太府丞。又授三原縣宰。天寶初，/制授昭陵令，仍加朝散大夫。而能位重增謙，榮高益儉，維城之選，雅副循良。天寶/五載，制授朝請大夫，守銀川郡太守。既而持旌出牧，飛輪擁途，置水還珠，/預聞千里。中路遘疾，悲乎一朝，哀哉！以其載十二月十四日，薨于洛交郡甘泉縣/之邸也，春秋六十有二。遂使長途輟軔，層霄墜羽。賢人道隱，君子征凶。天實爲之，/何嗟及矣。郵亭無復魂之制，舊壠有歸葬之禮。以明年七月廿八日，旋葬于京兆/府萬年縣高平鄉少陵原，禮也。惟公寥廓之伯也，可歟信，可與議。獨發慮以能/斷，處大言而不疑。交無謫於公卿，志每希於令僕。煌煌朱綬，空悲泉壤之規；轔轔/熊軾，無適專城之望。昔之遄往，曜四牡於秦陌；今也還葬，搖孤旐於鄉路。公門/多仰，家無積贏，廠車夷床，取給朋友。君子歎曰："可謂清乎。"嗣子勳，次子緬，次子悅，/次子幼，並丸蘭佩觽，蓼莪泣血，棟梁初植，鶺鴒尚鵊。表公叔之不亡，知臧孫之有/後。孝有終身之紀，言無没代之據。期不朽於來葉，爰勒石於斯文。乃爲銘曰：/

　　匪天降靈兮惟周之系，鍾鼎代襲兮衣冠靡替。克勤克儉兮多才多藝，/嗚呼哲人兮倏云其逝。神理悅忽兮幽冥長閉，仰望令德兮誰不流涕。/滄溟浩浩兮惟深惟廣，嵩華峨峨兮是宗是長。道有高深兮君子其享，/穹旻輔德兮奈何不爽。夢奠兩楹兮五百道喪，軌範云没兮悲乎泉壤。/

　　天寶六載七月廿八日次子悅書。

（邱曉整理）

故廣平郡武安縣令張府君墓誌銘并序
董帝賦君之族是間數百千載蔚為榮宗□
略漢有□雄□晉有之德茂功茂令有之曾祖疢随蘭州□
史百代之烈祖詞□皇益州蜀縣令溥一毛之傑疾父獻
皇邢州長史守累葉之光以府君生而貞良弓傳命曰貽玘
及字二如之制義也幼有公才火德受郎洪河窆
蜀未溥孝廉聞於里壯宝窜神仙渭得位清漳始仕也雄縣再
官也奉時尉天王進也俟時方行故遷不越級觯滿徙調縣如
忘也先也溟屈受被物嘉聲露然十臺一□望君如
怎有司從人欲君窜於武安欽風俗易遷路草君□時
相謂曰誰言彼邑之顏翻君為我邑之幸旋有□天書加□朝
散大夫有頃復加朝請大夫家以之亨邑以□荣袟歸□朝
鍋京邑人近望於折池引乘遠望於露冤故不攀轅舊園之路舍
天終不遺長材中於天寶初迄便即舊園之路舍鴒安誰即
松第年之求以龍初正月廿八日寢疾終于新昌即
呂命也至二月十四日攬殯于龍首原礼也春秋七十再
失人憮呼皇徽帷畫哭嗣子芋美式張也孝實奈子孙
之專於礼道夫室恤我後悲稚伯之獨逝代不
芋新阡之草故刻彼貞石永紀餘芳銘曰驚路之塵埴上青春容
長之才君之器何三遷而一尉遇有時用未竭何剖難寶刀
君之折青鴌堀遠黄泉路長吳聲苦雄悲揚令德令德芳追琢邊
君將□□□□鄉貢進士王璨撰

079　張貽玘墓誌

故廣平郡武安縣令張府君（貽玘）墓誌銘并序

　　唐天寶七載（748）二月十四日殯。誌蓋呈盝頂形，長36、寬36、厚5釐米。蓋題篆書，3行，行3字。誌石方形，長36.5、寬35、厚7釐米。誌文楷書，共23行，滿行23字。

〔蓋文〕

大唐故張府君墓誌銘

〔誌文〕

故廣平郡武安縣令張府君墓誌銘并序/

　　黄帝，賦君之先；清河，居君之族。是間數百千載，鬱爲榮宗。大/略，漢有之；雄文，晉有之；德茂、功茂，今有之。曾祖彥，隨簡州刺/史，承百代之烈。祖詡，皇益州蜀縣令，得一毛之傑。父獻可，/皇邢州長史，守累葉之光。以府君生而貞良足傳，命曰貽玘，/及字，亦如之制義也。幼有公骨，長有公才，大德受耶，洪河變/濁。未傅，孝廉聞於里；壯室，神仙得其位。清漳，始仕也；雒縣，再/官也；奉天，三進也。猗！俟時方行，故遷不越級。辭滿，從調於/天官。先時尉清漳也，遺愛被物，嘉聲靄然，十室一口，望君如/歲。有司從人欲也，復屈君宰於武安。欽風俗易，避路草偃。時/相謂曰："誰言彼邑之願，翻爲我邑之幸。"旋有天書，加于朝/散大夫。有頃，復加朝請大夫。家以之亨，邑以之榮。去秩歸于/鎬京，邑人近望於別乘，遠望於露冕，故不攀轅擁路矣。誰謂/天乎不遺，長材中折。池龍初返，便臥舊園之路；舍鵩云止，即/召終年之災。以天寶七載正月廿八日，寢疾終于新昌里/私第，命也。至二月十四日，權殯于龍首原，禮也。春秋七十五。/夫人撫膺呼天，徹帷晝哭。嗣子等美哉張也，孝實參乎。子/等專於禮道，夫人給於喪事。皇恤我後，悲穆伯之獨逝；代不/乏賢，嘉敬姜之兼美。泉下玉樹，寧迴舊路之塵；墳上青春，空/長新阡之草。故刻彼貞石，永紀餘芳。銘曰：/

　　君之才，君之器，何三遷，而一尉。遇有時，用未竭，何割鷄，寶刀/折。青烏兆遠，黄泉路長。哭聲苦，旌悠揚。令德令德兮，追琢送/君將。

　　鄉貢進士王契撰。

（任雅芳整理）

唐故處士李公墓誌銘并序
姪國子進士胡朝英述

蓋闕出豪語默各一途矢誠㦤是言之詳釋字茂本
亦温人也之大族其先祖累代不仕隱于泰山故今為長
安温人良承倫諫爰孝楊名況先姚淪宣衰毀過禮智信抑中年
有窺其顏色正孝葉行令為其很人之所難毀禮智中憲其易陟
懼去而其顏出古稱葉名終先人之所難毀禮智中憲其易陟
體由是之得心如永源慕精測性海莫求天師慎言惠施無
摩詰妙用日故得心廿六七月廿六日遇候終于安定胡氏居蓋舊
里春秋有以開十元子歲益見之月月有二間嗣疾告終此
中和鄉同樂鄉密細柳原禮銘誌小子奉祖詞人擧行
之長日天寶五載歲益見月月有二間嗣子奉祖詞人擧行
不寶無述寫縣戍天寶五載歲命密親于嗟指今已矣千萬祀
束苟程于軍遂作貞石以垂名開此壙兮千萬祀
德于寶于軍里次戲未四月庚子朔廿七日景寅趨

080　李釋墓誌

唐故處士李公（釋）墓誌銘并序

　　唐天寶七載（748）四月二十七日與夫人合葬。誌蓋呈
盝頂形，長47、寬46、厚6釐米。蓋題行楷，3行，行3
字。誌石方形，長46.5、寬46.8、厚10釐米。誌文楷
書，共20行，滿行20字。

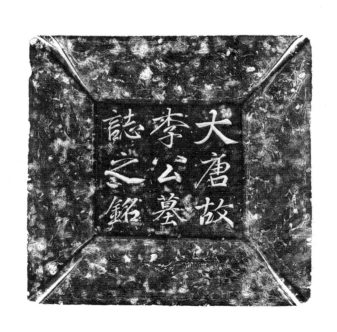

〔蓋文〕

大唐故李公墓誌之銘

〔誌文〕

唐故處士李公墓誌銘并序

　　姪國子進士胡朝英述/

　　蓋聞出處語默各一途矣，誠哉是言。公諱釋，字梵本，/隴西之大族。其先祖累代不仕，隱于秦山，故今爲長/安人也。公貌古心真，外寬内敏，豈惟仁義禮智信，抑/亦温良恭儉讓。弱齡屬先妣淪喪，哀毀過禮；中年/順繼親顏色，至孝揚名。況復人之所難，公之爲易。鄰/有竊其禾黍，窺其菜菓，恣其所取，潛伏草中，慮其恐/懼，去而後出。古稱獨行，今乃見之。仁厚既多，惠施無/倦，由是久絕葷茹，永慕精勤。嘗於大師慎言下聽《維/摩詰》妙旨，故得心源靡測，性海莫窮。唯置一牀，空無/所有。以開元廿載七月廿六日，遇疾終于所居之舊/里，春秋七十有六。夫人安定胡氏，則予之姑也。蘊德/中和，虔心内則，欽崇孝行，率奉仁賢。同氣相求，蓋有/之矣。粵以天寶五載二月廿四日，寢疾告終，享年八/十有一。以戊子歲孟夏月有二旬有七日，宅兆于京/兆府長安縣同樂鄉細柳原，禮也。嗣子彥賓等，攀慕/不及，日號于天，爰命密親，用申銘誌。小子忝詞人之/末，愧無述焉。遂作銘曰：

　　于嗟哲人，今已矣。果行育/德兮，旌于閭里。刻貞石以垂名，閉幽壞兮千萬祀。/

　　天寶七載歲次戊子四月庚子朔廿七日景寅建。

　　　　　　　　　　　　　　　　　　　　（胡永傑整理）

081　藥岳墓誌

唐故折衝藥府君（岳）墓誌并序

　　唐天寶七載（748）十月十二日葬。誌蓋呈盝頂形，長53.5、寬53.5、厚8釐米。蓋題篆書，3行，行3字。誌石方形，長53.5、寬53.5、厚8釐米。誌文楷書，共19行，滿行19字。

〔蓋文〕

大唐故藥府君之墓誌

〔誌文〕

唐故折衝藥府君墓誌并序/

　　公諱岳，字□岳，廣陵人。後漢尚書郎、南陽太守崧/之苗裔也。祖□，唐任左二監。父諱言，任西河郡清/勝府折衝，卜居統萬，因爲郡人。門傳鍾鼎，積襲簪/纓。公識洞韜鈐，學該文史，負濟時之量，蘊經邦之/圖。年十八，以營田功擢第，授平涼郡霍川鎮將。次/授昭武副尉、龍川府別將，轉改渭、易二果毅。累沐/□榮，屢昇戎秩，懷蘊出將之忠勇，負入相之英才。簡/在帝心，謀及臣下，乃命制授左武衛、馬/邑郡尚德府折衝，兼朔方行軍總管。雄略紛紜，峻/節高崿，拔凝霜之劍，風雲坐驚；揮駐日之戈，山川/自振。冀永保榮隆，何圖神理倐欺，積善無徵，凶釁/遄及。去天寶六載十一月寢疾不痊，春秋五十八，/終於私第。擇用天寶七載歲次戊子十月戊戌朔/十二日己酉，葬於統萬城南廿二里崗，禮也。嗣子/奉榮，號天靡訴，切風樹之傷摧；叩地無追，思逝波/而痛割。諸親軫悼，鄉曲咸悽。刊石揚名，以傳後嗣。/頌曰：

　　壟闇風多，山昏雲滿。德共年長，命隨/花短。獨掩幽扉，去留腸斷。

　　　　　　　　　　　　　　　　（胡永傑整理）

082 宋至墓誌

唐故行監察御史上護軍宋府君（至）墓誌銘并序

唐天寶九載（750）六月十七日葬。誌蓋呈盝頂形，長57、寬57、厚9釐米。蓋題楷書，3行，行3字。誌石方形，長57.5、寬57.5、厚9釐米。誌文楷書，共30行，滿行29字。

〔**蓋文**〕

唐監察御史宋公誌銘

〔**誌文**〕

唐故行監察御史上護軍宋府君墓誌銘并序/

　　友人朝請大夫行秘書郎員俶撰/

　　懿哉！中國有人焉，冥於道之至，遊於物之初，非陰非陽，不曒不昧。適來時也，/雲出於山川；適去順也，風濟於天地。若此者，豈興哀於死生壽夭，遺恨於貴/賤窮通者哉。府君諱至，字少真，廣平人也。咸有一德，是謂三仁。楚國文宗，卓/冠今古；漢廷台位，能緝邦家。曾祖或，晉州司馬。祖軫，雲州司功。信及中孚，言/可底績，南陽坐嘯，海沂之康。考本，利用居□，高尚其事，生魚熊掌，孟子爲心。/府君始受胎教，遭家顛覆。太夫人王氏幽永巷，託掖庭，才敏生知，道惟率性。/及乎承在宥，復平人，髮未髫，齒猶齔，三教六經之秘，開卷而窮微；九流百氏/之繁，閱市而成誦。其學富矣。寓物呈象，□理敷文，體□風雅，情深比興，削凡/至骨，凝清見底。其詞麗矣。開元己巳，擢秀才於考功；歲及甲戌，郎校書於秘/省。舉文詞雅麗，尉京兆之盩厔；舉文列莊老，試評事於廷尉。授河西道支度/營田判官，攝監察御史，遷試大理司直。天寶五載，正行監察御史。七載，貶淄/州司户參軍。以刑爲禮，以禮爲翼，義而不朋，貞而能幹，謷乎其未可制也，灌/乎其不得已也。故三進無喜，三黜無愠，毀譽榮辱，泛然虛舟。其政善矣。將丕/濟風力，叶致堯舜，進清靜淡漠之規，裨栗陸大庭之化。既而翛然而/來，翛然而往，歸根復命，而返其真。以天寶九載五月十八日乙巳，終於京師/長壽里之私第，乘物化也。即以六月十七日癸酉，窆於長安縣之高陽原，禮/也。嗚呼哀哉！一子曰迷奴，始孩數月。二女曰喜奴、奴奴，亦纔數歲。總帷空設，/主祭則微；人琴兩亡，深交有慟。藐諸孤者，予之事焉；哲人其萎，群子安仰。惟/君窮理盡性，循照先幾，生白虛室，重玄靈府，明誠一用，恬智同極。宇宙不足/以爲其廣，溟渤不足以爲其深。小之則無中，大之則無外。明白四達，覩奧者/增幽；周流六虛，凝神者不動。借曰坐而論道，竟不陟於公台；豈知默而成之，/誰或窺其潛教。顏生之上，千載和光；叔度已還，擬非倫也。嗚呼，云亡已矣，而/獨爲人，代莫我知，吾無爲善。嗟曰喪其先覺，無所發其狂言。流水鳴琴，長絶/絃於此世；成風妙斲，永無質於兹年。逮乾坤之未毀，懼陵谷之將遷。雲愁古/木，月苦新阡，没而不朽，刊石斯焉。銘曰：/

　　神何由降，明何由出。載誕國楨，以爲人律。幾先體二，道冥得一。解世天弢，隳/時天帙。宅生爲妄，潛教將畢。復返真源，偃然巨室。盛德不朽，貞珉可述。永矣/終天，何時見日。

（任雅芳整理）

083　史府君夫人殷檀那墓誌

大唐汝陰郡汝陰縣丞史府君夫人殷氏（檀那）合祔銘并序

唐天寶九載（750）十一月二十四日葬。誌蓋呈盝頂形，長52.5、寬52.5、厚9釐米。蓋題楷書，4行，行4字。誌石方形，長53.9、寬54.2、厚10.5釐米。誌文楷書，共24行，滿行25字。

〔蓋文〕

大唐故史府君夫人殷氏合祔之墓誌銘

〔誌文〕

大唐汝陰郡汝陰縣丞史府君夫人殷氏合祔銘并序/

　　夫人諱檀那，字素，姓殷。殷出陳郡，其先帝嚳之冑，自卨始生商。商/有天下，後以殷爲氏焉。其奕葉風流，世濟不隕，則存諸史册矣。曾/祖諱開山，皇武德初第一等臣，兵、吏二部尚書，行臺右僕射，/郕國公，贈司空。大父諱元嗣，皇文、成二州刺史，郕國公。考諱/懷禎，皇沛王友，尚衣奉御，郕國公。妣扶風竇氏，皇[左]丞/相德玄之女，僕射懷貞之妹。夫人内儒外素，爲性也，得不純/乎？聞禮睹樂，爲行也，得不良[乎]？□自家風，德兼胎誨，故能不扶自/直，不琢而成者矣。幼齡何怙，□□史公。公業廣位卑，衆惜桓相/之屈；材長命短，咸痛郭嘉之夭。夫人守敬姜之禮，詠哀姜之/詩。有二子焉，三徙隨學，七年成器。故長子珣，十六明經擢第。次子/惟謙，十五挽郎出身。珣歷官至扶風雍縣尉，惟謙官至安陸郡功/曹。咸以清白揚名，幹蠱騰譽。君子謂夫人之訓子也，有義方/焉。始爲版輿在兹，得奉林烏之報；何圖日車莫駐，遂奪綵衣之樂。/奄以天寶七載十月廿二日，終于嘉會里之私第，春秋七十七。嗚/呼哀哉！初，夫人之未亡也，而雍縣男有疾，無何夭逝。且倚門/之念，羸老之躬，疇能不痛之，孰堪不死之乎。遂寢疾累旬而殁。/嗚呼天乎！積善之家，奚俾其斯苦。母也子也，神宫歸然，/天何爲哉，人實不忍。即以九載十一月廿四日，遷祔于先夫高/陽原舊塋，禮也。子惟謙，女殷氏永言，既號又絶，恭惟宅兆，身强/及禮。又恐年代變，陵谷移，因命謏以書珉石。其詞曰：/

　　猗夫人，有義列。少孀居，秉清潔。信可高兮！訓二女，誨兩子。累族昌，/數郡理。信可奇兮！勤于家，儉于用。用不遺，及於衆。吁可尚兮！男[天]/枉，母長逝。泉途開，墓門閉。吁可悲兮！

（王偉整理）

084　韋濼墓誌

唐故平陽郡司功參軍韋公（濼）墓誌銘

唐天寶十一載（752）二月二十四日葬。誌蓋呈盝頂形，長48.5、寬48.5、厚9釐米。蓋題篆書，3行，行3字。誌石方形，長48、寬48.5、厚9釐米。誌文楷書，共22行，滿行22字。

〔蓋文〕

大唐故韋府君墓誌銘

〔誌文〕

唐故平陽郡司功參軍韋公墓誌銘/

　　公諱濯，字濯，京兆杜陵人也。昔軒后降靈，高陽命氏，詒厥/華胄，克生賢才。高祖匡伯，隨衛尉少卿、舒國公。曾祖/思言，皇朝勝州都督府司馬。大父逞，皇朝銀青光/禄大夫、光禄卿、上柱國，封鄒縣男。烈考希美，皇朝太/子内直郎、尚舍直長。代襲龜組，家傳禮樂。總百氏於儒門，/貽一經於學府。衣冠間望，榮耀當時。公即尚舍府君之長/子也。公天然挺生，我之自出。資聖善之訓，禀温良之德。幼/孤，事母以孝行聞。起家補惠文太子挽郎，解褐授上黨郡/大都督府參軍。毛公懷捧檄之歡，孫楚有參謨之術。苟存/是道，寧屈安卑。時副相兼范陽節度使安公，以禮樂才行/見稱，佐登車之光，充入幕之選。秩滿，改平陽郡司功參軍，/以疇庸也。亦既辭滿，迫□歸寧。蒸蒸竭誠，嬰疾不起。天寶/十載冬十月，丁太夫人李氏憂。公性實仁孝，再罹閔凶，/哀毀過人，所疾彌篤，以爲大事□畢，餘生何顧。悲夫！天寶/十一載正月十八日，終於開化里之私第，年卅有三。以/其載二月廿四日，葬於京城東南。嗣子賁等，痛結無涯，悲/恨罔極，誌之貞石，存乎不朽。銘曰：/

　　高陽受命兮乃聖乃神，才子降生兮德音振振。參卿/佐掾兮邦家之珍，彼蒼者天兮殲我良人。茫茫大夜/兮千萬春，如可贖兮而百其身。/

　　大理評事李惟岳撰文。

（田子爽整理）

085　崔宜墓誌

大唐清河崔公（宜）墓誌銘并序

　　唐乾元二年（759）四月三日殯。誌蓋呈盝頂形，長34、寬34.5、厚6釐米。蓋題篆書，3行，行3字。誌石方形，長36、寬36.5、厚7釐米。誌文楷書，共18行，滿行19字。

〔蓋文〕

大唐故崔府君墓誌銘

〔誌文〕

大唐清河崔公墓誌銘并序

前京兆府功曹參軍盧炫撰/

公諱宜，字文懿，貝國清河人也。志稟忠良，性惟聰/惠。孝讓播乎名譽，操行超於輩流。煥然有入室之/才，恭謹受過庭之訓。年纔弱冠，專業登科。文策達/左氏之能，經義得鄭玄之奧。有才無命，公則見之。/曾祖行溫，皇朝太子家令、延州刺史。祖紹，/尚書膳部郎中、鄆州刺史。父路，通事舍人、千牛中/郎將。皆鼎族承家，衣冠傳慶。令德光於史册，孝義/溢於寰區。嗣及子孫，芳猷無朽。嗚呼！公生也有涯，/彼蒼不祐，天之將喪，殲我良人。厥疾沉痾，殆兹星/歲。春秋廿有四，卒于中京靜恭里之私第。以乾元/二年四月三日，權殯於龍首原，禮也。故鄉在遠，有/阻歸途。嗟乎！太夫人盧氏在堂，撫念雪泣，痛迫/在懷。元昆馮翊縣令信，忽悲折足，哀去同衾。諸季/蒙等三人，攀望仁兄，無階瞻敬。長姊盧氏，抽念血/涕，摧斷魂銷。炫忝維私，敢揚其美。銘曰：/

白日西匿兮光暉滅，逝水東流兮聲嗚咽。惜韶顏/之不駐，悲崔子之跡絶。

（田子爽整理）

唐故益州蜀縣令昌黎韓府君墓誌文并序
公諱止水，昌黎人也。其先蓋卿族，曾
祖弼，北齊昌黎令之南十邵守。祖孝誠，石
金吾將軍，弘文又生史公侯，且調
相承，漖父武父令之英呈，左豹韜衛
閣州唐昌蓋州縣，判司資尋轉彭州
制階加朝散大夫，在唐昌縣大夫九理三邑，皆
慈州，十天寶十三年十一月二日終于
以世之禮也。公去王二年已色，溫潤金
七十塋之亂元，公以溫潤金必而
而逝，後娶冼暨雲河馬衆氏，裴氏故
人悲夫，娶狀風昭我誌貞石於此
以痛無嗣，茲無姓以俟為門縉墨
故國謀無孫輝，婦俟及子封舊綬
芳

086　韓止水墓誌

唐故益州蜀縣令昌黎韓府君（止水）墓誌文并序

唐乾元二年（759）十月二十二日葬。誌蓋呈盝頂形，長36、寬36、厚6釐米。蓋題篆書，3行，行3字。誌石方形，長36.5、寬36.8、厚8釐米。誌文楷書，共18行，滿行19字。

〔蓋文〕

大唐故韓府君墓誌銘

〔誌文〕

唐故益州蜀縣令昌黎韓府君墓誌文并序/

公諱止水，昌黎人也。其先晉之卿族，以國爲姓。曾/祖弼，北齊封定南十郡守。祖孝威，右金吾將軍、洛/州長史。父令英，皇左豹衛將軍、亳州刺史。公侯/相承，文武不替。未弱冠，以門蔭補弘文生。及第，調/閬州參軍，以先府君資位屈斯授。以太夫人在，且/以及親。又補遂州判司，尋轉彭州，歷宰嬴州高陽、/彭州唐昌、益州蜀縣。凡理三邑，皆有能名。在高陽/也，制階加朝散大夫。在唐昌也，以狀聞，除蜀縣。/以天寶十三年十一月二日，終于縣之官舍，春秋/七十。以乾元二年十月廿二日，遷窆于京南，附/先塋，禮也。公玉色温潤，金英朗練。有賜也之辯，有/張也之容，能去己以矚物，必捨貲以徇義。位不至/大，悲夫。先娶河東裴氏，先公而亡，有子一人，相次/而逝。後娶扶風馬氏，故嬴州刺史擇之女，有女三/人。痛無嗣於昭代，誌貞石於此封。銘曰：/

以國爲姓兮以侯爲門，縞墨綬兮乘朱軒。構無子/兮謀無孫，釐婦弱女兮封舊原。

（田子爽整理）

087　崔峴墓誌

唐故同州澄城主簿崔公（峴）誌銘并序

唐上元元年（760）十月十日葬。誌蓋呈盝頂形，長32.5、寬32.5、厚8釐米。蓋題篆書，3行，行3字。誌石方形，長32.8、寬32.8、厚6.5釐米。誌文楷書，共16行，滿行16字。

〔蓋文〕

大唐故崔府君墓誌銘

〔誌文〕

唐故同州澄城主簿崔公誌銘并序/

　　庚子歲夏四月己酉，公卒府學之官舍。越/孟冬丁卯，歸葬于少陵原，祔先塋，從煞/禮也。公諱峴，字峴，博陵安平人，出自太/公望。至皇通事舍人□令，令生左司郎/中、汴州刺史承福，福生陝州長史先事，事/生府君，享年五十七。解褐徐州符離主簿。/秩滿，調補濮州范縣丞、晉州洪洞尉、綿州/司户參軍。嗚呼！修身慎行，雅著公道。奉/繼親，色養靡失；在同氣，和樂且多。初策名/澄城，遘疾京邑，遂不及禄矣。屬歲荒家弊，/饑饉薦臻，漂寓□室，豈無適寢。有前妻一子，/受養母族，是闕主喪。弟都水監丞俞，奉/命力辦，銜悲刻石。銘曰：/

　　哲人何在兮，空悲壞梁。寒郊已閉兮，永謝/陟崗。少陵南陌，遥指白楊。

　　　　　　　　　　　　　　　　　　（王早娟整理）

088　宋昉墓誌

大唐故宋君（昉）墓誌銘并序

唐上元二年十二月十六日（762年1月15日）葬。誌蓋呈盝頂形，長56.5、寬56.5、厚10.5釐米。無蓋題。誌石方形，長55.5、寬55.5、厚12釐米。誌文楷書，共24行，滿行23字。

〔誌文〕

大唐故宋君墓誌銘并序/

　　若夫生也有厓，曩哲於焉起歡；逝川無駐，昔賢所以興嗟。是/知過隙難留，草塵易隕者矣。公諱昉，字南山，廣平人也。其先/則微子之苗裔，至乃洪源森漫，丕緒扶踈，舄奕崇基，蟬聯靡/絶，煥乎前史，可略言焉。惟公植量冥深，機神峻邈。高節奇行，/肅逸韻以孤標；性域情田，激清氛而獨遠。但以少丁荼毒，早/喪二親。守義同居，頻移四序。唯聞花萼之譽，曾無鬩牆之聲。/加以友于弟兄，每懷進讓，不私於己，不負於人。里閈慕其□/和，姻宗嘉其肅穆。兼復深信因果，久斷薰辛。自邁疾羸痾，眷/言半祀。一經牀枕，纔始數朝。臨其將亡，更弘檀度。悟一生之/虛妄，知三寶之可憑。遂於陽化伽藍，助成佛殿。輕財重施，依/託淨因。實見在之良緣，亦未來之勝業。於是昆季遑/遑，爲計/無方。孰謂天不憖遺，奄從窀穸。粵以上元二年十一月廿八/日，卒於平康里之私第，春秋卅有五。即以其年十二月十六/日，窆於城南李永村西鳳栖原之禮也。雖復死生恒理，愚智/同歸。所恨胤嗣孤微，矜其幼弱。鄰里聞而掩泣，行路爲之增/悲。嗚呼哀哉，豈期然矣。將恐陵谷遷貿，素譽無聞。故勒玄銘，/記其令德。其詞曰：/

　　猗歟宋氏，崇基茂隆。克岐克嶷，惟孝惟忠。仁明外朗，和睦内/融。何圖倏忽，奄棄泉宮。其一尺波易往，隙駟難停。俄然一代，頓/罷千齡。佳城寂寂，蒿里冥冥。嗟乎令淑，俯就幽扃。其二孤男扣/地，稚女號天。無所恃怙，誰其見憐。音儀一謝，再覩何年。唯當/南陔，終日交連。其三鳥鳴黃鸛□，鳳悲白楊。人閒蓋促，泉路悠長。/痛兹□達，瘞影壙荒。幽明永隔，空仰餘芳。其四

（王偉整理）

089　譚峻墓誌

唐故銀青光禄大夫試鴻臚卿譚府君（峻）墓誌銘并序

唐寶應元年（762）十二月一日葬。誌蓋呈盝頂形，長46、寬46、厚8.5釐米。蓋題篆書，3行，行3字。誌石方形，長45、寬45、厚9釐米。誌文楷書，共33行，滿行33字。

〔蓋文〕

大唐故譚府君墓誌銘

〔誌文〕

唐故銀青光禄大夫試鴻臚卿譚府君墓誌銘并序/

　　朝議郎前行隴州華亭縣丞程晟撰/

　　君諱峻，字履緯，五原人也。隨河南太守譚宗之孫，皇殿中監静明之次子也。昔/禄山作逆之時，唐主西遷之日，將欲定禍亂、復太平，欲責非常之功，非復常人/所及。□□張良□起，傅説挺生，則中興之業可期，永命之符畢應。帝乃命群下：/“諸賢臣有能異績咸熙，予其登用。”僉曰：“有下位之臣中軍征馬使履緯可矣，聖/其試哉？”帝命曰：“格，汝緯。朕德罔尅，禄山不從，俘我王官，害我黎庶，多汝/奇策，弼予徂征。”乃再拜稽手，辭曰：“臣職賤班馬，擢自輿臺，量等斗筲，寧堪大用？否德天/命，愿揮其能。”帝命曰：“俞，汝惟允諧，往欽厥職。”公於是盡異策，沃聖心，迴/鑾輿，徵國旅，訓卒秣馬，電擊雷奔；蕩兇殘，掃氛祲，瓦解冰泮，尅復兩京。可不謂謨明弼/諧，開物成務？加其大賚，拜右清道率、隴右南使，使水洛、五泉等副使。逾月，又命曰：“微子，/不及此。”拜朝散大夫、持節原州都督諸軍事、兼群牧副使，則駒犢異蚣蝣之息，黎甿盡/喜於來蘇，公之仁也。又遷游擊將軍、試左威衛將軍，加其功也。又遷太僕少卿兼隴右/南使，使充群牧、支度、營田、内飛龍、水洛等副使，使僕臣皆正，愶利盡除，公之教也。又遷/太中大夫、衛尉卿、兼閑厩副使，乃息秸服之稿賦，藉天菀之閑田，蒭秣有餘，公之謀也。/又遷銀青光禄大夫、鴻臚卿、武陵縣開國子，食邑五百户，即重譯來貢，四夷咸賓，公之/孝也。又遷武陵縣開國伯，加邑七百户，旌其德也。公階於全節府果，始於華夏府別，自/下昇高，極于列土，揚名之道終也。聽政之暇，則攝心内境，息想外緣，入不二之法門，歸/一乘之妙覺，深其道也。屬寶應中夏四月，昊天不弔，頻降鞠訩，二帝昇霞，六逆/潛起，中遘内發，蕭墻畳生。憂恚所加，便縈怨疾，以死奉主，其誰不然。抱忠節而/不移，守斯言之不玷。至于五月四日，疾殆惟漸，有加無瘳，歸私庭，辭公府。至八日，命士/臣良曰：“功成不退，神道害盈。子可爲吾進言于上，速納邑與政，降位寵之過極，/處撝謙以令終，全而歸之，死憤足矣。”良曰：“唯命。”上曰：“予嘉乃德，枺哉枺哉！”不遂/其志，黯然色變。至十四日午後，顧命弟温及子清、姪誠等曰：“纘乃丕績，睦汝季昆，吾任/浮休，啓予手足。”詞色不異，溘然而薨，時春秋四十有六。嗚嘑！殘孼未除，干戈不息，彼蒼/不憖，殲我良臣。虧聖主之肱股，失生靈之父母。以其年冬十有二月丙午朔，陪/祔于萬年縣神禾鄉之原往考塋内庚兆，禮也。有子曰國清，毁瘠過制，報以劬勞，述德/累功，乃爲詞曰：/

　　禮樂備，風雲資，乃武乃文恒自持。大厦將傾哲人萎，一朝命至都不知。箛簫忽見前路/吹，雲赴龍崗辭鳳池。滔滔逝水無息期，冥冥泉夜曉何時。魄散兮魂歸，寂寞兮何之。託/勝緣，憑福力，捨有爲，泯空色，當來生，復何域。十千由旬爲樂國，八萬壽命爲終極。勒銘/記於貞石，與來世乎作則。/

　　徵事郎守樓煩監牧使玄池監監王鳳駕書。

（田苗整理）

090 劉遵素墓誌

唐故朝請大夫太原府交城縣令劉府君（遵素）
墓誌銘并序

唐寶應二年（763）閏正月五日葬。誌石方形，長
45.3、寬45.3、厚10釐米。誌文楷書，共23行，滿行24
字。誌蓋佚。

〔誌文〕

唐故朝請大夫太原府交城縣令劉府君墓誌銘并序/

公諱遵素，字素，廣平易陽人也。王祖林甫，吏部、中書二侍郎。王/父應道，吏部郎中、秘書監。皇考獻臣，吏部郎中。世繼天官，代傳/洪業，盛德不泯，鍾美于公。公始以門子補左翊衛，選授蒲州永/樂尉，轉同州朝邑尉。關輔奧區，股肱雄邑，庭無留事，議有餘能。/時廉察使奏課聞/天，表公政理，遷京兆府涇陽縣尉。屬朝廷選賢，天子以/令長爲難，□允是務。會□□□銓衡舉能，授晉州霍邑縣令，尋/加朝散大夫，□□□絳州稷山□。時會□□□亂，吞陷本州，公/懼逼凶威，聞□□國，詔書嘉尚其節，授太原府交城縣令。/飛鳧至而俗革，鳴琴調而政成。□有遺芳，居傳美化。寧期位不/副量，福不勝殃。寶應元年五月廿二日，終于太原府晉陽里之/私館，享年七十七。惟公機識自天，孝友□古，德義空蘊，才禄不/并。必復之業未登，而朝露遄至；過隙之駒已逝，而餘慶尚留。嗣/子大理司直千金、太原府盂縣尉兼金等，屢菅服卉，泣血銜辛，/追慕哀號，殆不勝禮。雖昊天罔極，而□兆有期，□望故鄉，捧櫬/歸路。粵以寶應二年閏正月五日，返葬于少陵原，侍先塋也。嗚/呼！前對終南，北望龍首，城隍原野，莽蒼同色。仁風惠露，昔日散/於邦家；代業芳聲，今也刊于貞礎。銘曰：/

累葉重光兮誰與京，懷仁育德兮振嘉聲。幾歲爲山兮功未成，/六龍頓轡兮何時明。旌旆逶迤兮望佳城，白楊蕭蕭兮多慕情。/精魂歸來兮歸舊里，玄夜冥冥兮長已矣。哀哀相對兮諸嗣子，/禮有極兮哀無已。窮泉一□兮□萬祀，刊貞石兮爲永紀。

（趙陽陽整理）

091　楊自廉墓誌

唐故左衛長史楊公（自廉）墓誌并序

　　唐大曆三年（768）十月十五日權葬。誌蓋呈盝頂形，長41、寬42、厚8釐米。蓋題篆書，3行，行3字。誌石方形，長41、寬42.5、厚8.5釐米。誌文楷書，共23行，滿行22字。

〔**蓋文**〕

大唐故楊府君墓誌銘

〔**誌文**〕

唐故左衛長史楊公墓誌并序/

　　吏部侍郎縮述/

　　公諱自廉，字　　　，弘農華陰人也。周宣分土，派自于楊；赤/泉啓國，成於有漢。朱輪光映於前史，五公昭彰於後葉。清/白遺子孫，忠貞繼生死，故我楊氏，世傳其昌。高祖文紀，/皇朝禮部吏部二尚書、荊復十九州總管、上明公。/曾祖怡，皇吏部尚書、并金二州刺史。大父弘胄，/皇京兆尹、贈范陽郡長史。父暉，皇兗府都督、左武/衛大將軍、鄭縣開國公。等而上之，懿德純孝，沖規遠略，不/可得而詳矣。公即都督府君第十子也。生而克和，長/有令譽。解褐壽王府參軍，轉信王府騎曹，次左衛長史。三/命益恭，九霄是漸。宇量高邈，方俟於昇騰；陰陽暗侵，無救/於沉瘵。以寶應二年六月四日，寢疾終於開化里之私第，/春秋六十有三。有子二人，長纔志學，幼而未齔，且踊且擗，/如慕如疑。即以大曆三年十月十五日，權葬於京兆少陵/原，禮也。夫人河東柳氏，即前殿中侍御史涉之長女。婉嫕/柔順，閨儀有聞，華髮不留，先公而逝。今卜祔未集，尚乖/同穴之情；日月其除，慮失藏山之義。乃爲銘曰：/

　　猗我楊氏，派自周宣。建邦啓國，何代不傳。太華三峰，雄雄/麗天。秀氣磅礴，寔生英賢。公侯子孫，其族必復。忠懿仁厚，/宜乎受福。高位未登，奄先風燭。淒清霜月，蕭飋寒松。同穴/之義，今猶未從。哀哀二男，泣血無已。無父何怙，無母何恃。/勒銘沉石，傳乎來祀。

　　　　　　　　　　　　　　　　　　　　（任雅芳整理）

092　邊榮墓誌

大唐故左威衛長史邊榮墓誌銘并序

唐大曆五年（770）二月二十七日葬。誌石方形，長43.3、寬43.3、厚8釐米。誌文楷書，共23行，滿行23字。誌蓋佚。

〔誌文〕

大唐故左威衛長史邊榮墓誌銘并序/

公諱榮，字濟，京兆萬年人也。其先則後漢九江太守讓之苗/裔，南凉輔國司馬憲之宗枝。讓則文比相如，憲乃武同關羽。/曾祖意，定州恒陽縣令。祖楚，襄州義清縣丞。父慶，左監門衛/録事。皆一時之洪儒，數朝之英彦。門傳簪紱，代襲衣冠，軒冕/聯綿，寔謂長安之貴族也。公弱冠歲，嘗撫膺笑曰："絳灌無文，隨陸無武，曷不以爲後世之恥也？"及長，每習射春臺，走馬金/埒，咸京年少，無出其右，時人以爲古之李廣。府主壯其武藝，/飛表貢聞。釋褐授右金吾衛押引駕長上，轉左羽林司戈。天/官以公有文武之用，擢授右羽林兵曹參軍。尋拜晉州襄陵/縣令，改左威衛長史。公含弘淳粹，體道居貞，有耀武伐金之/才，負蔚文振玉之器。處爪牙之職，常夙興而不寐；參羽林之/選，每韜策而忘餐。縮銅印於襄陵，佐虎符於環衛，鳴絃偃月，/皆有所聞。方期振藻風煙，驤首雲路，豈意痾瘵彌劇，藥術無/徵。見青烏之忽飛，知龜兆之將起。年六十□，終於醴泉私第。/親賓涕洟，閭里慘塞。男女銜哀血泣，水漿不歷於口，爲行路/所悲。大曆五年歲次庚戌二月甲午朔廿七日庚申，卜於長/安高陽原，禮也。世人所重，會葬執紼者雲趨。銘曰：/

秦城君子，古昔所稱。文爲陽光，武以陰凝。達非假道，能不自/矜。長江萬里，朗月澄澄。一官多中散，政慕子游。問之比肩，密/生之儔。晉國山河，芳名獨流。高陽原隰，萬古千秋。二何以爲/銘，刊之珉礎。何以爲望，松煙隴霧。夜臺永幽，窀穸無曙。陵移/谷徙，辯君之處。三

（馬立軍整理）

唐故溫州司馬申屠府君墓誌銘并序

蕭鄉貢進士韋重規述

列塋於斯者有故朝散大夫溫州司馬申屠諱汪焉襄陽人也實漢相嘉之餘胤其先多以絕俗全真樂夫委順慕之諸族而無心是以絕累代祖宗不親射冕暴清閑衹對榮耀遂沉潛雖以綏斯司馬是迫欲好高混密而息穀難果毅表慶受益才器不博而雲墾竟終于玉輻茲氣謚難夫人貞來司馬速力其行出於州漢津府以福諱親愛其益謹師善為公佞之膜心旋佐儕城盡聞於之欽板俄有孝我幕為其敏滯咸秦倏馬同濟幹枕所莅有以藏史事會計綿歲時二所寫祀二月廿九日行屬勤理盖命戮有其怂大曆七祀成徵三鑒非針石所能理盖于京師長里之興時之大曆七寓鳴守媚事翁子孫牛世有九組于良辰俱然不及有知而傷者即以其與石相飛寧樂龍辰于萬年縣少陵之原封馬樹為刻石紀善爾相飛上塟于萬年縣之原封馬樹以銘曰月九日上塟于東西南北禮必銘曰展于族類斯豈不迷於東西南北禮必銘曰秦原之上塚壘之夢草相縈貴涉誰與茲刻石君不麀于嗟無至湯者為申屠婚之姪來可知此地方衰松柏枝

093　申屠汪墓誌

唐故溫州司馬申屠府君（汪）墓誌銘并序

唐大曆七年（772）三月九日葬。誌蓋呈盝頂形，長36、寬36、厚8釐米。蓋題篆書，3行，行3字。誌石方形，長36.8、寬35.8、厚7釐米。誌文楷書，共20行，滿行21字。

〔蓋文〕

唐故申屠府君墓誌銘

〔誌文〕

唐故溫州司馬申屠府君墓誌銘并序/

　　前鄉貢進士韋重規述/

　　列塋於斯者，有故朝散大夫、溫州司馬申屠諱汪焉，襄/陽人也。實漢相嘉之餘胤，冠蓋里之諸族。其先多以絶/俗全真，樂天委順，慕清閑以栖志，對榮耀而無心。是以/累代祖宗不親軒冕。乃父玉，輼兹氣概，難遂沉潛，雖組/綬斯存，而雲壑是好，竟終于本州漢津府果毅。非夫人/才器不博，而自欲卑高混齊者也。卒以福謙表慶，受益/員來。司馬是生，陰騭其用。弱而愿殼（慤），長而果斷。親愛其/孝謹，師善其敏速。力行出於同儕，幹蠱聞於所莅。有以/載勤戎幕，爲公侯之腹心；旋佐專城，抗士人之鞭板。俄/屬吏事會計，綿滯咸秦。俟焉二豎成徵，三豎莫辯，非針/石所能理，蓋命數有其終。時大曆七祀二月廿九日，行/年卅有九，殂于京師長興里之所寓。嗚呼！孀妻弱子，/邈爾相乖，嘗藥庀喪，俱然不及。有知而傷者，即以其年三/月九日，卜瘞于萬年縣少陵之原。封焉樹焉，刻石紀善，/庶乎族類斯至，不迷於東西南北，禮也。銘曰：/

　　秦原之上塚壘壘，蔓草相縈言復誰。冀兹刻石名不/虧，于嗟無主傷者爲。申屠之族來可知，此地方/哀松柏枝。

（田苗整理）

大唐故朝請大夫交城縣□平劉公夫人河南縣君元氏墓誌銘并序

大曆二年七月朔故朝請大夫交城縣令廣
平劉府君夫人河南縣君元氏終于汾州臨
淮縣享年六十七河南人也七月廿三日
祔于晉州司馬玄陵粵以大曆七年七月
犬夫劉公諱玄之長子隨而為懋其葉德宗
配于劉公殞隨命東恧大夫德見受封
衛以天既殂風樹之議禦太原府法隆年
所以孤子痛風樹之不靜感霜露而纏哀
夫孫蓂初祖作魏元德后代稱茂妻識先孟母
金蓂初壇作紀元德錄行刊于貞令為銘命
魂初嶠作魏元德錄行刊茂妻識先孟母
厥初嶠作紀元德錄行刊于貞令為銘命
如桃李德潤川歿則同穴周公制寫逝堂
陳馹悲夫逝川歿一同穴周公識先孟母
閟夜月長縣古今一致無恨窩泉

094　劉公夫人元氏墓誌

大唐故朝請大夫交城縣令廣平劉公夫人河南縣
君元氏墓誌銘并序

　　唐大曆七年（772）七月二十三日葬。誌蓋呈盝頂形，
長36.8、寬32、厚7.5釐米。蓋題楷書，3行，行3字。
誌石方形，長36.5、寬36.5、厚6.5釐米。誌文楷書，
共17行，滿行17字。

〔蓋文〕

唐故劉公元夫人誌銘

〔誌文〕

大唐故朝請大夫交城縣令廣平劉公夫人河南縣君元氏墓誌銘并序/

　　大曆二年七月朔，故朝請大夫、交城縣令廣/平劉府君夫人河南縣君元氏終于泗州臨/淮縣，享年六十六。粤以七年七月廿三日，歸/祔于萬年縣少陵原。夫人河南人也。曾祖純，/邛州刺史。祖玄敬，金、壽二州刺史。父瑩，朝議/大夫、晉州司馬。夫人司馬之第二女也，笄而/配于劉公，長而懋其柔德。宗族既睦，閨門克/脩，以府君之命爲大夫而亦受封于河南縣。/所天既歿，隨子東征，積善見欺，降年不永。悲/夫！孤子太子司議郎兼太原府法曹參軍千/金等，痛風樹之不静，感霜露而纏哀，奉喪反/魂，歸于先兆。紀德録行，刊于貞石。銘曰：/

　　厥初乃祖，作魏元后。代稱茂族，今爲命婦。華/如桃李，德潤瓊玖。敬同冀妻，識先孟母。倏爾/隟駟，悲夫逝川。殁則同穴，周公制焉。幽堂永/閟，夜月長懸。古今一致，無恨窮泉。

（田苗整理）

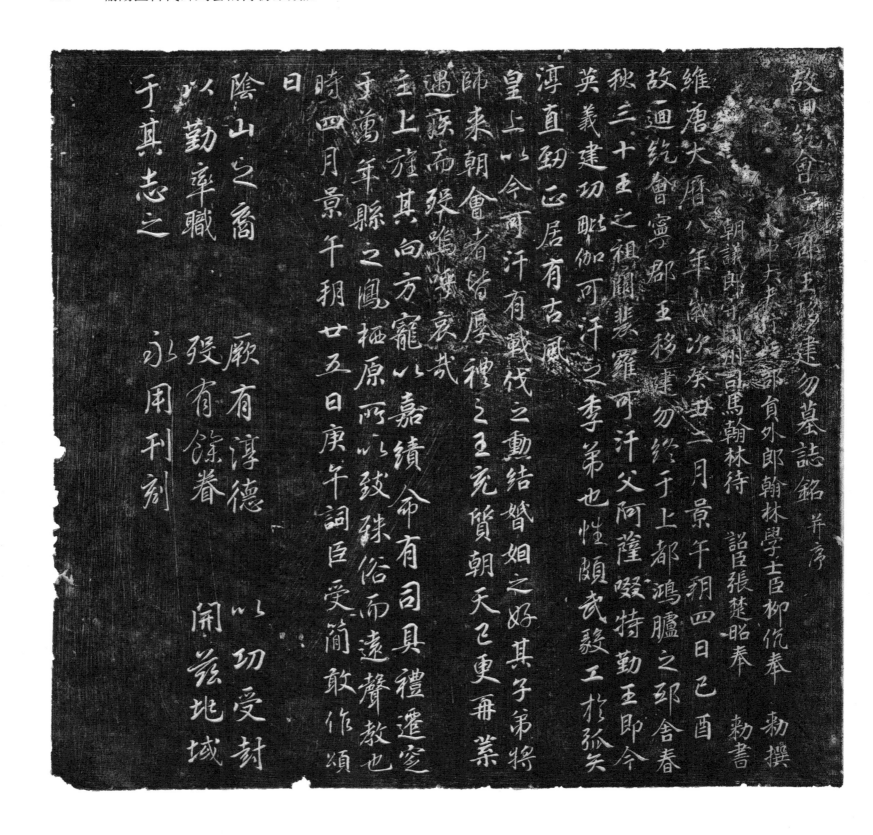

095　移建勿墓誌

故迴紇會寧郡王移建勿墓誌銘并序

唐大曆八年（773）四月二十五日葬。誌蓋呈盝頂形，長53、寬52.5、厚13釐米。蓋題行書，3行，行3字。誌石方形，長55、寬53、厚11釐米。誌文行書，共18行，滿行18字。

〔蓋文〕

故迴紇會寧郡王誌銘

〔誌文〕

故迴紇會寧郡王移建勿墓誌銘并序/

　　大中大夫行兵部員外郎翰林學士臣柳伉奉勑撰/

　　朝議郎守同州司馬翰林待詔臣張楚昭奉勑書/

　　維唐大曆八年歲次癸丑二月景午朔四日己酉，/故迴紇會寧郡王移建勿終于上都鴻臚之邸舍，春/秋三十。王之祖闕裴羅可汗，父阿薩啜特勤，王即今/英義建功毗伽可汗之季弟也。性頗武毅，工於弧矢，/淳直勁正，居有古風。/皇上以今可汗有戰伐之勳，結婚姻之好，其子弟將/帥來朝會者，皆厚禮之。王充質朝天，已更再葉，/遇疾而歿，嗚呼哀哉。/主上旌其向方，寵以嘉績，命有司具禮，遷窆/于萬年縣之鳳栖原，所以致殊俗而遠聲教也，/時四月景午朔廿五日庚午。詞臣受簡，敢作頌/曰：/

　　陰山之裔，厥有淳德。以功受封，/以勤率職。歿有餘眷，開茲兆域。/于其志之，永用刊刻。

　　　　　　　　　　　　　　　　（李浩　羅曼整理）

096　司馬志誠墓誌

唐故隴右節度副使開府儀同三司兼試太常卿上柱國鴈門郡開國公贈越州都督司馬府君（至誠）墓誌銘并序

唐大曆九年（774）二月十五日葬。誌蓋呈盝頂形，長54、寬53、厚9釐米。蓋題篆書，3行，行3字。誌石方形，長55、寬55、厚10釐米。誌文楷書，共30行，滿行31字。

〔蓋文〕

大唐故司馬府君誌銘

〔誌文〕

唐故隴右節度副使開府儀同三司兼試太常卿上柱國鴈門郡開國公贈/越州都督司馬府君墓誌銘并序/

　　公諱志誠，字志誠，河内温人也。其先程伯休父爲周大司馬，因而氏焉。才賢繼跡，/史諜詳矣。自殷王十二葉至晉宣帝，公其裔孫也。爰自宋魏，逮乎曾高，蟬聯/勳閥，文武不墜。王父諱崇敬，皇甘州張掖縣令。皇考諱如珪，皇朝散大/夫、肅州司馬、贈中大夫、肅州長史。雖位不充量，而道在安時，傳清白以守一，高門/閬而待駟。及公而盛，承家之光。公起家以功授涇州四門府別將，賜緋魚/袋。累遷河州白水府左果毅都尉，賜紫金魚袋。夫惟臣竭忠以奉上，惟辟推誠/以御下，故屢出玉塞，遽腰金章。累遷郎將，兼經略軍副使。時河西隴右節度使、西/平郡王，以石堡爲西戎之巖險，姑欲翦滅而高枕。有詔命河東朔方兵馬咸委/制於西平，而軍須百務，共難其人。西平器公才略，差攝定戎軍使。四節之下，千/金之費，皆倚辦焉。無何即真，時議惟允。累遷神威軍使。人雜夷落，城連虜庭，綏懷/七年，終始一貫。俾白環入貢，青海無波，偉歟。累遷關西都知兵馬使、兼河源軍使、/鄐城郡太守。至于實邊廩、求人瘼，古循吏不如也。洎肅宗幸鳳翔，以公威/聲，坐馳追赴行在，充興平定武等軍使，敕攝絳州刺史，除銀青光禄大夫、/陝州刺史。承詔赴河陽充懷衛等州防禦使，攝懷州刺史。追入，四爲英武馬步/使，封鴈門郡開國公，食邑一千户。未幾，加特進。夷險備嘗，恩私累及，戟羅賜宅，/篋滿御書，時人榮之，輝如也。今渭北臧尚書，先是推轂於惟梁，表公充都/知兵馬使、兼興州刺史，遷開府儀同三司，試太常卿，加實封一百户。公漠上凡/十三年，其所以利生人、便軍國，崇勳茂伐，不可勝紀。常以爲退身則不忠，貪得爲/不智。思蹈乎無過之地，處夫木鴈之間。今相國涼國公，雅知公之志尚，遂表/爲隴右節度副使。知己之分，加人一等焉。嗚呼！積勞者遽成疾，積慶者翻爲禍。天/難忱斯，信哉。以大曆八年十二月十二日，薨于上都崇義里之第，春秋七十有三。/皇帝悼焉，中官吊贈絹一百疋，布卅端，假鹵簿儀仗，贈越州都督。以大曆九年二/月十五日，窆于高平鄉高平原，禮也。嗣子通州別駕彭年、右金吾倉曹參軍堯年/等，並充窮然孺慕焉。假詞菲才，庶不泯乎貞石。詞曰：/

　　顓頊之孫，靈長之源，及周而蕃。在楚殷霸，居秦蜀吞。漢朝才雄，晉室位尊。克紹前/烈，垂裕後昆。挺生膚公，乘時飛翻。貞師大漠，轉扇雄藩。入掌丹禁，遥封鴈門。/致身榮親，自葉流根。生也有涯，倏焉遊魂。悽涼鶴吊，稠疊鴻恩。贈官南越，假/器東園。欒欒諸孤，長號訴冤。已矣千載，蕭條九原。

　　　　　　　　　　　　　　　　　　　　　　　　　　　　（邱曉整理）

唐故洞靈觀主許鍊師墓誌銘　并序

前長安縣令邵說撰

前著作郎呂遹書

鍊師姓許氏諱素靈兵部尚書令

高道不仕彥昭之孫潞州襄垣縣令

于李公諱濬宗之表也丞歷茂行德優洽金紫光

宗正鴻臚卿鍊師嘗以禮德諭導深內輔之力至金紫

陽郡夫人訓子有餘娛裕焉因學真訣勤求度世執業簡遊諸林始

邗家人恊睦姻戚無不諧也

十年探法篆之要又十年究還丹之術當日至道玄精顏若童兒

所知吾黃金已成將碧落可到自是襲氣母吸日

行宗見特賜法號授以紫帔視中二千石焉過七十

玄宗四年二月十四日次子通前御史中丞逮通頴州刺史幼子邈年不

以人大歷四年二月十四日次子通前御史中丞

永官正瀛州司馬迨河閒丞茹荼泣血終天

大理司馬若雪姤庭倩臨護及韶道師之親至于京師

饒州五十萬俾大使仇庭倩臨護流俗侶法目尚

之驗信可徵也大歷十年五月丁巳葬鍊道師之

給錢五十萬也大歷十年岁柠少陵原之北神契主饋國之

其年六月庚午即岁柠臨壙有贈沂國太夫人岁六

楊素行永大誌玄名壙銘日鍊師降世動合王帝劉石窅膠玄

太嶽之商百靈来衛道戌身蜕上朝

受籙之際百靈来衛道戌身蜕上朝魄玄飈不替

097　李濟夫人許素靈墓誌

唐故洞靈觀主許鍊師（素靈）墓誌銘并序

　　唐大曆十年（775）六月八日葬。誌蓋呈盝頂形，長
43.5、寬45、厚8釐米。蓋題篆書，3行，行3字。誌石
方形，長45.5、寬45.5、厚7釐米。誌文楷書，共24行，
滿行24字。

〔**蓋文**〕

大唐故許夫人墓誌銘

〔**誌文**〕

唐故洞靈觀主許鍊師墓誌銘并序/

　　前長安縣令邵説撰　　　前著作郎吕遥書/

　　鍊師姓許氏，諱素靈，兵部尚書、同中書門下三品胤德之玄孫，/高道不仕彦昭之孫，潞州襄垣縣令玄昇之息女。在齔敏異，及/笄婉淑，墳籍圖史，罔不該通。言容焯茂，行德優洽，年十有八，歸/于李公。李公諱濟，宗室之表也，亟歷清顯，仕至金紫光禄大夫，/宗正、鴻臚卿。鍊師嘗以禮德諭導，深内輔之力，從夫錫命，封高/陽郡夫人，協睦娣姒，綏懷姻戚，無不諧也。洎李公謝世，諸孤銜/卹，正家訓子，有餘裕焉。因學真訣，勤求度世，執藥簡，遊裏林，始/十年探法籙之要，又十年究還丹之術。嘗曰：“至道玄遠，非愚俗/所知，吾黄金已成，將碧落可到。”自是襲氣母，吸日精，顔若童兒，/行及奔馬。/玄宗召見，特賜法號，授以紫帔，視中二千石焉。/肅宗稽首，順風請益，厚其禮遇，若天師焉。年過七十，尸解而去，/以大曆四年二月十四日處順於大梁之别館。長子邈，享年不/永，官止瀛洲河間丞。次子通，前御史中丞，兼穎州刺史。幼子翰，/大理正，兼通州司馬。茹荼泣血，終天罔逮。通頃罹盜憎之枉，貶/饒州司馬，迨今澡雪，始議遷窆。有詔宋汴節度留後田神玉，/給錢五十萬，俾中使仇庭倩臨護。及啓殯之日，形貌如生，默仙/之驗，信可徵也。大曆十年五月丁巳，鍊師之櫬至于京師，即以/其年六月庚午，即窆於少陵原之北麓。道流俗侶，泫目崩心。敢/揚素行，永誌玄壤。銘曰：

　　太嶽之裔，大名胥繼。鍊師降世，動合神契。主饋之歲，六姻飲惠。/受籙之際，百靈來衛。道成身蜕，上朝玉帝。刻石黄腸，玄風不替。/

　　臨壙有詔，贈沂國太夫人。

　　　　　　　　　　　　　　　　　　　　　　（趙陽陽整理）

098　司馬志誠墓誌

唐故隴右節度副使開府儀同三司太常卿上柱國
鴈門郡開國公贈越州都督司馬府君（志誠）墓
銘并序

唐大曆十年（775）十月二十五日與夫人合葬。誌蓋
呈盝頂形，長52.5、寬52.5、厚7釐米。蓋題篆書，3
行，行3字。誌石方形，長53.5、寬53.5、厚7釐米。誌
文楷書，共32行，滿行33字。

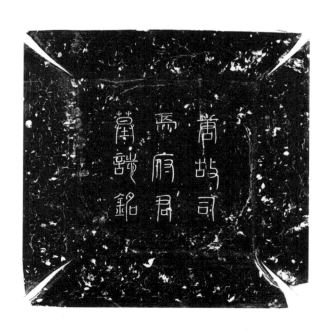

〔蓋文〕

唐故司馬府君墓誌銘

〔誌文〕

唐故隴右節度副使開府儀同三司太常卿上柱國鴈門郡開國公贈越州都督司馬/府君墓銘并序/

　　從姪鄉貢進士紓撰/

　　大曆八祀十二月十二日，隴右節度副使、開府儀同三司兼太常卿薨于位，享年七十/二。嗚呼哀哉！皇帝悼焉，中官吊祭，贈絹二百疋，布一百端，衣十副，假鹵簿儀仗，贈/越州都督。其明年二月十五日窆于高平原塋，禮也。公勇有爪牙之寄，忠爲社稷之衛。/臨危制變之智，濟代夷難之才。爭奧於鬼神，並明於日月矣。公諱志誠，字貞節，蓋/晉宣帝之裔孫，朝散大夫、肅州司馬、贈此州長史諱珪之嗣。積德垂仁，及公而應。英偉/磊落，虎視鷹揚。越在眾流之中，已有寧濟之望矣。訏謨在躬，自多器識。剸割之利，不必/經明。始仕涇州四門府別將，累遷太常卿。出身卅七年，歷官卅九政。彤惟皁蓋，户戟腰/金。擒叛涣於羽衛，擿奸伏於羌渾。天寶中，安史繼亂，生靈莫安。關隴之衝，地當要害。犲/狼之處，公握其權。李志堅等潛懷扇動，密運奸謀。立可寒以濟師，援禄山以攜眾。蜂蠆/未肆，軍師遽梟。轅門肅清，師徒無撓。丕績克著，勳庸再加。既遷近侍之榮，用錫分憂之/寄。累遷絳、陜、懷三州刺史，又遷潼關防禦使、六軍都團練使。軍連禁衛，地險天關。悉是/爪牙之臣，盡受腹心之寄。圖傾社稷，弛發誠嚴。建瓴彼易於摧枯，綴旒我當其危急。戮/元兇於帳下，斬梟將於軍前，吏（莫）敢枝梧，帝嘉英斷。優詔稠疊，錫賚頻繁，除山南西/道都知兵馬使同節度副使。時二帝登遐，四海遏密。周天子以同軌畢至，漢諸侯以/歸賵於朝。節度使臧希讓纏臣下之哀，備吊祭之禮。長蛇橫路，駱谷不通。望城闕以愴/懷，對衾禭而泣委。公哀慕之思，受命險艱之時，奮不顧之身，賊徒莫抗；效至忠之節，奠/酹克申。遂兼興、洋二州刺史。築金河四縣、興鳳二州，役不擾人，功不僭素，導鳴琴之遺/利，補方伯之闕功。濟河則思出浮黿，卷斾則智過減竈。故十任軍使，五典雄藩。雖秉鉞/擁旄，皆推公鈐鍵。辭第聞天，則地空沙漠；論功句闕，則帝欽威儀。所以名伏羌戎，/而形圖麟閣。英傑哉，武臣哉。夫人劉氏，沛國夫人，故駕部郎中、河西節度支度副使兼/侍御史瑜之女也。女儀母德，宋子齊姜。勤儉見於組紃，素風流於閨閫。内垂教義，外睦/親姻。雖古之明賢，莫其有也。大曆九年十二月五日，薨于上都居德里第，享年七十有/一。以明年十月廿五日祔焉。長子中大夫、通州別駕彭年，次子朝議郎、大理評事堯年，/哀哀在疚，慕切充窮。欒欒其形，皆我之有後也。銘曰：

　　明明我祖，光啓有晉。氏自伯休，先天而順。有明哲兮。降靈于我，異代作忠。扶危拯溺，/烈有休風。惟忠貞兮。始隸漂姚，俄同衛霍。塵静玉塞，名圖麟閣。有武節兮。/魚軒龍飾，石窴同歸。冥寞泉路，雙鸞載飛。要同穴兮。/鬱鬱佳城，寂寂玄堂。吊孤魂於隴月，咽悲風於白楊。縱陵谷之遷易，庶徽音之不忘。/

　　次子朝議郎大理評事堯年書。

　　　　　　　　　　　　　　　　　　　　　　　　　（王早娟整理）

099 劉從一妻崔儆墓誌

大唐京兆府渭南縣尉劉從一妻清河崔氏（儆）墓
誌銘并序

　　唐大曆十一年（776）八月二十三日葬。誌蓋呈盝頂
形，長41.8、寬41.8、厚9釐米。蓋題楷書，3行，行3
字。誌石方形，長41.5、寬40、厚8釐米。誌文楷書，
共24行，滿行23字。

〔蓋文〕

唐劉君妻崔氏墓誌銘

〔誌文〕

大唐京兆府渭南縣尉劉從一妻清河崔氏墓誌銘并序

　　劉從一撰/

　　大曆十一年八月五日，京兆府渭南縣尉劉從一妻崔氏暴/疾，終于上都靖恭里之私第，春秋廿。夫黨失聲，慈姑/爲慟。越旬有七日，窆于萬年縣洪原鄉之少陵原，祔劉氏之/先塋，禮也。夫人諱儆，字景，清河東武城人。曾祖中書舍人、國/子司業融。祖禮部尚書翹。父水部員外郎、渠州刺史異。家爲/儒宗，世有令德。夫人渠州府君第三女也。服先聖之内則，佩/母師之明訓，夙懋柔德，幼而成人。年十有四，歸于劉氏。女工/有素，婦事無違，兼愛敬以奉姑，資禮義以正夫，信不自/欺，和無物忤。門壼之外，人無閒言；閨房之中，禮合其度。余家/尚儒素，尤敦簡儉，夫人入門知訓，宗族以睦，雖藜羹縕裘，忻/忻如也。從夫事姑，始終七年，口無違言，貌無愠色，能不/自伐，善畏人知。人或見譽，惕若負謗，改其不及，若自天性。當/婦人女子之事，有賢人君子之行，萊妻鴻妻，方之或細。天假/其德，不假其年，桃李方春，副坼爲患。斯人而夭，善者惑之。生/三男一女，存者一男而已。哀哀孤胤，年始四齡，夙稟貽訓，惠/如有受。夫人天縱明哲，懸悟微旨，嘗與余俱習戴《禮》，余得其/二，而夫人得其十。余之所得者，聖人之文章；夫人所得者，聖/人之言性。深達玄理，尤知天命，嘗示余以榮利爲塵埃，諭死/生如痛痒。倏焉若休，終無亂命，信哉！余於室家之道，懷師友/之敬，銜是病也，人詎知之。同穴之義，聖人之制，龍泉太何（阿），終/當會合。以是裁恨，刊石紀德。

銘曰：

　　温温夫人，氣/和性真。融明如神，柔惠如春。德協吾宗，孝慰吾親。將爲/世程，遽卜鬼鄰。長安東南，少陵之原。萬古千秋，雙魂會焉。

（田苗整理）

大唐前遂州司馬常公故夫人博陵崔氏墓誌銘并敘

將仕郎守太子校書陳京撰

前遂州司馬河內常公卜于博陵崔氏春秋所過有室之歲十有五年始得吉

公甚病其晚也婉孌我歸歲適再易方思蕃衍以奉嗣無

續五材之裒良媛邊公文甚痛其已遠鴻鈞無

形浩浩真矣或仁或慘不隨物感是故量情於遂州兮

閬道斯諮矣以大曆十二年春三月廿五日終于萬年

安邑里越五月十一日辛酉窆于京兆細抑原從萬年

姑之後陪先如之列禮也夫人即皇家議大夫雅

皇司馬信陵曾孫皇綿州司兵珪之孫皇涇原郡法曹

州之第三女夫人佐邊豆議酒食敦穆且家茶儉濟欲

誨中外興後言和少長公之他日求如是之今也

事以貞其儼儷夫人亦將率如是之志玄合于

婦以何嗟及焉設悅之禮子初免楊俄仍集同龕

不獲何嗟及焉然其成女士體紹母德降各仍集同龕

日未知猶呱々至隱君子所甚悼京備閭其可敘者圣永

從耳生人之至隱君子所甚悼京備閭其可敘者

命讓銘正漆園作哥飾情逵命二者如何繹常公之

懷縣悼甚嚴而文陋詞曰

旨庶幾兩得而已美至於復墳出則禮文所與

100　常袞夫人崔氏墓誌

大唐前遂州司馬常公（袞）故夫人博陵崔氏墓誌銘并敘

唐大曆十二年（777）五月十一日葬。誌蓋呈盝頂形，長39.5、寬39、厚4釐米。蓋題篆書，3行，行3字。誌石方形，長39、寬38.6、厚7釐米。誌文楷書，共20行，滿行21字。

〔**蓋文**〕

大唐故崔夫人墓誌銘

〔**誌文**〕

大唐前遂州司馬常公故夫人博陵崔氏墓誌銘并敘/

　　將仕郎守太子校書陳京撰/

　　前遂州司馬河內常公，過有室之歲十有五年，始得吉/卜于博陵崔氏。春秋所重，非常之吉，而禮貴先近，/公甚病其晚也。婉孌我歸，歲適再易，方思蕃衍，以奉嗣/續。五材之寇，良媛遽罹，公又甚痛其已速也。鴻鈞無/形，浩浩冥冥，或仁或慘，不隨物感。是故量情於遂州之/閫，道斯謬也。以大曆十二年春三月廿五日，終于萬年/安邑里。越五月十一日辛酉，窆于京兆細柳原，從/皇姑之後，陪先姒之列，禮也。夫人即皇正議大夫、雅/州司馬信臣曾孫，皇綿州司兵珪之孫，皇涇原郡法曹/誨之第三女。夫以佐邊豆，議酒食，敦穆宜家，恭儉濟欲。/事中外無後言，和少長無異辭。公之他日，求如是之/婦，以貞其儷，夫人亦將率如是之志，玄合于公。今也/不獲，何嗟及焉。加以設帨之禮，子初免褓，俄嬰其艱。雖/日未知，猶呱呱然。冀成女士，休紹母德。降咎仍集，同窀/從宜。生人之至隱，君子所甚悼。京備聞其可敘者，又承/命譔銘，事覈而文陋。詞曰：/

　　懷縣悼亡，漆園作哥。飾情達命，二者如何。繹常公之/旨，庶幾兩得而已矣。至於復墳土，則禮文所與。

　　　　　　　　　　　　　　　　　　　（王偉整理）

101 吕頊陽墓誌

　　唐建中二年（781）七月二十八日葬。誌蓋呈盝頂形，長45、寬45、厚9釐米。蓋題篆書，3行，行3字。誌石方形，長46、寬44.5、厚10釐米。誌文楷書，共22行，滿行22字。

〔蓋文〕

大唐故吕府君墓誌銘

〔誌文〕

　　朝散大夫前行尚書主客員外郎賜魚袋沈房纂/

　　嘗聞死者人之大數也，雖功齊天地，威動海岳，自賢與聖，/靡不同歸。府君諱頊陽，字頊陽，東平里中人也。其先垂/竿入兆，興王食土，可謂長源遠派者矣。曾祖士源，持節寧/州諸軍事，生大鴻臚岫，岫生懷州別駕慶，皆銀黄金紫，承/儒襲組。府君即懷州第四子也。曩以開元御曆，士馬殷盛，/威加有截，氣吞八荒。邊聲動塞，虜騎麾至，公馳馬突/刃，射麋麗龜，連戍絕地，擾戈窮海。洎天寶季，長虵縱毒，大/興軍師，咸以樊滕之選，盡膺鋒鏑之用。豈謂元我（戎）失律，軍/厲内作。於是天子巡狩，五陵煙火。公乃□營宵遁，詣于/行在。雖關羽走魏，韓王叛楚，莫之儔也。累遷開府儀同三/司、太常卿，食邑三千户，充神策軍節度副大使，封陳國公。/坐以虎衣犯禁，公負興尸之責，以大曆十四年正月十四日，/遘鍾室之禍，春秋六十有七，曝骨于野。自皇上龍躍，追/勤念功，昭洗厥咎，許就松柏。以建中二年七月廿八日，窆/京兆地新店原，禮也。夫人馮翊郡君及嗣子重威等，麻首垢/面，肺肝糜爛。於戲！秀而不實者有矣夫，休咎無端，因知/其極。銘曰：/

　　大道茫茫兮窮不盡理，於我良人兮任喪與死。/灞陵原，軒蓋里，右馳道兮左流水，/于嗟陳公葬于此。/

　　建中二年七月日男重滔書記。

（任雅芳整理）

大唐故朝議郎行遂州司馬常府君墓誌銘并序　秘書丞李陽氷篆額　

（誌文，楷書）

102　常衰墓誌

大唐故朝議郎行遂州司馬常府君（衰）墓誌銘并序

唐建中四年（783）八月二十七日與夫人合葬。誌蓋呈盝頂形，長55.5、寬55.5、厚5.5釐米。蓋題篆書，3行，行3字。誌石方形，長55、寬54.6、厚8.5釐米。誌文楷書，共31行，滿行31字。

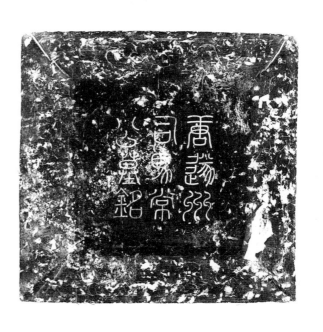

〔蓋文〕

唐遂州司馬常公墓銘

〔誌文〕

大唐故朝議郎行遂州司馬常府君墓誌銘并序/

　　姪男朝散郎前行京兆府參軍仲儒撰　　秘書丞李陽冰篆額/

　　孝敬友悌，慈仁恭睦，忠信道義，貞儉廉静。此十六者，上聖恐人之不及，作禮樂，弘/教化，訓之導之，庶夫通于旨要。其有率性誠明，冥會宗極，不資於教化，不因於訓/導者，生知之謂歟？府君諱裒，字積仁，河内温人也。以門子入官，歷右率府、左金吾/兵曹，太子通事舍人，梓州司法，渝州、遂州司馬。杞王府司馬諱毅之曾孫。/慶王文學，贈兵部尚書諱楚珪之孫。三原縣丞，贈太子太保諱無爲之幼子。/故相、福州刺史、贈左僕射諱袞之季弟。始孩學經，八年就傅。神苦於用，疾瘵其勤，/美志不就，良可惜也。由是率其自然，以懿天姿，動合禮文，事每精克。六歲，嚴蔭/早世，太夫人傷其幼毁，自撫于外寢。雖承顔變容，而舉聲必絶，孝也。樂迎而哀/送，推尊以及親，肅穆謙謹，觸類而至，敬也。遵奉兄姊，聲柔色怡，動有咨稟，未嘗/專用，友也。撫弟妹以和，盡長幼之道，群居綽綽而箴誨在焉，悌也。恩厚孤甥，愛均/諸姪，聞善由己，過亦如之，慈也。祭力其珍，不尚於親殺，言詣其理，必歸於好生，仁/也。立必正方，承則卑俯，休息倚踞，不形於貌，恭也。惠遠屬，無薄厚之異；合群從，有/愉婉之容。閫閾之中，欣欣陶陶，睦也。若然者，事上以忠，定交以信，立身以道，存物/以義，幹事以貞，示人以儉，潔己以廉，息躁以静，不言而喻矣，得不謂生知者乎？/僕射叔父，昔在禮司，清公絶俗；爰居相府，惕懼彌厲。府君叶力相資，發言有益。其/愧畏也，多誡於滿盈；其儉慎也，絶嫌於纖介。及寵贈有加，廟宇將構，悉心主辦，迄/用有成，奕奕煌煌，一家之大事畢矣。大曆十四年，相府以直道左遷，赴于潮陽。/未踰二時，公亦見止，移鎮東越，鴈行而來。南方久留，荐禍斯及。建中四年正月廿/九日，叔父薨背于閩中官舍。府君鬱結沉痛，摧慕纏思，呼天告哀，一慟聲咽。以/二月癸亥，遷神北歸。三月五日，旅次建安，餘殃又集，其日暴疾，即世于縣之別館，/享年五十有三。銘幡雙引，靈艦相隨，行路感傷，痛其毒之太苦。七月辛巳，達于京/師。其年八月廿七日，合袝于昭應縣細柳原夫人博陵崔氏舊塋，禮也。惟公澹泊/於寵榮，故官途不進；脱落於聲利，故德用不彰；尚於省約，故車服無美好；薄於滋/味，故膳羞無珍鮮。凡此數事，於公成隱晦，有闇然，而彰之義在宗屬朋友，恨其道/之未光、志之未行也。主奠無嗣，合族增悲，是有羊叔子、鄧伯道之歎也。仲儒藥膳/無方，精誠不達，五年炎徼，重轜還鄉，日月有時，不勝摧絶。銘曰：/

　　五禮六學，儒家之宗。百氏九流，莫不玄同。大義所歸，教人飭躬。自家形國，惟孝與/忠。今昔所難，蕆于我公。神智相合，寂然而通。獲報宜豐，降福宜崇。荒忽之中，胡然/鞠凶。大化濛濛，孰知其終。

　　外甥給事郎前行豐州法曹參軍劉繹書。

　　　　　　　　　　　　　　　　　　　　　　（王偉整理）

103　劉芬墓誌

大唐故通義郡太守劉公（芬）墓誌銘并序

唐天寶至貞元年間葬。誌蓋呈盝頂形，長61.4、寬60.4、厚13.5釐米。蓋題篆書，3行，行3字。誌石方形，長60.2、寬60.2、厚9.9釐米。誌文楷書，共27行，滿行33字。

　　按，葬年不詳，據誌文，知墓主孝廉擢第入仕，後爲章仇兼瓊舉薦入蜀任職，參與攻拔吐蕃之事，當在開元二十八年（740）前後。其後"未逾一紀"、"政未半周"而卒，"二十五月"葬于京兆少陵原，故其葬年應不早於天寶後期。又章仇兼瓊卒於天寶十載（751）以前，墓主卒年四十九，葬年至遲亦不晚於貞元初年。

〔蓋文〕

大唐故劉府君墓誌銘

〔誌文〕

大唐故通義郡太守劉公墓誌銘并序/

　　公諱芬，字公幹，冀州棗强人也。居九河之奥，得九有之一。家族豪茂，鬱/冠彼都；就列憲司，準繩帝里。公孝於家，忠於國。曾祖逸，懷土情殷，/匪願遊宦。祖珍，有朱公之術，而坐致千萬，窮極奇傑，大誇邑里。以兹不/仕，自樂平生。父延璧，尚敦朴，守貞義，恥營營於風塵，教渠渠於厥胤。後/因子貴，贈本郡司馬。妣周氏，汝陽縣君。公之官未至於達也，族黨分裂，/所交者唯火而已。公甚恥之，力不能制。及加繡服而簪白筆，鐵冠聲雄，/金革從事，遂復合宗數十，連堳百堵，同户異室，橫行里閭。集會私庭，出/入公府，未嘗不以公爲稱首。此可謂孝於家而苞荒庶物者矣。公少篤/志墳典，孝廉擢第，而拜泗州漣水縣簿。國家西南有事，擇御史大夫/武陽章仇公主之。武陽奇公膽勇而多謀，乃聞上而同赴，授左驍衛/倉曹參軍。時羌胡蟻聚，官軍蝟起，命公止沸，擁旄親征。摧匈斬級，大滅/蕃落，破碉奪堡，永爲漢囿。於斯文可得而略，不可得而具也。/恩詔授公監察御史，篤察西山諸城郡兵馬。未逾一紀，累加大夫，臺歷/三院，出牧四郡，皆佐元戎，掌兵之要，可謂忠於國，竭節亡軀者矣。公/自延安别奉中旨追入，授通義太守兼教練營田等使。公赴郡之日，/恩制召見，錫問往事，特加金章爛然，紫綬焕炳，衣服數襲，束帛二百。及/乎下車，吏不妄動，民歌來蘇。至於封疆阡陌，是充國之屯田；旌門營壘，/真亞夫之細柳。將通平刑之書，又善曲臺之禮。政未半周，化行一變者/也。彼土濕滂，公其患諸，而因背瘇，遂成寢疾。春秋四十有九，終於通義/郡之官舍。嗚呼！殲我良人，彌留永畢，魂歸京兆，魄沉峨眉，及乎長安，脱/輿私第。二十五月，啓永寧之攢塗，萬一時葬少陵之禮也。/

　　羌斯人兮德葺，幼專綏兮果立。將克家兮變往，視青紫兮如拾。報/恩榮兮亡軀以竭節，答罔極兮贈官以加邑。孝慈之心兮量自/天啓，欲教黨族兮邕邕有禮。奈何身殁兮名隳子弟，厥祀若絶兮孤妻/泣血。舉目涕零兮長號聲咽，靈輀徐轉兮輅車駟鐵。鳴鼓護道兮悲笳/飆列，新隧載闢兮會葬臨訣，玄堂一掩兮千秋跡滅。

（王偉整理）

104　裴泳墓誌

唐故岐州麟遊縣主簿贈太子洗馬河東裴府君（泳）墓誌銘并序

唐貞元九年（793）十月二十六日葬。誌蓋呈盝頂形，長49、寬49、厚6.5釐米。蓋題楷書，3行，行3字。誌石方形，長44、寬45、厚9釐米。誌文楷書，共27行，滿行27字。

〔蓋文〕

大唐故裴府君墓誌銘

〔誌文〕

唐故岐州麟遊縣主簿贈太子洗馬河東裴府君墓誌銘并序/

　　再從姪孫將仕郎守京兆府渭南縣尉次元撰/

　　貞元九年十月廿六日，故岐州麟游縣主簿、贈太子洗馬河東裴府君，/諱泳，字泳，夫人博陵郡君崔氏，遷祔於京兆府萬年縣鳳栖原，叶時吉，/從周制也。裴氏出於顓頊，其裔伯益，佐禹有勳德，受封于秦。秦景公母/弟鍼子奔晉，食菜於裴，子孫因地命氏。厥後去邑，從衣寵冠服也。十四/代孫遵，後漢封安邑侯，遂居河東。明德茂功，世濟忠孝，輝烈之績，冊書/具存。曾祖行方，幽州大都督，謚曰平。祖敬忠，光祿寺主簿，贈太子家令。/考賁，趙州長史、朝請大夫，貳守毗化，澤流於人。公，長史之元子也，承公/侯積仁流慶之基，受天地靈醇粹美之氣，發機動慮，根於人和，與時推/移，道適在我。公宿衛出身，調補岐州麟游縣主簿，中明利人之術，外晦/佐時之略，才高位下，不伸其用。循職爲理，人獲賜焉。晚歲覽大《易》知止/之要，師老氏抱一之旨，秩滿還歸，獨與化遊。而長才厄於初命，遐齡□/於短筭。天道難知，輔仁無徵。以天寶九載三月十二日，歿于京兆府長/安縣里也，享年卅五。公長子襃，佐畫□南海戎師，楊睿微命奏南越之/事，辯捄不撓，天子嘉焉，命遷秩祿。□是荷大君寵光之休，懷蓼莪/罔極之思，乞迴所授，追贈先父。□詔褒異，不奪其志，贈公太子洗/馬，夫人封博陵郡君，存歿兩榮，斯□□朽。夫人岐王府士曹參軍先志/之長女，貞以柔順，宜其室家，躬奉□□之禮，行成睦姻之德。以大曆五/年九月七日，歿于韶州，享年六十一。生五男三女。長子襃，試光祿少卿，/純孝克家，不幸短世。幼子清通，襄州義清縣令。餘並秀而不實。積善之/慶，斯豈足徵？長女適郴縣令南陽鄧藏器，仲女適武功縣丞天水趙諲，/季女適蘄州刺史隴西李實。清通以歲月云吉，蓍蔡叶從，銜千里泣血/之哀，遵五世反周之典。嗚呼！府君即次元再從祖也，系同圖諜，備奉徽/猷，敢盡直詞，勒銘幽壤。銘曰：

　　顓頊導源兮晉命氏，葳蕤奕葉兮/昌而熾。倬哉主簿兮蘊奇志，時運不來兮終末位。蒼蒼松檟兮鳳栖原，/前瞻太一兮背都門。地爽氣清兮寂不喧，玄寢永安兮於萬年。

（田子爽整理）

105　于人文夫人崔氏墓誌

唐前京兆府三原縣主簿于君（人文）故夫人博陵
崔氏墓誌銘并序

唐貞元十二年（796）十一月二十八日葬。誌蓋呈盝頂
形，長37、寬37、厚6.5釐米。蓋題楷書，3行，行3字。
誌石方形，長37、寬37、厚6釐米。誌文楷書，共21
行，滿行23字。

〔蓋文〕

大唐故崔夫人墓誌銘

〔誌文〕

唐前京兆府三原縣主簿于君故夫人博陵崔氏墓誌銘并序/

　　朝議郎殿中侍御史内供奉賜緋魚袋于尹躬撰/

　　夫人諱某，字某，博陵人也。發源[之]所出，流光之所盛，爲天下/華族，史諜詳矣，此故略而不書。曾祖無[圖]，皇汴州司馬。祖言/之，皇揚州大都督府法曹參軍。父[倬]，見任司農寺丞。夫人生/十七年矣，適前京兆府三原縣主簿于人文。貞元十二年正/[月]廿四日，因産蓐，終於襄州之旅舍，春秋十有八。其年十一/[月]廿八日，歸葬于長[安]縣[神]禾原之先塋。嗟乎！夫人即余/弟之室也，女儀婦道，故能言之。初，夫人未笄也，婉孌淑哲，承/□聽從，言不踰閾，善無[擇]躬，□[德]彰于女史，愛敬問于公/宮。/斯不曰“葛之覃兮，施于中谷”歟？及□□有行也。實在京師，屬/我大人貶佐尋陽，未申執[笲]之禮。[故]勤思就養，虔奉/遠教，服膺銘心，晨慮夕惕。而京下□族，内外密親，以主饋竭/其孝慈，以宣惡敦其雍睦，故闔門[之]内欣欣然。斯不曰“之子/于歸，宜其家室”歟？是宜與吾弟而[偕]老，多猶子以鍾慶。何舉/[案]也纔浹歲，而先終弄璋也。未經[歲]而遄斃，生人之痛，可[勝]/[言]哉。乃爲銘曰：/

　　婉彼淑女兮顔如玉，于嗟人代兮何斯促。蘭有芳兮春正滋，/蘦有華兮暮已萎。丹旐來兮[商]於道，玄堂卜兮先塋好。有/夫哀兮哀莫忘，無子哭兮哭更傷。掩鸞鏡兮不可覩，想蛾眉/兮霜月苦。唯婦道與女儀，流芳名於千古。

（胡永傑整理）

106　許耀卿墓誌

故奉天定難功臣驃騎大將軍行右衛大將軍兼御
史大夫上柱國濟南郡王贈使持節澧州諸軍事澧
州刺史高陽許君（耀卿）墓誌銘并序

　　唐貞元十五年十二月十六日（800年1月15日）葬。誌
　　蓋呈盝頂形，長64、寬63.5、厚6釐米。蓋題篆書，3
　　行，行3字。誌石方形，長63.5、寬63.5、厚9.5釐米。
　　誌文楷書，共31行，滿行31字。

〔蓋文〕

大唐故許府君墓誌銘

〔誌文〕

故奉天定難功臣驃騎大將軍行右衛大將軍兼御史大夫上柱國濟南郡王贈/使持節澧州諸軍事澧州刺史高陽許君墓誌銘并序/

宣義郎前行右衛録事參軍趙□撰/

公諱耀卿，字耀卿。其先高陽人也，鴻源茂緒，得姓受氏，家諜詳焉。曾祖鼎，隨朝/金紫光禄大夫兼御史大夫、潁川郡開國公。生大父仁淹，開府儀同三司、試太子/賓客。賓客生皇考庭玉，驃騎大將軍、試太常卿。公即太常寺長子之才子也。世濟/其美，克紹弓裘，故將門茅土，傳芳奕葉，代有人焉。公天資惠和，神授正直，始以良/家子爲北庭節度子弟將。會仆固懷貳，遷本道行營都虞候。式遏寇虐，聲馳宇内。/代宗聞而嘉之。詔掌禁戎，署神策軍十將。貞節日彰，必聞其政。建中初，蕞爾/犬戎，騷我西蜀。帝命神策軍兵馬使兼御史中丞李公奉辭薄伐，敕公董/遊騎以佐之。李公即故太尉公晟也。是行也，大破犬戎，載寧邛崍，策勳飲至，軍容/有光。洎淮西僭擬，兵纏兩河，公復領静邛南之職，從李公征之。方將盡敵，戡剪群/兇，遇涇兵犯蹕，翠華西狩。公從李公拔青苑孤軍，驅轉戰之騎，跋涉二千餘里，/星馳行在。非恩霑士衆，誠感通靈，曷能阽危之閒，克成大勳也？既而師次灞上，/賊泚已退平城之圍，竊據宫禁。公引軍東渭橋，滅竈以攻之。明年夏五月，殄殲兇/醜，克復皇都。乘輿反正，文物昭明，授公濟南郡王兼御史中丞，食/實封一百户。朝廷以岐隴右輔，地當寇衝，非勳賢碩德，威震華夷，莫之任也，/遂除李公以鎮之。以公嘗從李公自南徂北，累建殊勳，命公本官領隴右節度騎/兵馬使，俄兼押衙。西土之人，多受其賜。及李公入侍，後之人復黶公忠貞勇敢，/撫我師旅，授公兼御史大夫、節度都虞候。軍中之事，悉以咨之。無何，元戎邢公巋，/慎守戎府，授節制張公畢，願歸中朝，帝允其請，除公右衛將軍，憲官如故。/環衛之重，莫之與京。從容駕騖之行，出入劍珮之列。朝廷注意，多士具瞻，謂/公擁旄方面，匪朝曰夕。噫！天不憖遺，以貞元十五年六月五日遘疾于長安縣醴/泉里之私第，享年六十四。有司以聞，/皇帝嗟悼久之，追贈使持節、澧州諸軍事、澧州刺史。生爲良將，殁爲諸侯。夫人河/東郡君廉氏，貞懿淑慎，宜爲命婦。嗣子二人，長曰震，朝議郎、試左衛長史，斬焉在/疚，毀瘠過禮。以其年十二月十六日，引將軍之樞歸葬于長安縣承平鄉，從訓也。/紀德述美，豈無作者，以藤嘗忝官屬，見託銘誌，飽聞盛事，實無媿辭。

銘曰：/

英英將軍，忠武著聞。南征北伐，累建殊勳。出副元戎，入侍環衛。盛德日彰，貞節益/勵。善人云亡，上天不憖。丹旐悠悠，素車遲遲。風悽楚挽，雲慘寒暉。百身無贖，吾誰/與歸。已而已而，千齡萬祀，緘恨兮於斯。

次曰霽，朝議郎、試右衛長史。

（王偉整理）

107　高崇文墓誌

唐故開府儀同三司檢校司空同中書門下平章事使持節邠州諸軍事
兼邠州刺史充邠寧慶等州節度支度營田觀察處置等使仍充京西諸
軍都統上柱國南平郡王食實封三百户贈司徒渤海高公（崇文）墓
誌銘并序

唐元和五年（810）正月二十日與夫人合葬。誌蓋呈盝頂形，長86.5、寬88、
厚17.5釐米。蓋題楷書，4行，行4字。蓋題左側刻有雙行小字。誌石方形，
長88.5、寬88.5、厚18.5釐米。誌文楷書，正面、背面各32行，滿行32字。

以元和五年正月廿日合祔於□□□縣神池鄉□鷹里神柏□□□

唐邠寧慶
節度使贈
司徒渤海
高公墓銘

〔蓋文〕

唐邠寧慶節度使贈司徒渤海高公墓銘

以元和五年正月廿日合祔于京兆府萬年/縣神池鄉寶勝里神和原，從龜筮也。

〔誌文〕

唐故開府儀同三司檢校司空同中書門下平章事使持節邠州諸軍事兼邠州刺/史充邠寧慶等州節度支度營田觀察處置等使仍充京西諸軍都統上柱國南平/郡王食實封三百户贈司徒渤海高公墓誌銘并序/

正議大夫守京兆尹上柱國高陽縣開國子賜紫金魚袋許孟容撰/

朝請郎前行大理評事皇甫閲書并題額/

精曜麗天而有象，陶均載地而成質。將星昭乎河漢，虎士出乎崆峒。合三而用，是謂/人紀。非夫應時遭聖，神降運生，則安得傑邁倜儻，偉功殊烈，駭于聞見之若/是也。公諱崇文，幽州潞縣人。受氏分土，厥初流衍，詳于代史家諜，此焉不載。曾王/父藝，皇朝散大夫，試汴州長史、上柱國。王父夔，皇朝請郎，試梁州司馬，贈梁州/都督。皇考行暉，皇正議大夫，試懷州別駕，賜紫金魚袋，贈户部尚書。德貽賢似，三/葉下位。鬱堙有開，祉祚斯培。公幼禀岐嶷，長而魁岸，沉深不曜，質木寡言，恬於利欲，/急於忠勇。常謂俎豆彫虫，鯫儒之業也；斬蛟射虎，猛士之爲也。與夫校匹夫之趫健，/孰若清天下之讎耻。蓋鑿門而攘暴亂，調鼎而戴乾坤，固已爲識者之知於/少時矣。天寶乙未歲，駭鯨漏網，百二不守，海内之電馳飈疾、争死患難者，雖袒裼空/拳，亦熊羆爲群。公於是日，始甘羅之歲，仗劍于平盧軍門，奮發自售。于後本將航海/濟河，建旄淮瀆。公則勳績連最，雄名懾乎諸夏矣。代宗避狄陝郊，羽書徵兵，/汝南節使統全軍來覲，百舍三接，實聞歸功。周智光以右輔窺伺，李靈曜以夷門/猖蹶，梁崇義以峴首殲夷，公皆擒敵制勝，舉無遺算。朝廷旌功，累遷至鎮軍/大將軍，守左金吾衛大將軍，又兼太常卿，賜上柱國。李希烈尚稽天誅，淮右未靖，/聖朝示以干羽，不戰俾其懷來。啓行資百勝之師，求士必萬夫之特。公以沉略善價，/隨牒于陳許節度使，充馬步都虞候。上蔡無事，西陲急病，詔以所領偏師鎮/長武城，仍充神策、淮南、陳許、浙西四軍行營都虞候。犬羊知禁，亭障弛柝，就加開府/儀同三司，封渤海縣男，食邑三百户。進封渤海郡王，食邑三千户。改殿中監，轉太子/賓客，兼殿中侍御史，遷御史中丞，尋遷御史大夫。自戎輅中起，金方外叛，隴坂而西，/鞠爲荆榛。公則闢田以富儲廩，築室而歸流逋。趙充國之十上全策，周亞夫之獨形/兒戲。聲及四表，事威殊鄰。視戎於華，若卵投石。睿聖文武皇帝踐祚之/明歲，劍南西川節度使劉闢恃險閒釁，殄人干紀。上咨于三事百辟，求/忠貫神明之將，制授檢校工部尚書、兼御史大夫、充左神策行營節度，委其/弔伐。岷峨天造，斗絶重阻，汙染驅扇，甿心易欺，鎖川繩谷，齊斧可緩。庶公孫、二劉之/穴壤巢幕，期子顔、伯玉之昔是今否。闢扃劍門，攻竊梓潼，輕薄愃游，屠酤井屋，悉索/盡取，揚聲十萬。先是，太尉、中書令韋臯以建中南狩，戡定岐下，閫外寄付，事/殊他邦，時經二紀，政許一切。征斂之制，權宜得請，朽貫紅粒，以萬萬計，寇之猖狂，用/是爲資。貨泉有以走異域，盈侈有以□亡命。跳梁螫噬，劇火燎原。公堅剛絶倫，籌畫/動中，馳九天而雷怒，計萬下而□□。□清氛祲，精動草木。東川戎帥李康棄衆宵遁，/甘就恥汙，縶於寇庭。公擇將選旅，先復康之城鎮，乘機應變，示信推能。孟賁之鬬嬰/兒，强弩之穿魯縞。拒轍撓沸，曾何足喻。虵豕俱殪，封疆盡歸。詔加兵部尚書，/授以康之旄節。自新城之凱旋圍解，寇已喪魄而分灰燼矣。每至乘墉伏莽，大出車/徒，莫不望塵而北，猶鸎雀之逃鷙鳥也。寇有可守之地，其名鹿頭，拒成都二百里，要/害而固。畢搜驍果，大設堡柵，蓄力盡銳，以當王師。公別命輕捷，入其迤隧，釃血劍盾，/嘔尸豺狼，使之腹背受制，咽喉可扼。窺覘不得聞，飛輓不得前。內猜而外離，膽破而/氣奪。未逾浹日，遂下全壘。□之心臂善將仇良輔輿櫬銜璧，械其男方叔、子壻蘇強，/降于牙門，公解縛□□□□組鹿頭開壁請命，猶帶甲四萬，公仍其部隊，反其/戈矛，麾幢所旃，勞問□至，□□□□，追寇逋竄。嚴楅防而罅缺俱整，備罟網而飛沉/不漏。然後漢儀戎飾，徐入錦城，□□清埃，農不釋耕。劫質叫訴，鰥孤舞詠。瀦宮浸□/華都，殺氣銷於祥風。寇與圖□□□盧文若賚挈重賂，將奔戎醜。公命疾足勇騎，攝/而執之。文若投身江流，渠魁檻送□庭賞典休命，不俟旋踵。捷書聞閶闔/之翌日，遷檢校司空，兼成都尹，充劍南西川節度副大使、營田觀察、雲南安撫等使、加/南平郡王，真食三百室。詔翰林學士中□□□□相國裴公堨纘□馨□鐘□/貞石。古之掃攙搶夷患難有矣。若夫指時畫地出□必□□□魁壘可□□□□□□□/有如公之具美者也。華陽奧區，甿俗阜饒。公下車周月，人詠和樂，常慕聖□/滅，賜第不受，許身忘家，千古一心。於是乞鎮邊裔，以窮河源。返西陲□/大君不得已而從焉。加同中書門下平章事、邠州刺史、邠寧慶□/西戌邊之軍，咸都統焉。指蹤鞭撻，用前時號令之素。左衽迴面，彤弓□/之律，格乎夷俗。天實不弔，奪其大年，以元和四年九月廿五日薨于位，春秋六十有四。/皇帝徹懸三日，追贈司徒，弔祭册命，加藩翰戎臣一等。夫人隴西董氏，先公而/夭，享年三十有一，以南平之勳，贈郇國夫人。父同珍，皇朝請大夫、汝州長史。夫人躬母儀/婦道，謹闈閫蒸嘗之奉，窀穸同几，穠華不亡。嗣子金紫光禄大夫、前行恩王傅、上柱/國、上谷郡開國公、食邑二千户士政，次子雲麾將軍、起復左金吾衛將軍、同正檢校祕/書監兼御史中丞、上柱國士榮，季子朝請郎、前行左衛率府胄曹參軍士明，咸充窮/無怗，以玄堂哀誌見託。發揮功利，覿日月之貞明；淫液寵光，徵典謨之焜燿。銘曰：/

　　運啓明聖，時生忠正。君仁臣哲，戈止亂定。蟬聯絪縕，七葉義門。/帶礪爲誓，股肱爲尊。寫兒雲臺，銘功塞垣。期頤曷負，徽烈永存。玄符斯契，虜頸未繫。/地失長城，甿呼大戾。天無虓兮毛有倫，施何豐兮報不仁。大夜長兮白日短，彝鼎舊/兮塗叕新。荆璧沉泉，泰阿埋塵。昆夷獫狁，猶祀生神。

（盧燕新整理）

唐故九水郡趙府君墓誌
府君諱進字進，皇太忠州刺史，政府折衝衛希京，皇涇州，皇祖承本誌於
關洲子仲宣文，曾叔同，皇涇州……年月矣。府君稟山嶽之靈，蘊金……君操風神自若，四朝律動，至於……器。仁禮智信，溫良恭儉，讓無不備矣，尤……律名著。德宗……退臥雲林，樂於泉石……玄夜即其……崇賢里之松……憶藥。天……藏在庚寅夏首，遘疾……卒……百家……藝……子七十有一，即其羊秋，夫人成……陽郡……恨……恐陵谷……卜葬於萬年縣長樂鄉宋村也……嗣子慶長，請空門道流以為……奉……痛……悲偕老……無期，嗣子……刊石誌之……天降靈……神與……藏……莫……君子不器……夫……年退……當……音律……立身仁義，任物……行……一至……雖……家……常出……離……音律……超忽不継，識……源名傳於世，萬古千秋，嗚呼……吾与人……灾……枯榮……性……留

108　趙進墓誌

唐故天水郡趙府君（進）墓誌并序

唐元和五年（810）八月二十二日葬。誌蓋呈盝頂形，長37.5、寬37.5、厚6釐米。蓋題篆書，3行，行3字。誌石方形，長38.5、寬38.5、厚7釐米。誌文楷書，共20行，滿行20字。

〔蓋文〕

大唐故趙府君墓誌銘

〔誌文〕

唐故天水郡趙府君墓誌并序

　　沃洲子仲宣文并書/

　　府君諱進，字進，皇太原府興政府折衝。曾敬同，/皇冠軍大將軍，行左龍武軍使。祖希，皇涇州/涇陽府別將。府君望本天水，家居鎬京，累代相承，/皆長安人也。源流宗派，具於譜牒，略而不敘，本誌於/年月矣。府君稟山嶽靈，蘊金石操，風神自若，才器/兼之。國盡忠勤，家惟孝悌，藝精六律，名著四朝。至於/仁義禮智信，温良恭儉讓，無不備矣。尤擅音律，動合/宮商，能事出人，聲不遏。代宗初，收名玉案，出入/金門。德宗末，退卧雲林，樂於泉石。元和/天子歲在庚寅夏首月，遘疾於崇賢里之私第。噫！藥/盡三市，醫傳百家，能藝不及，奄於玄夜，即其月廿六/日，府君甲子七十有一，即其年秋仲月下旬二日/卜葬於萬年縣長樂鄉侯宋村也。夫人成陽郡成氏，/悲偕老無期；嗣子慶長入供奉，痛終身有恨。恐陵谷/將變，故刊石誌之，請空門道流以爲詞。曰：/

　　天降靈異，神與才智。英英雪容，凛凛霜氣。成名音律，/立身仁義。任物行藏，君子不器。末年退位，棲心不二。/善與人交，枯榮一致。雖處於家，心常出離。當此去留，/超然不繫。識歸性源，名傳於世。萬古千秋，嗚呼已矣。

　　　　　　　　　　　　　　　　　　　　　　（田子爽整理）

安定皇甫氏夫人濮陽吳氏墓誌
安定皇甫甸撰　前華州參軍吳諫□
家之道曰忠孝為婦之德曰禮順夫人稟是
自內州外其享豐報臻眉壽凡日宜哉今則違
是六姻之行尖四德之喪塋有聞矣於靈則鍾於人心
也吳氏閈晉盛烈弈葉有聞矣曾祖令珪唐故
益州郡縣丞贈太尉祖寂唐故右金吾衛大將軍故
故孝上平唐故大理司直夫人即□第十五女
烈也阮箅洲適安定皇甫甸以其行為世之閫父之合
配貞洲以兇家宝不幸以元和六年七月廿二日
過疾卒於長安輔興里之故第享年廿六以其年
其月廿九日權窆於長安縣義陽鄉高陽原夫蘭
芳玉貞天授其美故世廿得貴之薨縈菌秀天授其
脆故世得惜之效淳心懿則備歐洲美先春而隕加
人之感旬之哀可知矣旬句之伯兄義与痛加
則常等撫事不讓衛滯為文亦閫門之殊制也銘曰
昭哉夫人性柔氣全天授之德不授之年
茫茫彼蒼窒智混然殘有遺懿賢哲所先
璠閨舊儀京北新阡茂或可續吾將時天

109　皇甫甸夫人吳氏墓誌

□□安定皇甫氏（甸）夫人濮陽吳氏墓☒

唐元和六年（811）七月二十九日葬。誌石方形，長38、寬35、厚6.5釐米。誌文楷書，共19行，滿行19字。誌蓋佚。

〔誌文〕

□□安定皇甫氏夫人濮陽吳氏墓☒/

　　安定皇甫旬撰　　　前華州參軍吳諫☒/

　　□家之道曰忠孝，爲婦之德曰禮順。夫人稟是□/者，自内形外，其享豐報，臻眉壽，凡曰宜哉，今則返/是。六姻之行哭，四德之喪坵，發於壼則，鍾於人心/故也。吳氏冠婚盛烈，奕葉有聞矣。曾祖令珪，唐故/益州郫縣丞，贈太尉。祖溆，唐故右金吾衛大將軍。/烈考士平，唐故大理司直。夫人即司直第十五女/也。既筓，適安定皇甫旬。旬以義行，爲世之聞人，合/配貞淑，以克家室。不幸以元和六年七月廿二日，/遇疾卒於長安輔興里之故第，享年廿六。以其年/其月廿九日，權窆於長安縣義陽鄉高陽原。夫蘭/芳玉貞，天授其美，故世得貴之；蓂榮菌秀，天授其/脆，故世得惜之。矧淳心懿則，備厥淑美，先春而隕，/則人之惑，旬之哀，可知矣。甸，旬之伯兄，義與痛加/於常等，撫事不讓，銜涕爲文，亦閨門之殊制也。銘曰：/

　　昭哉夫人，性柔氣全。天授之德，不授之年。/茫茫彼蒼，囂智混然。歾有遺懿，賢哲所先。/璿閨舊儀，京兆新阡。天或可續，吾將問天。

　　　　　　　　　　　　　　　　　　　（樊文軍整理）

唐故進士侯君墓誌銘并序

長兄登仕郎前守太常寺太祝雲長撰

上帝命昜予性與其聰心與其明而不與其禄

余不知、上帝意余常雲亮性乎聰而心乎明又能誠聖

人書命而為書才發而為文宜其惣而成德越而居位立其

敬云余之姓肇于軒轅氏之子侯于上谷郡而姓余之居

由十八代祖晃太守于河東郡而居唐之貞元十五年八月一日魂氣其

著作郎皇考諱劉京地府姜原縣令余家由進士而官

自王父承于皇考目王父之季諱承于皇考

孤其身十六學問卷其志曰寸書而不息于夜余堕尔晶天地

余勁尔警發二歲學得以相聞文得以高退則彊盡天

他然而史進士科家之習也敢不敬而承之將舉而

發其志惧不果於乎其痛我往時良卜穴于少陵原附

旁會元和末年十月廿四日歲通時吉辰卜穴于少陵原附

于皇考之域左外王父元好謁濯河冲府叅軍後魏景

穆帝之裔也銘曰

尔賢而天余贛而坐德也何承天矢乎不平靡食于

君庸繡于嗣念是衷兄生人之道于

110　侯雲亮墓誌

唐故進士侯君（雲亮）墓誌銘并序

唐元和六年（811）十月二十四日葬。誌蓋呈盝頂形，長34、寬34、厚5釐米。蓋題楷書，3行，行3字。誌石方形，長33.2、寬33、厚5.8釐米。誌文楷書，共22行，滿行22字。

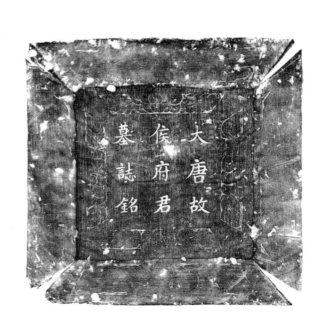

〔蓋文〕

大唐故侯府君墓誌銘

〔誌文〕

唐故進士侯君墓誌銘并序/

　　長兄登仕郎前守太常寺太祝雲長撰/

　　上帝命男子，性與其聰，心與其明，而不與其年，不與其禄，/余不知上帝意。余弟雲亮，性乎聰而心乎明，又能沃聖/人書。合而爲才，發而爲文，宜其總而成德，起而居位。立其/形，日月于十八歲，直唐之貞元十五年八月一日，魂氣/散去。余之姓肇于軒轅氏之子，侯于上谷郡而姓；余之居/由十八代祖晃，太守于河東郡而居。王父諱璥節，祕書省/著作郎。皇考諱釗，京兆府美原縣令。余家由進士而官，/自王父承于皇考。自王父之季諱漸承于皇考/從父之季諱象，自開元時訖于貞元歲，文章之名來于/余家。余弟上承前德，開口發言，文流而形。十四，天地/孤其身。十六，學問養其志，目于書而不息于夜。余墮爾勖，/余勤爾警。幾二歲，學得以相開，文得以相高。退則疆畫天/下之務，利病天下之宜，以爲取天子官，活天子民，丈夫之/志也。然而決進士科，家之習也，敢不敬而承之？將舉而/歿，其志俱不果。於乎，其痛哉！往時吉辰不來，即殯于他舍/旁。會元和六年十月廿四日，歲通時良，卜穴于少陵原，祔/于皇考之域左。外王父元姓，諱濯，河中府參軍，後魏景/穆帝之裔也。銘曰：/

　　爾賢而夭，余戀而生。德也何承，天乎不平。靡食于/君，靡續于嗣。念是未足，生人之意。

（胡永傑整理）

唐故京兆府藍田縣丞韋府君夫人隴西李氏墓誌銘并序
姨弟朝散大夫行尚書吏部員外郎武騎尉崔從撝撰
韋公夫人李氏隴西姑臧人也自後魏定海內氏族始以
四姓為首而李氏在焉洎分封四公高官要職克生俊乂
為首故語族望者冀不先之敦德垂裕克生俊乂
曾祖上義皇朝太子右庶子曹岐二州刺史祖芳里
皇朝沄州刺史父興宗皇朝大理評事歧州之愛人
沄州之尚治廷評之載德無隆厥猷歟
夫人年二十歸于韋氏柔順孝慈宜乎姻族生也不幸皇
田宪殁夫人緘未亡之痛撫顙然之孤善訓撝數
隣遠姻獎晝母儀婦則無媿前修嗚呼天不與善耶為數
里私第享年六十有男弘度頻疾終于鄂州江夏縣仁風
和九年正月廿五日歸祔于京兆府萬年縣寧安鄉曲池
里鳳栖原藍田府君之先兆從周禮也弘度衡恤在疚自
之窮以元和八年六月十四有男弘度奉慈訓孝思無違以元
遠相託以成寶錄其銘曰
目故不輙辭以成寶錄其銘曰
隴西清甲京兆繁昌二姓之美和鸞有光
盛飙而傷孤竇此翔袅袅孝子如奉中腸
勤自江徼一劍先失事不終泰
魂歸故鄉琢石為文永世不忘

111　韋府君夫人李氏墓誌

唐故京兆府藍田縣丞韋府君夫人隴西李氏墓誌
銘并序

　　唐元和九年（814）正月二十五日葬。誌蓋呈盝頂形，
長49、寬51、厚9.2釐米。蓋題篆書，3行，行4字。誌
石方形，長56、寬57、厚8.5釐米。誌文楷書，共20
行，滿行22字。

〔蓋文〕

大唐韋君故夫人李氏墓誌銘

〔誌文〕

唐故京兆府藍田縣丞韋府君夫人隴西李氏墓誌銘并序/

　　姨弟朝散大夫行尚書吏部員外郎武騎尉崔從撰/

　　韋公夫人李氏，隴西姑臧人也。自後魏定海内氏族，始以/四姓爲首，而李氏在焉。洎分封四公，裔冑官閥，復以姑臧/爲首。故語族望者，莫不先之。敦德垂裕，克生俊乂。/曾祖上義，皇朝太子右庶子、曹岐二州刺史。祖芳玉，/皇朝沔州刺史。父興宗，皇朝大理評事。岐州之愛人，/沔州之尚治，廷評之慎法，奕代載德，無墜厥猷。/夫人年二十，歸于韋氏，柔順孝慈，宜乎姻族，生也不幸，藍/田先歿。夫人縅未亡之痛，撫藐然之孤，善訓擇/鄰，遠嫌哭晝，母儀婦則，無媿前脩。嗚呼！天不與善耶，爲數/之窮。以元和八年六月十日，寢疾終于鄂州江夏縣仁風/里私第，享年六十四。有男弘度，夙奉慈訓，孝思無違。以元/和九年正月廿五日，歸祔于京兆府萬年縣寧安鄉曲池/里鳳栖原藍田府君之先兆，從周禮也。弘度銜恤在疚，自/遠相託。以夫人於從爲從母之姊，高行懿範，備詳耳/目，故不輒辭，以成實錄。其銘曰：/

　　隴西清甲，京兆繁昌。二姓之美，和鳴有光。事不終泰，/盛極而傷。一劍先失，孤鸞此翔。哀哀孝子，茹毒中腸。/勤自江徼，魂歸故鄉。琢石垂文，永世不忘。

　　　　　　　　　　　　　　　　　　　　（邱曉整理）

112 裴□寀夫人李氏墓誌

李夫人墓誌

　　唐元和十三年（818）十一月二十二日葬。誌蓋呈盝頂
形，長32、寬32、厚5釐米。蓋題篆書，3行，行3字。
誌石方形，長32、寬32、厚5釐米。誌文楷書，共13
行，滿行13字。

〔**蓋文**〕

大唐故李夫人墓誌銘

〔**誌文**〕

李夫人墓誌/

　　監察御史李肇撰/

　　夫人趙郡李氏。曾祖某，　　　官。祖/某，　　官。父某，　　官。夫人有淑茂之/德，爲六姻所重，既歸河東裴君□/宷。元和十三年，裴君任左金吾衛/録事參軍而殁。後半歲而夫人終，/享年若干。嗚呼！既孤而嫁，既嫁而/病，共牢者纔及三載，晝哭者不過/六月，命矣夫。其兄某與裴氏昆弟/哭泣祖葬。以其年十一月廿二日/窆于朱坡別墅，且謀誌石以備諸/孤改卜云。

　　　　　　　　　　　　　　　　（邱曉整理）

夫人隴西李氏出也清河張氏家也故左金吾衛大將
軍檢校戶部尚書晟之女故鄜坊觀察使左散騎
常侍銘之甥也故鄜曹參軍事安時之婦也生
父母家二十八年而歸宿十七祀有男三人女二元
和十四年八月一日而以歸宿沈之疾終於時之
里居享古成村距長安東城四里而近是且張氏從
安樂鄉故在東洛以歲時不剋歸葬是且張氏
墳墓故在東洛以歲時恪皆生植興質而禮誼則生
夫人之孝慈愛柔情之休順恪皆生植興性偕而不
能知孝大慈愛柔曾不瀕而祭祀術恒懍說則不
夫人靜婉有歸而能無天幸安時之門已戚懍寫曰
諭寫暨炯而謂無天日隆焉乎泉路自得其善以
遽而舊相識而歡於幽壤席路自得其善以擇故
如舊世難人且意貴躬自爰展誠也銘曰
大而世難者利於意貴躬之行備矣長夜之告妻
不假辭它人且意貴禕至矣傋短王駿之路嗚呼
梁之妻之賢陳婦之孝禕至矣傋短之賦長夜之告妻
仁之悼烏虖伊余恨妻之懷至矣傋短之趣嗚呼
而人之悼烏虖伊余恨妻之訴中年之趣嗚呼伊予也胡至
酷兮噫憶不祿兮恨妻之訴中年之趣嗚呼伊予也胡至

113　張安時夫人柳氏墓誌

唐故河東柳夫人墓誌銘并序

唐元和十五年（820）閏正月六日葬。誌蓋呈盝頂形，長44.5、寬44.5、厚8釐米。蓋題篆書，3行，行3字。誌石方形，長45、寬45.5、厚7.5釐米。誌文楷書，共21行，滿行21字。

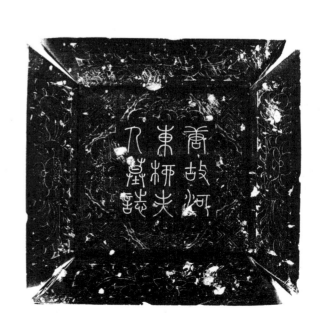

〔**蓋文**〕

唐故河東柳夫人墓誌

〔**誌文**〕

唐故河東柳夫人墓誌銘并序/

　　夫人隴西李氏出也，清河張氏家也，故左金吾衛大將/軍、檢校戶部尚書晟之女，故鄜坊觀察使、檢校左散騎/常侍銛之甥，前左威衛冑曹參軍事安時之婦也。生/父母家二十八年而歸，歸十七祀，有男三人、女二人。元/和十四年八月一日，以宿沉之疾終於父氏常樂/里居，享年四十有四。其明年閏正月六日，窆于萬年縣/安樂鄉古成村，距長安東城四里而近。張氏/墳墓，故在東洛，以歲時不吉，未剋歸葬，是且從權，禮也。/夫人孝睦慈愛，柔休順恪，皆植於性，而禮誼法度，則生/能知之。大凡人情之於忌嫉，生與質偕，不可免已。而/夫人靜淵泰夷，曾不瀕於心術。或誘以说，則答曰：鄙未/諭焉。暨有歸而供祭祀，已恒憫憫焉，深不/逮事之恨，謂無天幸安時之門。戚羈良隸，長少始之見，/如舊相識，而歡心日隆焉。若人茂懿，繁不必具，略舉其/大而世難者，刻於幽壤，庶乎泉路，自得其善。以權故，故/不假辭它人，且意貴躬自，爰展誠也。銘曰：/

　　梁妻之賢，陳婦之孝，褘哉若人，之行備矣。王駿之告，安/仁之悼，烏虖伊余，之懷至矣。脩短之賦，長夜之路，嗚呼/而人，噫不禄兮。恨毒之訴，中年之趣，嗚呼伊予也，胡至/酷兮。

（田子爽整理）

114　鄭府君夫人要氏墓誌

唐故宋州襄邑縣丞鄭府君夫人瑯琊要氏墓誌
銘并序

唐長慶四年（824）十月二十二日葬。誌石方形，長
47.2、寬46.5、厚7.7釐米。誌文楷書，共26行，滿行
26字。誌蓋佚。

〔**誌文**〕

唐故宋州襄邑縣丞鄭府君夫人瑯琊要氏墓誌銘并序/

　　朝請郎行祕書省校書郎充禮儀檢討韓巽撰/

　　夫人諱　　，字　　，瑯琊郡人也。祖遠，皇河南府壽安縣令。父抗，皇宣武/軍節度行軍司馬、御史中丞，賜紫金魚袋。早以忠略，克佐雄藩，茂績/既彰，右職斯重。有節將之英略，負捍患之長材，未建殊勳，俄集大運。/夫人即中丞之女也。夙稟柔範，刑于坤儀，包上善之資，得女師之/體。既笄，適于襄邑府君。婦道藹然，稱美夫族。敬以撫下，動而得中。惠/淑閑和，内贊家政。鄭之親戚，咸所依焉。宜乎享以永年，而得偕老。俄/然，鄭府君先夫人而終。有子承慶，孝謹謙厚，期乎成立。有女人，長適/撫王府司馬潁川韓公。自襄邑下世，于兹二十餘年，夫人棲心釋/氏，了悟浮華，不萌專用之機，克敦三從之義。至於周身之服玩，立家/之資財，敬養有終，旨甘無闕，皆出於韓氏之女焉。況迎侍于大梁，奉/養於京國，每事豐羨，卒歲承歡，以孝女奉親之心，君子睦族之意，實/禮法之家，可以爲標準矣。不幸夫人以長慶三年十一月廿一/日，抱疾終於安邑里之私第，享齡六十有一。先是，襄邑權窆之時，送/終未備，年代寖久，塋域堙蕪。招魄同穴，亦古之義。遂以長慶四年十/月廿二日，葬于萬年縣義善鄉王李村，合祔于新塋之禮也。至於襄/事周切，皆子婿韓公主辦焉。曩申半子之分，已竭於平生；今具送之/儀，又榮於兹日。始終存敬，何愧古人。以巽官屬校文，職參儀禮，嘗學/舊史，俾識_{音志}于篇。其詞曰：/

　　瑯琊要氏，原于姓紀。吴越遺芳，春秋流祉。裔孫有聞，壽安行軍。既作/茂宰，亦著戎勳。鍾美其臻，遂生夫人。宛順根性，柔淑作嬪。懿彼賢/質，滎陽德隣。秦晉未幾，府君先期。于二十年，夫人歿之。孝女有養，/奉身罔虧。疾恙冀痊，上藥名醫。力無其効，命固有時。天不從願，俄奪/□恃。哀哀如慕，泣血何寄。報聖善之恩慈，在送終之斯備。庶陵谷之/□□，刊貞石而爰記。

　　　　　　　　　　　　　　　　　　　　（馬立軍整理）

115 李式墓誌

唐故左威衛兵曹參軍李式墓誌銘并序

唐大和元年（827）二月二十八日葬。誌蓋呈盝頂形，長40、寬40、厚7釐米。蓋題楷書，2行，行4字。誌石方形，長40、寬40、厚8釐米。誌文楷書，共16行，滿行18字。

〔**蓋文**〕

唐故李府君墓誌文

〔**誌文**〕

唐故左威衛兵曹參軍李式墓誌銘并序/

　　仲兄河南府兵曹參軍集賢殿校理武撰/

　　寶曆三年歲次丁未正月十五日，/唐故户部尚書贈太子太保第五子式，年廿六，/遘疾終于靖安里之私第。族姻茹痛，知友嗟悼。/謂君得九和之粹氣，蹈君子之中庸，宜荷福履，/俾榮且壽，而名未及振，年不至壯，天之報施，□/何如哉。君生而好學，八歲能屬文，以門蔭再/命左威衛兵曹參軍，藏器卑棲，非其志也。秩罷，/遂屏居衡門，錯總六藝，以著述爲事。祖尚典謨，/華而不實，有騁長途、垂不朽之勢。今也不幸，孰/大吾門。嗚呼哀哉！以大和元年二月廿八日，權/窆于萬年縣長樂鄉。武銜涕爲銘，其詞曰：/

　　爾之孝友，天之所受。爾之位壽，天胡不祐。/肥家望孤，與善斯謬。戚戚諸兄，痛如疾疚。/刻字于石，以識於後。

（田苗整理）

116　姜沔女三十八小娘子墓誌

唐侍御史内供奉姜公（沔）室女三十八小娘子墓誌銘并序

唐大和五年（831）二月二十五日葬。誌蓋呈盝頂形，長31、寬31、厚4釐米。蓋題楷書，3行，行3字。誌石方形，長31.5、寬31、厚6.5釐米。誌文楷書，共18行，滿行18字。

〔**蓋文**〕

大唐姜氏傷女墓誌銘

〔**誌文**〕

唐侍御史內供奉姜公室女三十八小娘子墓誌/銘并序/

　　從外生宣德郎前行邛州臨溪縣令張詞撰/

　　小娘子姓姜氏，天水人也。曾祖立祐，皇大理正。/祖邑慶，皇太子左贊善大夫。父沔，前侍御史。夫/人瑯琊王氏，生小娘子。幼敏而惠，織絍女功，性/自天得，姆不勞而盡其能。內淑外和，嫿然異態。/父之黨，母之族推重，無肩其德，以爲當配王公/而母君子。不幸遘疾，誓心釋氏，將去塵染，志存/而壽已。悲夫！大和五年二月十三日，終于崇賢/里私室，享年一十六。以其月二十五日，葬于少/陵原義善鄉，禮也。詞外族姜氏，敍以姨生，敬奉/端公命，以銘曰：/

　　貌也者稀，德也者宜榮，既華不實奚其生。/魂于天，形乎地，短之與長歸一揆。天之數，/盡而亡，生之與死天之常。賢而夭，壽者誰，/善何爲兮可悲。/

　　張詞并書。

（胡永傑整理）

117　辛璬墓誌

隴西辛氏（璬）墓誌銘

唐大和七年（833）二月八日葬。誌石方形，長38.8、
寬39、厚8.5釐米。誌文楷書，共21行，滿行21字。誌
蓋佚。

〔**誌文**〕

隴西辛氏墓誌銘

　　從祖昆弟子鄉貢進士玫撰/

　　夏啓封支子于莘，莘聲近辛，因有辛氏。漢末自趙魏徙/家於隴西，乃爲隴西人。公諱璥，字成器，漢左將軍慶忌/之裔也，公則將軍廿七世孫。高祖懷節，甘州録事參軍。/參軍生思廉，左驍衛將軍。將軍生昱，雲麾將軍、右金吾/衛將軍，贈揚州都督。都督生潤，朝散大夫，舒王、韓王二/府長史。長史生公，第三子也。弘文館生，及第，授潞州大/都督府長子縣尉。以弟兄或從軍於遠地，或守官於遐/方，公撫其孤幼，仰天訴日，盡攜而往不可也，留之獨往/不可也，遂因緣不之任。公在家有節，人皆則之。事兄用/父禮，六親共賢之；奉嫂用母禮，九族咸稱之。見人之善，/必傾心以敬重；聞人之難，必竭力以扶持。愛憎不形於/言，喜怒不改其色，真仁者有勇也。所以鄉黨嘗稱曰："夫/孝於兄，慈於弟，和於族，信於友，無先公者。"積善如此，負/天何罪？以大和七年正月廿五日，遇疾終於長安縣普/寧里女弟郭氏之家，享年卌七。於戲！貧不逮娶，無子體/絶。卜是歲二月八日葬于京兆萬年縣洪固鄉鳳栖原，/祔先塋，禮也。從父公著視玫曰："凡葬用銘，今命汝爲。"玫/曰："諾。"迺銘。銘曰：/

　　溫恭天錫之，仁義身修之。/修而至之天不知，已而已而。

　　　　　　　　　　　　　　　　　　　　　　　　（趙陽陽整理）

118 劉士宷墓誌

唐故京兆府奉先縣尉劉府君（士宷）墓誌

唐大和七年（833）四月十六日葬。誌蓋呈盝頂形，長46、寬45.8、厚6.5釐米。蓋題楷書，3行，行3字。誌石方形，長46.5、寬46.1、厚8釐米。誌文楷書，共21行，滿行22字。

〔蓋文〕

大唐故劉府君墓誌銘

〔誌文〕

唐故京兆府奉先縣尉劉府君墓誌/

　　將仕郎守大理寺丞潘存實撰/

　　君之先彭城人也。自漢及唐，爵寵者衆，此故不書。/君諱士宷，字夏班。大王父達，皇任徐州長史。王父/庭玉，皇贈徐州刺史。先府君某，皇任北庭行軍，兼/涇原等州節度、營田等使，檢校尚書右僕射、南川郡王，贈/司空。君即僕射第三子也。先僕射挺英特之姿，稟河/嶽之氣，當幽薊伐叛，梁城用謀，五原陳師，大漠建斾，靡不/揚大義，立大功。金石鏤勳，竹帛垂範，綽綽之裕，宜其在/君。君端而和，敏而信，初仕京兆府參軍，次任左驍衛録事/參軍，次任奉先縣尉。常懼貞風不振，大節將墜，兢兢夕/惕，唯義與仁。方期隼擊秋空，鵬搏巨海，洞豁心氣，克紹功/名，豈知未闡良圖，遽驚逝水。以大和七年二月十三日寢/疾，終于親仁里之第，享年卌六。娶故太僕少卿郭氏之女。/有女褓襁，負之呱呱。有男二人，長曰景復，次曰景章，皆篤/以孝。以是年四月十六日歸祔萬年縣諸張村之/舊塋，禮也。君之季弟、試太常寺協律郎壤，於余且厚，得/熟君之美，乃銘其墓石云：/

　　巍巍舊原，蒼蒼古柏。劍淪厚壤，玉閟幽石。白日不照，窮/泉永隔。已矣哉，四十六年之客。/

　　大和七年三月廿四日孤子元老書。

（趙陽陽整理）

119 吳纘夫人蔣氏墓誌

唐前右羽林軍冑曹參軍吳君（纘）故夫人義興蔣
氏墓誌銘并序

唐大和九年（835）八月二十九日葬。誌石方形，長
39、寬39.5、厚10.5釐米。誌文楷書，共18行，滿行23
字。誌蓋佚。

〔誌文〕

唐前右羽林軍胄曹參軍吴君故夫人義興蔣氏墓誌銘并序/

　　前天平軍節度掌書記試太常寺協律郎□□/

　　夫人姓蔣氏，世爲常州義興人，後因官遂家于京兆。國子司/業、集賢學士將明之曾孫，諫議大夫、祕書監□□□。今工部/郎中、史館修撰係之長女。自幼以温仁淑謙，行愛於其家，生/聰强，喜讀文書，洎古今詩賦爲時人所共稱道者，熟記在口，/不啻三數百篇。稍長，專信釋氏，能念《維摩》《金剛》等經，疊語艱/文，一無澀滯。維是女工、刀尺、綵繪之事，無不畢能。處卑屬間，/專以剋下。自執御僮使輩，即不可意，訖無有愠容。持是而居/於其家，其果爲賢女子矣。前年秋，嫁爲濮陽吴纘妻。吴君貞/敏士也，以宦卑訾薄，□不適用。夫人處之，獨若有餘，謹謹婦/事，日益以脩。年二十七，以大和九年八月十一日卒。生一女，名外/兒。吴君深德前事，視病八九月，駢憂貯勞，以箟以禱，□無有/少怠。於其爲喪，則旦旦悲哭，聞者不忍聽。而我兄姊弟妹，念/其行至厚，而所得至薄，比一痛傷，輒不可解。卜得其月二十九/日從先舅之塋，葬於長安縣之居安鄉。銘曰：

　　維德之基，生而淑姿。盍承其庥，方茂而萎。婉婉女道，/章章婦儀。念不可及，銘以永斯。

（趙陽陽整理）

120　劉德政墓誌

大唐故内外尚食使通議大夫行内侍省内謁者監賜紫金魚袋贈内常侍彭城郡劉府君（德政）墓誌銘并序

唐會昌二年（842）十一月七日葬。誌蓋呈盝頂形，長47.5、寬46、厚11釐米。蓋題篆書，3行，行3字。誌石方形，長46.5、寬48、厚10.5釐米。誌文楷書，共29行，滿行35字。

〔蓋文〕

大唐故劉府君墓誌銘

〔誌文〕

大唐故內外尚食使通議大夫行內侍省內謁者監賜紫金魚袋贈內常侍彭城郡/劉府君墓誌銘并序/

　　右神策軍判官朝議郎行太子率更寺丞兼監察御史上柱國東門誥撰/

　　府君諱德政，字仁厚，京兆雲陽人也。其先即漢之裔焉。史册具載，此不繁述。厥後英俊代生，/簪緒延派，迄于有唐，崇爵達官，比比有之。曾祖諱意，中散大夫、宮闈局令、上柱國。/祖諱昇朝，朝散大夫、掖庭局令、上柱國。父諱遇誠，朝議郎、宮闈局丞、上柱國。府君行邁古/今，全其六藝，處職當要，大標其能。詞學粲然，著之孝義。堂堂之質，蘊人表之威儀；磊/磊之風，處群萃而超秀。早彰能事，布諸邇遐。長慶初，釋褐授登仕郎，守內僕丞，賜/綠。大和四年，遷朝散大夫、上柱國，賜緋魚袋。勤恪日著，流輩共推。大和八年，拜尚食副/使，賜紫金魚袋，尋加宮闈局令。御膳之寄，深曰重難，倅來周星，大稱慈旨。/大和九年，加供奉官、中散大夫、內寺伯。開成元年，丁內艱，有詔奪情，復其舊職。開成/三年，拜護河陽軍，廉貞守節，謳詠一方。五年，入覲敷奏利病時，/勅加內外尚食使、兼內謁者監。渥澤滂霈，浹洽周行。其年，又加通議大夫。府/君泣（涖）職清慎，率下和平，吏民懷荷，寮友悚服。凡所歷官，皆貽多美，人所師範。/事親盡孝，事主盡忠。與朋友交，言而有信。耳目自任，不惑是非。性無阿諛，/直道求己。有始有卒者，府君之 所 爲矣。嗚呼！積善尤著，天何不祐。忽嬰瘵瘝，漸見彌留。電往燭風，邁兮斯禍。會昌二年春二月七日，薨於京師輔興里私第， 享 /齡五十有五。天子悼惜，輟政撤樂，賻贈優贍，斯盛君臣之厚禮也。/府君先婚邵氏，夫人少亡。次婚戴氏長女，亦少喪。繼婚戴氏之娣。皆令族□裘， 執 /禮端慎。有子四人：長曰宗元，登仕郎、掖庭局宮教博士、上柱國；次曰宗紹，將仕郎、/內侍省宮教博士；次曰宗美；次曰宗 闐 ；俱珪璋之秀，能繼先業。履霜露而□□，/骨立木形。卜遠有期，設乎窀穸。會昌壬戌歲十一月丁酉，葬于皇都西長安/縣龍首鄉南原里石井村。封其土，植其栢。左連古丘，右接漕水，前對終/南崤崿，北據咸陽古原，中央，府君之域也。長子宗元哀號相訴，慮陵谷之變，/鐫誌可憑，猥垂見託。固辭瑣才，三命不止。乃爲銘曰：/

　　府君傑出，文武天與。名達四方，位亞伊呂。計在言前，知人能舉。/信義雙全，求無先許。泣（涖）官清慎，秉心惟直。吏理該明，沿流不抑。/紫禁趨晨，青宮鳳翼。逸足方調，雲衢忽塞。逝波東注，馬影西奔。/冥冥幽境，悠悠旅魂。慘乎松栢，長對飛雲。

（馬立軍整理）

121　韓挹墓誌

唐故朝請大夫守太原少尹上柱國韓公（挹）墓誌銘并序

唐會昌三年（843）二月十三日葬。誌蓋呈盝頂形，長60.5、寬60.5、厚7.5釐米。蓋題篆書，3行，行3字。誌石方形，長60、寬60、厚10釐米。誌文楷書，共31行，滿行31字。

〔**蓋文**〕

大唐故韓府君墓誌銘

〔**誌文**〕

唐故朝請大夫守太原少尹上柱國韓公墓誌銘并序/

　　母弟朝散大夫守河中少尹上柱國臬撰/

　　公諱挹，字敬仲。其先潁川人也。十代祖播避後魏之難，徙居昌黎，今爲昌黎人焉。/曾祖皇黄門侍郎、太子少師、贈司空文忠公諱休，當開元之盛，明皇思治，訏/謨翊贊，爲唐龍夔。祖荆州大都督府長史、山南東道採訪處置等使、贈右散騎/常侍諱洪，屬天寶之季，羯胡背誕，盜泉不飲，隕命賊庭，詔書褒贈，名動天下。/皇考工部尚書、太子少保、致仕贈太子少師府君諱章，在代宗、德宗、憲宗/之時，服勤盡瘁，歷踐清貫，出入三朝，榮居八座。其詳刑司諫，嘉猷獻替，留於臺/閣，傳爲故實。公即府君第三子也，承祖考之弘祉，迪中庸之全德，弱不好弄，/長而好仁。釋褐以門蔭授宣州參軍，補左驍衛倉曹、京兆府興平縣尉、長安縣尉。/時長安令當治賦之時，大爲簿籍，條列人户，寫載其名，示以程期，志在均一，而内/史弗察，謂爲姦利，按之府掾。有賊虐爲心者，乃攝捕吏人，懸縶笞訊。公陳其本末，/列訴于庭，道直理明，掾竟獲讜。于時宰府將以公爲御史，屬會其黨沮間，事遂不/行，改陝州平陸令。敬以事上，恭以行己，惠以養下，義以使民，時謂有君子之道四/焉。又改盩厔令，縣當蜀路，土曠人稀，屬凋瘵荒歉之餘，有郵鎮供億之會。公恩浹/鰥寡，威肅權豪，貪猾之徒革面斂手。府檄告邑，有不利于民者，公移書抗論，大致/違忤。由是改虢州司馬，轉長史，俄授同州長史、本州别駕，稍遷太原少尹。不離郡/佐向廿年，官閑務簡，遊心墳素，儒道方伎，采其奥旨，凡手抄五十餘卷，墨澤存焉。/嗚呼，以公之忠厚孝友，沖敏祗恪，祭思敬，喪思哀，與朋友交言行無擇，何負何悔，/何負于天。榮位莫崇，修齡未極，弗圖弗慮，降此鞠凶。以會昌二年十月卅日，遘疾/終于太原府之官舍，享年六十有四。嗚呼痛哉！公前娶安平李氏，父崳，太常寺協/律。有子曰居實，前宿州臨涣縣尉。有一女，適李氏，早亡。夫人先公卅四載而歿，繼/室以其娣，先公廿四歲而終。有子曰居志，鄉貢進士。公有支子二人曰居晦，夙奉/成旨，命子于臬，曰：“義孫生十二年矣。”粵以明年二月十三日奉公帷裳，遷窆于/京兆府萬年縣少陵原之先塋，前夫人祔焉，禮也。臬號天靡依，匍匐庀事，隳肝/碎膽，何痛如之。乃泣血譔德，志諸泉壤，故言而不文。銘曰：/

　　猗嗟我兄，天錫誠明。仁義率性，忠孝作程。爰初筮仕，早歲馳名。幹蠱用譽，温良/直清。結綬王畿，作尉神京。爰宰二邑，克駿厥聲。宜乎百禄是荷，五福攸并。修途/方永，景命俄傾。昊天不傭，忍降斯酷。哀深骨髓，痛斷手足。丹旐南還，驪馬觳觫。少/陵之左，佳城是卜。雲暗荒野，風號古木。九原不歸，百身何贖。獨有徽音，永播芳躅。/

　　外生孫文林郎蘇州昆山縣尉潘鈇書。

（田苗整理）

幼而江州張氏殤女墓誌
廳守而惠州刺史常山張氏
風分先明自史殤女墓誌
與雅秀人後知常山張氏第三
異姊女弟東然己祝順有女名阿箱生
惠之配不俱所從群萃中者成得懷而
實謂其百良知貴以父父外俱之風妙而孝敬
廿八四時京少賦之能余手發神慶然也天與家當即娶又不貞妙症異味
羊縣千京師陵原及故二月十州官舍祔葬之丁四
別之楷賦物方焉識其序石為先人夫人誌於墓之丑
天涌華之娑莫陵明其情示堅若頎兮墓之王旦側京四月十
樞惠不衣而能序十九日夫葬之己旦傷萬歸月涸之姑
為柔其性夜物而方莫為以先人誌於墓王則之喪牀月十沈與姑異症觀味
一宛當爾號用橫潛術靈儀佺召蓋芳雄爾下匡則滑貞曰傷萬歸月涸之姑觀味佳城

122　張又新殤女阿箱墓誌

張氏（又新）殤女（阿箱）墓誌

唐會昌四年（844）二月十九日葬。誌蓋呈盝頂形，長33、寬34、厚7釐米。蓋題楷書，3行，行3字。誌石方形，長33.5、寬34.5、厚6.8釐米。誌文楷書，共19行，滿行18字。

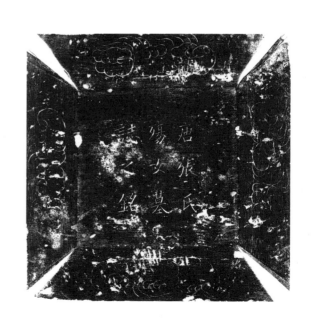

〔蓋文〕

唐張氏殤女墓誌之銘

〔誌文〕

張氏殤女墓誌/

　　唐江州刺史常山張又新第三女阿箱，生而孝敬，/幼而惠明。自知和順之道，深得接承之妙。其謙/廉守分，先人後己，頗有老成之風，而儀質莊姝，/風神雅秀，褒然群萃中。中外一見者，罔不異觀。/與姊女弟俱從於父，父異之，俱依於姑，姑/異之，皆不知所以然而然也。天與之□，文與之/惠，謂其配良貴之婿，成積慶之家。豈其嬰沉痼，/貫四時，百術不神，百藥不效，以會昌三年十月/廿八日子時歿於江州官舍中，年十四。踰月歸/引于京師，明年二月十九日祔葬于京兆府萬/年縣少陵原余先夫人塋之側。□哀傷/痛惜之莫能及，故序其爲人，誌於墓且銘之曰：/

　　天之賦物兮焉識其情，石堅者頑兮玉□則貞。/櫬華不夜而菥蓂長青，爾貌甚秀兮爾神甚清。/柔惠其性兮孝友其誠，謂壽而福兮誰促爾齡。/爲□當爾爲橫所丁，秦原少陵兮俯我先塋。/一穴一墳兮用潛爾靈，俟吾箅盡兮會此佳城。/

　　丹陽陶郇書。

　　　　　　　　　　　　　　　　　　　　　（田苗整理）

123 杜公亮墓誌

唐故河東決勝軍兵馬副使銀青光禄大夫檢校太
子賓客前權知海州司馬兼監察御史杜府君（公
亮）墓誌銘并序

唐會昌四年（844）八月十六日葬。誌石方形，長42、
寬41.5、厚7.9釐米。誌文楷書，共26行，滿行26字。
誌蓋佚。

〔誌文〕

唐故河東決勝軍兵馬副使銀青光禄大夫檢校太子賓客前權/知海州司馬兼監察御史杜府君墓誌銘并序/

　　淳海歐陽纁撰/

　　公諱公亮，字公亮，京兆杜陵人也。曾王父諱威感，王父諱暉，並高尚/不仕。列考諱廣成，任總監丞。公即總監丞之長子也。少恢廓有大志，/涉獵書傳，雖不研究其旨，而嘿識要理，於韜鈐虛實之術，尤更精之。/釋褐授右衛翊府兵曹。復授尚書度支主事，尋轉翼王府功曹參軍。/以不樂下位，常積怫鬱，因投筆從軍，繇是授宣武軍節度押衙，知本/道及充海上都進奏事。章奏疊積，馹騎繼發，遂遷萊州司馬。又明年，/轉海州司馬。後銜右神策軍職，出河東。時河東節度使彭城公見公/容兒奇偉，甚壯之，遂留署決勝軍兵馬副使。甲戌歲，單于負信，舉國/南侵，元戎固命公率偏師以拒之。坐甲持久，伺便必動。未幾而蕃軍/振嚨，因自奔潰。公視旗靡轍亂，遂進軍擊之，大破其衆，斬首數級。由/是以軍功加監察御史。去年冬十二月，孽賊猖狂，竊弄兵柄，以蟻聚/之衆，焚劫晉陽，肆蜂蠆之毒。公於亂兵之中，義刑於色，雖逼以白刃，/而公心彌固。甲子春正月，逆黨大破，咸面縛就戮，識者以爲知機矣。/是歲，遇疾歿于太原廨署之正寢，享年五十六。夫人東平呂氏，生一/子昌，昌年尚幼稚。公之生史氏子曰羣，以會昌四年八月十六日丙/申，謹奉神座遷於京兆府萬年縣龍首鄉之北原，祔皇祖之塋，/禮也。嗚呼！龜筮叶吉，丹旐將引，爰刻貞石，用紀懿範。其辭曰：/

　　有美一人兮腰佩吳鉤，量吞滄溟兮氣射斗牛。/絀邪遠佞兮秉直是修，處危迨死兮其道彌休。/殲胸剖難兮忠勇無儔，義刑於色兮以剛決柔。/享年不永兮白日如流，一歸玄堂兮隴雲悠悠。/左龍右虎兮交衛宅丘，白楊蕭蕭兮悲風颼颼。/已而已而，歷萬古兮千秋。

　　　　　　　　　　　　　　　　　　　　（馬立軍整理）

124　謝公夫人曹氏墓誌

唐故譙郡夫人曹氏墓誌銘并序

唐會昌四年（844）九月二十九日葬。誌蓋呈盝頂形，長57、寬57、厚7釐米。蓋題篆書，3行，行4字。誌石方形，長54.4、寬54.6、厚8.5釐米。誌文楷書，共21行，滿行21字。

〔**蓋文**〕

唐故譙郡夫人曹氏墓誌之銘

〔**誌文**〕

唐故譙郡夫人曹氏墓誌銘并序/

　　夫人譙郡曹氏之女，有唐左神策軍直羅鎮遏使、中大/夫、檢校太子賓客、守右衛率府副率、兼監察御史、上柱/國鴈門郡謝氏之妻。夫人祖華，父全，咸當代搢紳，士林/挺萃，文武之道，靡不克彰。夫人生承令德，性蘊嘉柔，婉/穆之風，稟珪璋而共貫；韶異之美，與蕙蘭以同芳。《詩》云：/萋萋葛覃，喈喈黃鳥。年二十三，言歸我氏。而乃蘋藻終備，/琴瑟永和，內則聿脩，中饋惟允。閨庭穆穆，雅宣大家之/軌儀；親族雍雍，竟叶大家之箴訓。寔謂莊姜，仲氏無/以尚之。何圖皇天難忱，不適偕老。春秋五十有三，以會/昌四年閏七月一日，自京還鎮而遘疾，卒于長原驛之/行次。以其年九月廿九日，晨叶時吉，用葬於萬年縣崇/義鄉之塋，禮也。嗚呼！家亡淑媛，夫喪良嬪，姻戚/罔依，兒女何恃。徵其天道福善之理，神道益謙之詞，大/哉斯文，寧爽之有。噓！歸乎命矣，脩短之期定矣，死生之/義大矣。今薄撰素履，永誌幽石，而謂古而不朽者，有矣/夫。冀圖史之餘，有羡于此。銘曰：/

　　生承簪組，偶合瓊瑤。蘋藻德美，絲桐韻調。/保慶偕老，翻悲一朝。貞松始茂，芳蘿倏凋。/珠沉夜壑，燭滅驚飆。生死言訣，幽明路遥。/寂寂玄夜，悠悠白日。百歲云歸，歸乎其室。

（胡永傑整理）

125　王公夫人宋氏墓誌

唐華清宮使正議大夫行內侍省內侍賜紫金魚袋
上柱國晉陽縣開國公食邑一千五百戶太原王公
故夫人宋氏墓誌銘并序

唐會昌五年（845）四月九日葬。誌蓋呈盝頂形，長
56、寬55.5、厚7釐米。蓋題楷書，3行，行3字。誌石
方形，長55、寬56、厚10.5釐米。誌文楷書，共28行，
滿行28字。

〔蓋文〕

唐故宋氏夫人墓誌銘

〔誌文〕

唐華清宮使正議大夫行內侍省內侍賜紫金魚袋上柱國晉陽縣/開國公食邑一千五百户太原王公故夫人宋氏墓誌銘并序/

　　鄉貢進士郭璘撰/

　　黃河自天，條山及海，秀氣鍾聚，時生哲人，即公之也。公名　，太原人也，/其先系紀在家諜。公自貞元初歲入朝，以聰惠天假，禮樂生知，/德宗皇帝愛好甚厚，一二年間，賜衣朱紫，恩澤彌深，委在近密。既蘊/公忠之性，兼懷正直之心，保身端方，莅事精敏。貞元十年十月，德宗/皇帝遂詔下宋氏夫人而聘公也。公祖諱　，正員長官，賜紫金魚袋，階/居二品。考諱　，金紫光祿大夫、特進，賜紫金魚袋，食邑二千户。/夫人即特進元子之婦也。夫人父諱朝，不仕；鄭氏所出。自適公，門/徽柔粹，和婉端懿，操符玉潔，行契蘭芳，惠敷六姻，德布三族，美積既彰/於母儀，善教亦傳於子道。惠心紈質，芳姿令儀，奉尊撫幼，上下允釐，成/閨門之茂範，叶禮樂之清規。歸于公室五十二祀，德聲可重，工言可師，/故得相慕相歡，位曆七帝。恭事舅姑，□承中外，門有賓客，室有郎伯。/鳧鴈瓊居，兢兢惕惕，性與天道，行爲婦紀，處家有恩威之嚴，從夫得好合/美。雖令婦之高躅，列女之遐軌，莫不念茲在茲，以蹈以履。會昌四年春/暮，公奉詔充華清宮使，夫人自永昌里私第隨抵宮焉。秋夏之交，時/令不節，忽瘵沉瘵，良藥無徵。其年十二月六日，終于華清宮北官舍，享/年六十七。有子四人：長曰伯榮，賜綠品官；次曰伯權；次曰伯貞；次曰伯/釗；皆懷陟岵之哀，申茹荼之感。有三女，長適焦氏，次適劉氏，次適張氏，/並泣血痛深，毀容過禮。可謂人子之道盡矣，孝節之情極矣。粵以會昌/五年歲次乙丑四月丁丑朔九日乙酉，歸葬于京兆府萬年縣龍首/鄉滻川西原，從先塋，禮也。地卜嘉形，山含遠色，蒼蒼古木，清風/鎮生。璘沐公之恩獎，聆夫人德聲，請余其詞，固難推命。恐日月□/盈，慮陵谷遷變，故考事紀行，刊石爲銘。銘曰：/

　　苕華倏暮，繡户無春。空餘像設，寧復音□。/和蘊於性，道含其身。天理何昧，不永仁□。/月登之陽，古原蒼蒼。淑順可惜，歸葬其□。

（任雅芳整理）

126　藺寬墓誌

唐故嬀州押衙兼都虞候忠武將軍守左武衛大將軍西河藺公（寬）墓誌銘并序

唐大中四年（850）十月十日葬。誌蓋呈盝頂形，長44、寬46、厚14釐米。蓋題篆書，2行，行2字。誌石方形，長47、寬48、厚10釐米。誌文楷書，共19行，滿行28字。

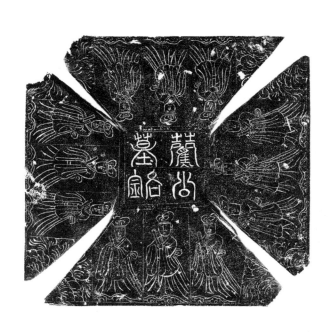

〔蓋文〕

藺公墓銘

〔誌文〕

唐故嫣州押衙兼都虞候忠武將軍守左武衛大將軍西河藺/公墓誌銘并序/

　　前清夷軍書記官廣平宋克□□/

　　公諱寬,字寬,西河郡人也。家本洛陽,後子孫因官迻居燕土,遂爲幽州/薊縣人也。高祖真,唐潞州節度十將。皇祖胎,唐潞州節度衙前兵/馬使、兼監察御史。皇考華,不徇浮名,丘園賁跡。公即華公之息也。/公有堂弟全屓,内蘊謙恭,外聞信義,有四方之心,負孤標之氣。授幽州節/度驅使官、承務郎,試左衛兵曹參軍。公幼懷機略,長習儒風,孝友/成家,周旋四海。時燕主搜求,授公嫣州押衙、兼都虞候。公立/身聳幹,英威凛然,畏愛並施,四郊絶姦邪之跡。將謂松篁比壽,華劫齊年,/奈何玉樹忽摧,奄歸長夜。享年六十有六,以大中三年十月四日,寢疾終/於懷戎里之私第。嗚呼! 良木斯壞,哲人其萎,鄰相罷舂,行路酸涕。粤以大/中四年十月十日葬於嫣州西南三里阻陽之原,禮也。夫人太原王氏,婉娩母/儀,厭厭婦行。有息一人,字曰季安,授嫣州南巡招召大將,忠孝兩全,文武挺秀。/自遭凶憫,泣血茹荼,哀哀劬勞,摧毀滅性。有孫六人,長曰弘質,内衙步軍子將;次/曰弘匡,内衙子矛散副將。可謂家傳杞梓,簪組騰輝,子孫詵詵,不墜門風者/矣。嗣子乃親擁高墳,罄家備葬,慮恐陵谷推遷,乃刊石之爲記。其詞曰: /

　　卓哉藺氏,幹聳枝分。□惟芳胤,子孫詵詵。杞梓騰輝,枝蘭接萼。/畏愛並施,能恭能恪。璧人出運,玉樹生樵。丘墳永閟,松柏無凋。

　　　　　　　　　　　　　　　　　　　　　　　　　　（胡永傑整理）

127　張又新女張繡墓誌

唐故常山張氏（又新）女（繡）墓誌銘

唐大中四年（850）十一月八日葬。誌蓋呈盝頂形，長33.2、寬33.2、厚5釐米。蓋題篆書，3行，行3字。誌石方形，長33、寬33.2、厚6.2釐米。誌文楷書，共18行，滿行19字。

〔**蓋文**〕

唐故常山張氏女墓誌

〔**誌文**〕

唐故常山張氏女墓誌銘/

　　堂兄峴撰/

　　張氏女名繻，字惠畹，漢常山景王耳之後。/唐尚書工部侍郎、贈太保憲公諱薦之孫。/江州刺史張君諱又新之女。/昭獻□□□□之明年六月，誕生於長汀郡。始自/孩提，□□□見□□中表，性仁孝，隆於慈愛，幼而/依□□□□氏姑。及江州府君□世，鄧氏/姑□□□□以詩禮之訓朝說夕謠未嘗倦，故一/□□□□遵乎儀法而又□□□□力乎爲/善。大凡女工之□□文翰之妙，俱不學而能。大中/四年，以嚴暑相醫，熱寇其中。冬十月庚午，殀於上/都親仁里。十一月壬午，祔于萬年縣東南二十里/家塋。銘曰：/

　　蘀其華兮玉其粹，胡爲而芳兮胡爲而悴。原曰少/陵兮孟曰曹氏，斸石刊銘兮以表靈址。/

　　隴西李恩書。/

　　魚元弼刻字。

　　　　　　　　　　　　　　　　　　　　　（邱曉整理）

唐户部巡官試大理評事斑圖源妻鄴郡龐氏夫人墓記

夫户部巡官試大理評事斑圖源撰

泉清見貿撓之無改於靜人情多遷侵之不變其度之世無有焉或謂女子在家柔順隨
物非女子真情也鄰人之室猜忌嫉悍或此真情矣斑圖源間其論而塞之又辯其柔順隨
物有不遷者矣夫人諱嬝字文光其先南安鄴郡人也周畢公曾祖景昭襲封南安縣徙開元喪禮以式祖建累贈
隨物為龐邑侯氏因出焉曾祖景昭襲封南安縣徙開元喪禮以式祖建累贈穆王滿封贈
龐鄉為龐右僕射父歲元和十年宗伯崔公肇用韓文公稱父章在門下遂登于籍大
穆宗登書初年遷試第三芽冠一十五人拜左拾遺
朱衣金章綬良徵試第三芽冠一十五人拜左拾遺又為左補闕賜大

（誌文楷書，共33行，下文漫漶難辨）

128　斑圖源妻龐㜷墓誌

唐户部巡官試大理評事斑圖源妻鄴郡龐氏夫人（㜷）墓記

唐大中七年（853）十月四日葬。誌蓋呈盝頂形，長86、寬85、厚15.5釐米。蓋題篆書，5行，行5字。誌石方形，長90、寬88、厚14釐米。誌文楷書，共33行，滿行34字。

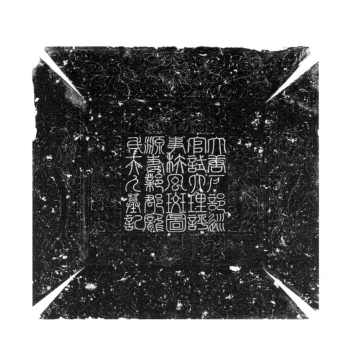

〔蓋文〕

大唐户部巡官試大理評事扶風斑圖源妻鄴郡龐氏夫人墓記

〔誌文〕

唐户部巡官試大理評事斑圖源妻鄴郡龐氏夫人墓記/

　　夫户部巡官試大理評事斑圖源撰/

　　泉清見質，撓之無改於静，人情多遷，侵之不變其度者，世無有焉。或謂女子在家，柔順隨/物，非女子真情也。歸人之室，猜忌嫉悍，或此真情矣。斑圖源聞其論而塞之，又辯其柔順/隨物，有不遷者矣。夫人諱燦，字文光，其先南安鄴郡人也。周畢公曾彪暨穆王滿封於/龐鄉，爲龐邑侯，氏因出焉。曾祖景昭，襲封南安縣，修開元喪禮，以式於代。祖建，累贈/止尚書右僕射。父嚴，元和十年，宗伯崔公群用韓文公稱文章在門下，遂登于籍。/穆宗皇帝初年，以賢良徵，試策三等，冠一十五人，拜左拾遺。召入内庭，又爲左補闕，賜/朱衫象笏。未踰月，改金章，遷駕部郎中、承旨。穆宗四年崩，以文章應對，注意大/用，爲外所憚。暨寶曆，出刺信州，以撰顧命，旋移信安。大和初，入爲庫部郎中。又爲京兆/少尹，又爲太常少卿。五年，權知京兆大尹事七十日，薨。大尹爲秀才時，娶東海徐夫/人。夫人貞淑賢順，謹於饋祀，内外宗姻，仰爲法則。我之室，即徐夫人出之季女也。歸我/之道，與徐夫人之法則前後一貫矣。夫人七歲丁内喪，十三丁外喪，毁容疢懷，出於/天性。十九而歸，歸之年，入我繩樞，食我單糒，如椒寢芳羞焉。夫人年九歲，因疾而惙，經/宿微瘳。大尹恙而問苦與損之狀，對曰：方惙如夢，三數人持五色衣翼入青幄中，云將/嫁斑氏，俾拜衆賓。夫人疾愈，首面瘡癬。大尹猶戲之不可爲斑氏妻也，蓋念其幼而/懵然矣。後十年，竟歸於我，豈異手文而爲魯婦乎。今上四年，下賢良詔，使經營/於道可醫時病者。卿大夫搜其藏蓄，得以來聞省。夫人改粧易褥，且相賀曰：居常時，/以文章自賴；若遇恩，理採能期。光發蒙頷，剔摘人瘝，今如之何？遂乞薦於西。其年八月，/始別夫人於鄭，視行如不出里巷間。明年，詔罷所集者。方計徒歸，謀安耕釣，遇今版/圖，相國魏公召語，以巡官牒見授，捃索東路。又數日，授廷評，勅下充使。其年十月，達/河陰，猶抵甌閩，促征萬里，遂來夫人於平陰巡次，將會面而言南北也。支離惏悢，慘慼/在顔，與前別一何不決歟。旬日，夫人領小弱還陽武，涕泗濡袖，立諭不開，慮此訣而未/返耶？將自疑而竟不祥耶？去年十一月，自閩達桐廬，方解舟北櫓，得浚郊公牒，牒中有家/人一幅字，云夫人疾作迨旬，醫藥皆萃，未有差驗。雖異翎羽，心切迅飛，猛歷風波，不畏/深險，冀日近而知損，何無瘳而數窮。明年正月晦，訃到惟楊，豈料聞夫人不起於此晨/耶？嗚呼！大中六年十一月十五日，寢疾終於鄭州陽武縣青桂坊私第，享年卅五。女三，長/曰涓兒，次曰王三，季曰超兒。涓、超俱小，失於魯中矣。唯王三在喪泣血，追慕懷抱。男吴八，/雖非所字，愛念如出。德均則叶，尸鳩絶嫌，可配龕斯。何付義厚而鑠筭之多歟？圖源兄三/人，無室而早世，季二人，未娶而亟謝。唯圖源開成初，用綵幣榛栗馭輪迎夫人於室，撫/孤主嘗，勤於夙夜。圖源每痛先塋間有手足之壙，無娣姒之兆。固大中七年八月二/十日，自陽武縣悉力舉其柩，以其年十月四日，歸葬於長安縣高陽原/先舅先姑兆之北，從其古而慰神靈於寂寞之間矣。遂摩石刻行，以齊泉壤。

（盧燕新整理）

大唐故朝散大夫夔王友上柱國杜陵史府君墓誌銘并序

129 史仲莒墓誌

大唐故朝散大夫夔王友上柱國杜陵史府君（仲莒）墓誌銘并序

唐大中七年（853）十月四日葬。誌蓋呈盝頂形，長55.5、寬55.5、厚8釐米。蓋題篆書，4行，行3字。誌石方形，長57.5、寬60、厚9.1釐米。誌文楷書，共33行，滿行33字。

〔蓋文〕

大唐故夔王友史府君墓誌銘　　孫子衢篆

〔誌文〕

大唐故朝散大夫夔王友上柱國杜陵史府君墓誌銘并序/

　　將仕郎守華州華陰縣尉姚汝能撰/

　　敘曰：孝者，人之本；善者，行之先。善非孝不足以立身，孝非善不足以成事。身立事遂，爲/之達人，其在公乎。公諱仲莒，以名爲字，姓史氏，京兆富平人也。史佚之後，家諜存焉，/此不具載。曾王父太，閬州長史。王父朝，隰州蒲縣丞。烈考濯，試右衛騎曹參軍。騎曹娶/濮陽吳氏夫人，生公及二孟。長曼，陝州大都府倉曹參軍；次汶，左衛率府右執戟，並先/公而卒。公即騎曹之第三子也。幼而恭厚，雅尚玄言，外默中和，與物無争。弱冠，以勞考/授潁州下蔡縣尉。時相國竇公領度支務，以銀臺引進，須在得人，苟非其材，慮隳/王事，以公掌其職焉。資成，轉右衛率府長史，又授右羽林軍長史。秩滿調集，公以親知/在闕，不樂外官，省無闕員，固請重授，復授前銜焉。大中御極，渥澤傍流，制加五/品。明年，又試南宮，送名門下，俄除夔王友。光榮閭里，美極姻親，子孫侍膝下之懽，生姪/盡閨門之慶。四年趨闕，百事傳家，唯在宴遊，全無憂繫。公自居右職，至列清朝，所/請俸錢，未嘗儲積。貧寒親故，皆分美禄之資；羈旅孤遺，盡減供身之膳。加以性專内典，/心喜檀那，廣樹良因，每霑貧乏。又復門多長者，賓閣長開，攜觴而勝境無遺，結駟而閑/亭畢至。無花不翫，無水不臨，乘肥/衣輕，備極榮樂。是知知足常足，樂善善來，獲此優游，/豈非素分。大凡人生，事難求備，或身榮名達者，則室家多隻影之悲；道合時來者，則骨/肉生支離之苦。公初筮仕，娶京兆杜氏，婉娩之好，已五十年。生子三人，並皆翹儁，知今/學古，傑出輩流。上堂而絲竹駢羅，出門而賓親瞻奉。耳無悲苦，心絶憂虞，度此浮生，世/無儔匹。粵以大中七年歲次癸酉七月十四日癸卯，寢疾殁于永興里之私第，春秋七/十八。以其年十月四日辛酉，葬于萬年縣龍首鄉西陳村，公之自卜也。嗚呼！享年不爲/不永，名位不爲不高。善始善終，人之鮮矣。公其善終乎！談者多鄙西方教，以爲虛誕，蓋/非通學。公始事佛，求歸西方，瞑目之時，似聞天樂。豈非泥洹上願，不違念念之心；極樂/至誠，遂契生生之意。夫人杜氏，母儀婦德，冠于六親；慈愛寬仁，聞乎鄉里。大中二年，封/京兆縣君。長子羣，前衡州衡山縣主簿；次子揆，前宗正寺惠昭太子廟令；次子映，從/職吏部南曹；一女適樂安任行敏；別院李氏，生一子曰實。並茹荼泣血，逮不勝喪。識者/尚之，以爲榮美。長院長姪渾，前歙州婺源縣尉；次姪肇，見任舒州司倉參軍，充太倉監/事。次院姪庠，前右驍衛同州夏河府別將。公常撫育，不離左右。季父情厚，猶子恩深。以/汝能依公門館餘十五年，羣等相於，未常間阻，熟公行業，識公賢能，奉託爲銘，不敢/牢讓。所愧詞荒語野，難傳不朽之文；跡薄名微，浪刻他山之石。迺作銘云：/

　　孝爲德本，善乃道先，人之歸焉。其一百禄曰榮，五福曰壽，其名可久。其二里閈藉藉，光大其門，/惟子惟孫。其三修業修心，唯佛與仏，苟不敢忽。其四生生死死，人之若驚，天樂來迎。其五其道如/何，吾不能測，志人所得。其六壽堂寂寞，生前自卜，是非欲速。其七門館牢落，秋風蕭條，泉路/何遥？已已平生，想像如在，遽隔明晦。其九行楸臟臟，茂栢脩脩，永寄千秋。其十

　　孤子羣書。

（樊文軍整理）

130　王公夫人唐氏墓誌

唐故魯國郡夫人唐氏墓誌銘并序

　　唐大中八年（854）二月二十九日葬。誌石方形，長
44、寬44、厚11釐米。誌文楷書，共23行，滿行24
字。誌蓋佚。

〔誌文〕

唐故魯國郡夫人唐氏墓誌銘并序/

　　貢進士陳亥撰　　　張元貞書/

　　夫人封邑郡名，德合天爵，令淑早著，匪解罕聞，展夙夜之/三從，舒舅姑之四德，此由爲婦之道也。夫人適太原郡王/氏左神策軍兵馬使兼押衙、銀青光禄大夫、檢校太子賓/客、守左衛率翊府中郎將、兼殿中侍御史、上柱國，封太原/郡開國公，食邑二千户。生六男四女：長男敬言，前涇原節/度押衙。次男敬玄等五人，或居弱冠，或始丱歲。並承撫育之恩，各/備孝思之道。長女適潁州司馬張氏，次女三人尚處閨室。/妍年相次，各遵訓令之規；爲母腹心，偕著松筠之節。夫人/生于名家，長于聖代。令德迴拔，顯揚六親；夕惕治家，可標/千載。獨秀閭里，孤高帝鄉。風霜忽變於容儀，日月遽流於/□影。俄以流光闇斷，落照西頹；浮翠潛傾，逝波東往。別浮/華之世，人盡歸焉；當榮樂之時，誰不歎惜。悲哀滿室，增弔/客以涕流；僻踴盡身，傷梧桐而半折。號訴無及，奈何有期。/以大中八年正月廿九日，終于西京崇義里之私第，享年/六十有一。嗚呼！昊天降禍，俄及貞賢，沉暗魄於逝川，没孤/魂於泉壤。以其日月流邁，奄及幽扃，卜以良晨，安其宅兆。/其年二月廿九日，葬于京兆萬年縣龍首鄉成義里南陳/村之原，禮也。宣紀素德，表章幽窆，略其銘，標于千古。銘曰：/

　　翠嶺高柯，雲泉暗和。塋樹蕭瑟，風吟女蘿。垂露同泣，哀猿助歌。/嗟世路無住，歎浮華奈何。悲一往而不返，爵三奠以難過。綠野送別，青春感多。/影逐形没，魂隨逝波。號泣震谷，悲傷滿坡。孤墳永閟，千古峨峨。

　　　　　　　　　　　　　　　　　　　　　　　（馬立軍整理）

唐故朝議郎太僕寺丞上柱國李府君墓誌銘并序

府君諱邯字子都隴西成紀人也其上八代祖

唐景皇帝憂代公抃王繼為嗣績曾大父唐左金吾大將軍充左

街使贈尚書右僕射大父論皇唐京地府縣令贈尚書工部郎長

中府君則撿校左散騎常侍兼太府卿李公定之長子幼而聰敏

抱忠貞令名克彰善著兄恭弟順師範羣流娶德幼而聰史瑯瑯

王鎬之長女奉妻族之禮不虧德明興靈廟丞由左武衛錄事制校祿

入仕釋褐任宗正寺行判官便以公幹政闈清通轉太僕寺丞以光祿

武宗皇帝幸山陵供司鏡之事長績彰勤儉才術名聞

寺主簿事務繁專掌其事值聖明之日不勖力於常恂恂而不樂每曹

署閑散日男子長六尺之軀而未展常悒悒而不樂每

有言曰男子長六尺聖明之日不勖力於常樂坊私第享

昭代立功名於清朝俯資歷而守一官宣不憤裁因山抱疾私第享

歲名醫良藥攻救不及大器而終下位實可惜也有子二人長曰初

年次三十有四女一人字正䒭於京地府萬年縣洪原鄉大趙村附及

見路以其年十月十五日正殯於京地府萬年縣洪原鄉大趙村祔灑淚命筆

行悲瑩書詞刊于貞石用誌陵谷銘曰

先衛義克染芳德比松竹兮貞明不渾兮行同金玉

節義克染芳惟清惟瓊兮咸㝷顯祿

風塵難染芳校本何輕兮霜霞俄及兮秀而不成

芳樹森微芳福祚何輕兮親族欽敬兮

積善靡微芳松栢蒼蒼兮藏碣俄及兮行客歸忠良芳天道無常

田疇善靡微芳少陵之間君止于此芳地久天長

夜臺一椷芳天道無為常

131　李邯墓誌

唐故朝議郎太僕寺丞上柱國李府君（邯）墓誌銘
并序

　　唐大中八年（854）十月十五日葬。誌石方形，長51.5、
　　寬51.7、厚7.5釐米。誌文楷書，共26行，滿行26字。
　　誌蓋佚。

〔誌文〕

唐故朝議郎太僕寺丞上柱國李府君墓誌銘并序/

　　十四叔朝議大夫行京兆府奉先縣令上柱國宕撰/

　　府君諱邯，字子都，隴西成紀人也。其上八代祖，/唐景皇帝。代分封王，繼爲嗣續。曾大父翰，皇唐左金吾大將軍，充左/街使，贈尚書右僕射。大父論，皇唐京兆府同官縣令，贈尚書工部郎/中。府君則檢校左散騎常侍兼太府卿李公定之長子。幼而聰敏，長/抱忠貞。令名克彰，善行彌著。兄恭弟順，師範羣流。娶德州刺史瑯琊/王鎬之長女，奉妻族之禮，不虧其儀敬。琴瑟之音，洞諧典則。以麻蔭/入仕，釋褐任宗正寺德明興聖廟丞。由左武衛録事參軍遇/武宗皇帝山陵，充按行判官，便以公幹才術名聞，制授光禄/寺主簿。供司務繁，專掌其事。績彰勤儉，政闈清通，轉太僕寺丞。以曹/署閑散，事務蕭條，恃心鏡之長懸，嗟才術而未展，常悒悒而不樂，每/有言曰："男子長六尺之軀，值聖明之日，不勁力於/昭代，立功名於清朝，循資歷而守一官，豈不憤哉！" 因此抱疾，綿綿經/歲，名醫良藥，攻救不及。以大中八年八月八日，終于常樂坊私第，享/年三十有三。於戲！茂哉大器，而終下位，實可惜也。有子二人，長曰初/兒，次曰張四。女一人，字正正。皆以童幼，未能主喪。然欒欒之音，傷及/行路。以其年十月十五日，葬于京兆府萬年縣洪原鄉大趙村，祔/先塋，禮也。余爲季父，豈不熟其事？凡所敘述，莫若其親。遂灑淚命筆，/銜悲書詞，刊于貞石，用誌陵谷。銘曰：/

　　節義克茂兮，德比松竹。貞明不渾兮，行同金玉。/風塵難染兮，惟清惟蕭。親族欽敬兮，咸竚顯禄。/芳樹森聳兮，枝本瓊瑛。霜霰俄及兮，秀而不成。/積善靡徵兮，福祚何輕。殲磷忠良兮，天道無名。/田疇莽莽兮，松栢蒼蒼。行客歸人兮，世之爲常。/夜臺一掩兮，少陵之崗。君止于此兮，地久天長。

　　　　　　　　　　　　　　　　　　　　　（馬立軍整理）

132　李宥幼女李英娘墓誌

唐大中九年（855）五月十九日葬。誌蓋呈盝頂形，長
45.5、寬45.5、厚7釐米。蓋題篆書，3行，行3字。誌
石方形，長46、寬46、厚8釐米。誌文楷書，共22行，
滿行22字。

〔蓋文〕

唐隴西李公幼女墓誌

〔誌文〕

□戲，皇唐大中九年夏，粤有同州別駕李公宥與武威縣/君段夫人喪第三女。仰天號訴，穹蒼道遥，情莫達於上玄，/□益結於衷懇。念乎懿德潛□□□□貞□之敘述，難假/□外，遂命季父京兆府奉先縣令君念録其徽猷，誌于貞/□。李氏之先，續/玄元之後，其上八代祖/唐景皇帝。代分封王，繼爲胤嗣；枝傳玉牒，派自/靈源。故以名曰英娘，用貞英之義爲號焉。自誕生之初，歸/櫳房之始，歲起辛亥，終于乙亥，日辰丙戌，月建辛巳。曾祖/翰，皇任左千牛衛、上將軍，贈尚書右僕射。祖論，皇任京兆/府同官縣令，贈尚書工部郎中。祖母崔氏，封博陵縣太君。/洎乎伯祖、叔祖，皆列清朝；從父諸昆，齊名共/貫。嗟夫！幼而明敏，性本温柔，内親外親，貌恭心敬。不尚鉛/華之美，唯習雅素之風。令行女工，舉措可範；表爲人瑞，九/族欽焉。是以選卜良配，至及笄之日，段夫人鍾愛愈厚，竟/不遂稱。嗚呼！淑德濬哲，不及移天之慶，實可悲也。即以其/年五月十九日，歸葬于京兆府萬年縣洪源鄉大趙村，祔/先塋，禮也。慮歲月遷移，陵谷改易，刊石紀事，用爲誌焉。銘曰：/

珠之潤兮玉之瓊，冀永茂於家聲。/劍之沉兮□之藏，形雖隱而名光。/履跡生苔兮門網密，夜臺長□兮徽音失。/□□□鬣兮孤月明，地久天長兮雲樹平。

（胡永傑整理）

133　韋居實墓誌

唐故京兆府興平縣主簿韋君（居實）墓銘并序

唐大中十年（856）十月二十四日葬。誌蓋呈盝頂形，
長43、寬43、厚11釐米。蓋題篆書，3行，行3字。誌石
方形，長43、寬43、厚7.5釐米。誌文楷書，共22行，
滿行24字。

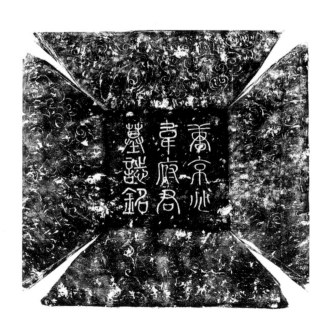

〔**蓋文**〕

唐京兆韋府君墓誌銘

〔**誌文**〕

唐故京兆府興平縣主簿韋君墓銘并序/

　　堂弟前知度支陝府院事宣德郎侍御史内供奉 元 實 撰/

　　長安縣居安鄉盧宋村之南一里，輻圓數千步，有喬松、大楸、石/柱、石羊、石人表墓者，皆元實之族。自大王父、王父、伯祖、叔祖 及 /父母兄弟，皆葬是焉。今葬於斯，元實堂兄諱居實，字厚本，太子僕/諱昭訓之曾孫，光祿卿諱憲之孫，萬年縣主簿諱廣之長/子，唐嗣吳王妃之外孫。厚本仁孝生知，聰敏天性。自總角至/于斂手足，凡爲五言、七言詩數千首，往往句調，雖前輩無以加/也。崇文生出身，爲率府衛佐。敬宗踐祚，宮寮例昇，授華州/下邽縣主簿。秩滿，糾興平。娶長安縣令李播女。播，燉煌人也。生/二子，長曰行者，次曰智者；一女曰玄珠。公命不偶，會爲度支巡/於河陰。汴水夏絕，貢物不入，將計司命促之。叔父廛副河東/薛公元賞於徐州，因是行也，拜侍之。至止之日，九月廿三日，無/疾而歸大夜，享年卅三，權殯於宿州符離縣。大中十年，葬於盧/宋村，祔大王父之塋。暴露十九年不得歸者，或年非大通，力/闕資費。洎子之叔父允升爲咸陽令，乃能遷焉。以其年十月廿/四日封樹，元實爲銘焉。/

　　育義懷仁，蘊德立身。生知百行，禀乎三均。儀形可圖，/調韻高雅。性自孤貞，情本閑暇。由是爲詩，才清句奇。/胡乃不壽，存歿皆奇 音羈 。爲銘識墓，慮變陵谷。秉筆紀年，/痛極而哭。/

　　元升篆。

（樊文軍整理）

134　周傑及夫人楊氏墓誌

唐故涇原節度判官監察御史裏行周府君（傑）墓銘并序

唐故周府君（傑）夫人弘農楊氏墓銘并序

　　唐大中十二年（858）閏二月二十二日合葬。誌蓋呈盝頂形，長75.5、寬75.5、厚9釐米。蓋題楷書，4行，行4字。誌石方形，長75、寬75、厚8.5釐米。誌文楷書，共40行，滿行42字。

〔蓋文〕

唐故汝南周府君并夫人弘農楊氏墓銘

〔誌文〕

唐故涇原節度判官監察御史裏行周府君墓銘并序

　　前同州長春宮巡官監察御史裏行沈朗撰/

　　公諱傑，字彥臣，汝南郡人也。周氏之先，焯乎經誥，無假編載。公之祖曰銓，銓生象。當玄宗時，海內昇/平，並樂丘園，不喜入仕。象生玠，豫杭之法曹。法曹生公，公吳郡陸氏之出，鳳翔軍司馬暢之甥也。生四年，/而法曹早世。公已知茹荼之痛，呱呱之泣不絶聲。育于外氏，先夫人親教以《孝經》、何《論》，而慧倍常兒，/長而能詩，酷似其舅。廿八，舉進士，凡六試春闈，遂登上第，猶居外家。及先夫人殁，公水漿不入口者/三日。遽卜衡茅，方遷筵幕，始樹門宇奠饋之位。嘗揮涕刺血，手寫《金光明經》一部，《金剛》《藥師經》各一卷。廬/居苦寢，以畢喪紀，甘露降其林，靈芝生其庭，每歲有之。鄉告于邑，邑白于州，州以近勑[不]□奏籍，遂寢焉。/既除喪，而猶未去黑縗。親舊有勉其進者，則曰：“始吾以柔滑爲念，亟思禄，及今吾有風樹之戚，更何爲去聲哉？必/老于是。”洎弘農楊公首鎮桂嶺，始受弓旌之辟，奏秘省校書。府罷，河陽韋公處仁奏支使，守舊銜。韋移鎮/[于]兖，奏協律郎，守舊職。大中八年，調補京兆雲陽尉。秩滿，涇帥李公承勛辟爲支使，奏監察裏行。十一年冬末，/赴職未到，轉節度判官。公先有風恙而不甚，到職浹旬，暴終于涇之官舍，享年五十八。其妻弘農楊氏，今/祭酒、尚書之姪，故長安令正郎之女也。之涇之際，以獻歲之始，逮夢熊之月，不可車于陸，姑止于京。不二/旬，而夫子之訃至。夫人已寢疾，家人未以訃告，則已有所覩，曰某郎至矣，日坐于爐而語我以其事矣。不/踰月而夫人亦謝。有子五人，長曰銖翹，其外氏不知何許人也。次三人，楊出也，曰[維]兒、行者、康兒，皆小字/也。有女三人，其長媲兖參陸襄，其二在室。即以其年閏二月廿二日，與夫人祔于京兆府萬年縣小[伍]村，/禮也。於戲！孝者，百行之先，公實光焉，附之以朴謹端實，沖退恬暢，其道近於古矣。其子泣血請銘，以朗與/公有童丱之舊，金石□，又忝同年熟公之行，固不敢讓，泣而銘曰：/

　　夫以名之峻，而位必相符，而陶靜節止於宰乎？以德之崇，而壽益相侔，而顔亞聖止於壯乎？/嗚呼！無患名位德壽之不侔，在其生而不疵，死而不渝。雖曰死矣，非吾所謂死乎！/

唐故周府君夫人弘農楊氏墓銘并序

　　長兄前鄉貢進士希古撰/

　　嗚呼，聖人作禮義，虔孝讓，必俟夫操執有立者行之。不然，則必浼其道，不顯其德者衆矣。夫人長自大族/家，幼識所立於綺紈繡繪之間，無所翫好，常斂色雅視，肅莊於群董中，動必可敬。每曰兒女子不得顯大道、揚/先風，誠足恥也。今思齊一己，可譽於百口之門，亦足其志。洎長，竊見書，往往得古人道，益信其意。由是/先府君尚所趣，實慎匹選。及夫人世父守鎮桂林，亟擇良士，得汝南周傑[以]歸焉。周君實仁厚君子，/視物與己，能一其心，不[自]上下，真温玉渾金，匪磨匪磷之至也。開成中，登上第，累佐名人，亦調補近甸尉。/夫人凡至官所，未嘗不先親愛以盡財，約身己以資匱，釐獻奉書，冬温夏涼之備，必以時而至。尊尊之上，/瑣瑣之下，未有不周其惠者。每昆弟自遠而會，則戒其使曰：某兄至某弟至，當悉我所蓄以須焉。恭接怡視，若/喜不自止，必綿留惜去，以竟其意。周室且窶，尚惕[刓]如是，況豐入厚得而施之乎？嘗恨壻氏族微，姑章早世，/不得備鍼管線纊之事，蒸嘗粢盛之禮。綽綽婦道，章章母儀，而垂則於孝孫孝娣也。以是行顯于家，德表乎董，/真酌古持範之流，莫有儔矣。夫人弘農氏，華陰人，遠祖震，即東漢所謂關西孔子是也。楊門之盛，濟濟/乎士林矣。曾祖諱燕客，皇汝州臨汝縣令，贈工部尚書。大父諱寧，皇國子祭酒，贈太尉。考，皇長安縣令，/諱[魯]士。外祖范陽盧公，皇太子賓客，諱公憲，贈工部尚書。内外閥閲，中門昆弟，無與比焉。皆文進行脩，飾表當世。[今]視草王庭，諫察省署，登名春第，十有其人。餘皆繫職効官，不可具紀。寔謂奕奕聖時，更壽迭邁也。戊/寅歲，周君榮受公辟，職守涇上，不享厚禄，喪書遽來。夫人方慶誕在家，未卜聞日，旋嬰甚疾，藥不可瘳，/竟止短期，奄捐私館。以大中十二年二月十二日，殁于長安静恭里，享年卅四。男五，三名記于夫之文。哀哉！織仁組義，擬於古君子，其報施之道，一何薄耶？余不知蒼蒼者善惡何明？始窮終通，垂裕於來者，其數子乎？以/其年閏二月廿二日，合祔於義善鄉，廣地脩崗，安久之制也。其兄希古銜哀茹痛，刻石以銘：/

　　適人備德，居家守行。享禄與年，何終不慶。神識沉脩，旻蒼耿静。/欲問無緣，心飛骨競。南原之上，直視崇崗。森松列檟，鬱以成行。/[福]流多[嗣]，道有餘光。[璨]石縷詞，安於壽堂。

135　蕭珏墓誌

唐故滑州參軍蘭陵蕭公（珏）墓誌銘并序

　　唐大中十二年（858）十月二十一日葬。誌蓋呈盝頂
形，長55、寬54、厚12釐米。蓋題篆書，4行，行3字。
誌石方形，長53.5、寬54.4、厚11.5釐米。誌文楷書，
共25行，滿行31字。

〔**蓋文**〕

故滑州參軍蘭陵蕭公墓誌銘

〔**誌文**〕

唐故滑州參軍蘭陵蕭公墓誌銘并序/

　　四從弟鄉貢進士廩撰/

　　公諱珏，字漢圭，其先蘭陵人也。十一代祖是爲/梁武帝，歷世焜耀軒冕，固不俟被圖諜而後知也。曾祖晉，/皇太府少卿、兼濛陽郡太守，贈秘書監。祖遇，皇太僕少卿，/贈工部尚書。父澈，皇尚書職方郎中，才器行義，標準搢紳；娶河/東裴氏，父常棣，皇太子右庶子，贈左散騎常侍。公即/郎中府君之第三子也。幼稟端謹，以惇朴自居，動不違仁，處心惟孝，恬和守道，不/求强合，由此爲親族之所敬愛焉。及壯，以門蔭登仕，解褐調授滑州參軍。/秩滿之後，杜門帝里，娛志琴書，非骨肉之間歲時覿謁，則莫覩其/風儀矣。其沉退簡默，有如是焉。方期固天爵而樹貞規，鬱然而自厚於/蕭氏之門。俄聞遘疾，以大中十二年八月十三日，終于上都興化里之私第。即以/其年十月二十一日，窆于京兆府萬年縣神和鄉少陵原，從/先塋也。公娶滎陽鄭氏，父衍，皇不仕。有三子三女焉。長子曰住兒，/次曰坦兒，一子未晬。長女曰静仙，年未及笄；次曰招兒、正兒，方在[孩]提。/住兒等温莊有聞，可謂良嗣。夫人憫視號咽，雖[在]若亡。公親弟，今馮/翊宰競，纔臨撫字之境，遽銜手足之哀，格令所拘，奔赴莫[遂]，而/喪事巨細，必罄其俸以遙董之，故得宅兆旋安，窀穸備用。俾/歿無遺恨，家絕闕禮，孝悌之節，於斯盡矣。馮翊以茹毒鴒原，永/感終鮮，欲其懿節嘉德，不泯九泉，將誌貞礎，用申沉感。謂廩學/文，見命敍録，而學褊才凡，不副行實。敬爲銘曰：/

　　天胡不仁，與善道替。潔己温良，亦隨川逝。/松挺幽澗，玉蘊貞石。材閟價藏，良匠未識。嗚呼已矣，徒仰遺美。丹旐遽飜，白日難寄。/大野煙曉，長原月昏。音容一隔，千載泉門。

　　　　　　　　　　　　　　　　　　（任雅芳整理）

德白　邵郎　發涕禮村先弟九芳韓肉輯无英奏朝敢怨見為府
悲雖日屬其郎也詣建克叶初建半低聞至誕自記廷文且貴醴君衛左鄉
陽著玄壽朱朱銀銘中即業藥能嗣日薄禄人右暄唐記限重德泉諱翰貢上
　堂雞長安章昭以薄其即請銘初建其金宗終壽婿戚等皆來之除郊謹園之錫和林進柱
德陰縣章宣冊曰　中業嗣其不城命不儒左異代悲名俾郊天愿之風厚曾得士國
悲風承冊發揮薄殯有家即明年奈何子不字齊凡也大刊景鐘紀地類光府祖尚王高
陽條平揮侯王有舊其即年四月廿何私第字宗簡異朱靜銘之由弥景出祖載孝南平
　椒鄉前阿子舊記志兄月廿八名弟恭融立均是有藏華豐碑是景鍾泉出孫黃郡
　寒前阿房後志比毫之事廿八日附于　六十三友同妻孝愛人一之盛性朱史徐之聲京光黑易黃守邵
德柏代臨未央闕里式言劉邊妻劉長安縣承平鄉楊遠近俱折式慟踊于長安縣承平鄉劉貴遇時當府振安鄭賢靈於緇貴遇寺府
白蒼央高堂其式之情言　邊　安縣承之平鄉楊遠近俱折慟歸汪氏番嫁嚴親果慤其寛坦嘗勞績英列屯黃遠達相平之別今
日金臨闕有光其其比毫　比　　劉邊　　平鄉楊俱折式邊劉　中十二年五月廿四日氏督嫁妻　　毅冐烈常著外權伟夫
鳴雞玉大已鳴吠萬古千秋　

136 邵建和墓誌

大唐故中書省鐫御題玉簡都勾當刻玉册官游擊
將軍右威衛左郎將上柱國高平郡邵府君（建和）
墓誌銘并序

　　唐大中十三年（859）四月二十八日葬。誌石方形，長
45.5、寬45.5、厚7釐米。誌文楷書，共26行，滿行25
字。誌蓋佚。

〔誌文〕

大唐故中書省鐫御題玉簡都勾當刻玉册官游擊將軍右威/衛左郎將上柱國高平郡邵府君墓誌銘并序/

　　鄉貢進士王南薰述/

　　翰林待詔朝議郎守率更寺丞上柱國董景仁書/

　　府君諱建和，周尚父奭之雲孫，秦丞相平之遠裔。洎脉分派別，今/爲醴泉縣人。曾祖光，祖其，考俊。《易》曰積善之家，必有餘慶。愛而不/見，賁于丘園，錫類府君，載光累葉。幼章令譽，夙蘊端良。□敏之/思且閑，謹愿之風彌厚。藝高出衆，生貴遇時。當/敬文之際，郊天祀地，旌善紀功。今少師河東柳公公權，偉夫/朝廷重德，文翰高名。凡景鍾之銘，豐碑之烈，至於緇黃追述，中外/奏記，但樹金石者，悉俾刊刻，無處無之。由是聲價彌高，勞績兼著/矣。自唐來則有朱静藏、史華、徐思忠、衛靈鶴、鄭振、陳英、常/无怨、楊暄等，皆異代同妙也。大和五年，始授京兆寶安府果毅，累/轉至右威衛左郎將，以階官齊，是有朱紱銀印之盛。性惟寬恕，骨/肉間孤孀不少，莫不分俸撫字，每患不均。仁人之心，有如此者。妻/韓氏夫人，齊眉同德，生三子宗簡、宗立、宗厚等，一女歸王氏。婚嫁/方畢，禄壽冀遥，奈何景命不融，冥數誰道。噫。大中十二年五月十/九日，邁疾終於金城里私第，春秋六十三。妻孥號慟，遠近傷之。親/弟建初，能嗣其業，不殞其名。希恭友以同歡，痛手足之俱折。式遵/先遠，克叶稱家。即以明年四月廿八日，祔於長安縣承平鄉楊劉/村，禮也。建初伯仲以鄙薄有舊，託志元兄之事，將慰比母之情。言/發涕零，詎爽其請。銘曰：/

　　邵郎邵郎，朱紱銀章。昭宣簡册，發揮侯王。子弟無恙，閭里有光。其/名雖著，其壽靡長。長安縣，承平鄉。前阿房，後未央。祔先代，臨高崗。/□白日，扃玄堂。陰風慘慘，寒栢蒼蒼。金鷄玉犬已鳴吠，萬古千秋/徒悲傷。

（李浩　羅曼整理）

137　李秀才墓誌

唐隴西李君秀才墓誌銘并序

　　唐大中十三年（859）十一月四日葬。誌蓋呈盝頂形，
長29、寬29、厚5釐米。蓋題楷書，2行，行3字。誌石
方形，長30、寬29.5、厚5.4釐米。誌文楷書，共15行，
滿行18字。

〔**蓋文**〕

李君秀才墓誌

〔**誌文**〕

唐隴西李君秀才墓誌銘并序/

　　李君，字□，隴西成紀人，王族裔也。皇檢校/左僕射、義成軍節度觀察營田等使、贈太尉之/孫，今檢校右散騎常侍、司農卿之第七子。幼/而端實，性惟沉默，骨肉相謂，必爲令人。如何/未登弱冠之年，已奄泉臺之恨。以大中己卯歲十/月十二日終于上都宣平坊私第，享年十九。以/十一月四日歸葬于萬年縣義善鄉鳳栖之原。/噫！君積善之家，謂鍾壽禄，何期懿範有修，而靡/延福慶。是以宣興聖歎，蓋天命之無常也。第二/兄□宣州旌德縣尉宗□奉/命刊紀，乃泣而爲銘曰：/

　　孝而温□，恭而□群。詩書匪倦，/□行詈聞。□善有徵，謂神無昏。/仁者不壽，□□□論。

（田子爽整理）

138 高承恭墓誌

故銀青光禄大夫檢校吏部尚書兼右神武統軍贈
尚書右僕射渤海郡開國公食邑二千户高公（承
恭）墓誌銘有序

唐咸通二年（861）八月十二日葬。誌石方形，長
93.5、寬93.5、厚13釐米。誌文楷書，共45行，滿行45
字。誌蓋佚。

〔誌文〕

故銀青光禄大夫檢校吏部尚書兼右神武統軍贈尚書右僕射渤海郡開國公食邑二千户高公墓誌銘有序/

門吏朝散大夫行尚書虞部員外郎柱國李勳撰并書/

有唐咸通二年五月十三日，公寢疾薨于安業里之私第，享年七十有七。以其年八月十二日，卜窆于萬年縣/神禾鄉皇甫里神禾原，祔于先太尉之塋。嗣子弘等哀號泣血，祗奉理命，請勳書石，誌其墓云/：

公諱承恭，字子儉，其先渤海蓨人也。曾祖諱夔，梁州司馬、贈梁州都督。祖諱行暉，懷州別駕、贈户部尚書。/考諱崇文，劍南東西二川、邠寧慶等州節度觀察處置等使、開府儀同三司、檢校司空、同中書門下平章事、充京西/都統、贈太尉、南平威武王，配饗憲宗廟室。太尉先娶于董氏，封郇國太夫人。後娶于郭氏，封晉國太夫人。/公則太尉之次子也，出於晉國。元和初，蜀帥劉闢反，據鹿頭城，斷劍閣路。上盛怒臨軒，召宰臣選名將/可以必取者，時宰相杜公首薦太尉才業可用，乃命以長武城兵，仍分神策軍統而征之。公時侍行，奏爲/教練。將決必擒之計，定一舉之功。雖内稟於義方，而有自於成算，故得不戰而生獲渠魁，不時而平定庸蜀。銘功鍾/鼎，昭爍圖史。由是恩授檢校祕書監、兼御史中丞。尋授右金吾衛將軍、副鎮州行營。由右威衛將軍刺齊州，仍副/滄州行營。又授右衛將軍，兼御史大夫，充威遠營使。又加左領軍衛大將軍，累刺漢、陳二州。尋典蔡州，充防禦兼監/牧使。考課升上下，百姓軍吏詣闕乞留。遷壽州刺史、本州團練使。尋加左散騎常侍，經略邕管。公牧人則/清静簡肅，爲鎮則恩威兼洽。至於夷蠱患，創新規，上合化條，下便人欲，夷獠感戀，唯恐遷去。俄授左金吾將軍，仍/統右龍武軍。除右衛上將軍，又授右金吾衛大將軍，遷檢校工部尚書、邠寧慶等州節度觀察處置等使。在任四年，/臨帥三州，法理廉平，旦夜孜孜。邠之使宅，昔有狐狸爲怪之説，由是官署頹圮，前政畏忌不修。公乃不練日，不避/太歲，農隙餘力，百堵皆作。至如鑿城垣，啓使院便門，新甲仗庫，建毬場樓，作西關門，修五龍河，碾砌沙橋，輦石爲郭/邑街路，興利去弊，知無不爲。又城門守卒，城上更夫，隆冬不可過，公命各給衾襖薪炭以安之。時党羌叛，/公慮有征役，先事靡不備，因給時服，每卒留其半縑，衆莫喻其意，公乃教其油之，令各爲雨備。不逾月，果/詔公領三道兵赴寧慶州以臨之。時中秋霖潦，山程險艱，唯邠軍不知其苦。公剛明先見，多此類也。至於明號令，/蠲宿逋，壹賦役，均勞逸，卹婚嫁，救喪葬，添戰馬，補亡卒，增器備，牢柵壘，異政奇謀，不可悉紀。俄遷刑部尚書，鎮兗海。始/至，以先王之道化于人，以忠孝之誠感于軍，由是禮讓興行，魯風復振。以俸錢寫六經書，以餘羨修夫子廟，自/使庫出係省錢帛，於州庫創州曹司，修幕寮院，整頓紀綱，擘畫條理，奸害束手，封部恬肅。倉庫有虛係簿書，廣張名/數，使使相承，留爲交割。公條奏，落下虛雜，數僅三十萬。封内有鹽鐵権利，舊例，得專之爲公費。其有多價以貰/之者，官希其利，民幸其得。不時以償，或死或亡者，累于保證，子孫親屬囚繫積年，僅百人，計其欠，不啻二十萬，亦爲交/割數。公奏，悉原之，焚毀案牘，圄圉空虛，遠邇感詠。公始至，交割盡虛，及歲餘，則倉庫盈實。公之奇政殊/化也，大率如此。時新復河湟，朝廷以關郡故地，經制須得其人，乃命公奉使巡京西、京北六道，點閱/修創。既還，敷奏明白，大稱聖旨，依前統左羽林軍，復授右金吾大將軍。時延英中謝，/上以公步趨輕謹，善於對揚，顧問行年兼服餌之術，嘉歎久之。由是授振武節度使，軍旅畏稟，/夷落感悦。及罷，又統右神武軍，加檢校吏部尚書，薨于位。/皇帝悼惜輟朝，贈尚書右僕射，賻帛吊其家。嗚呼！公自筮仕，五十年間，歷官廿三政，以殊才宏略，總領/大事，膺天子憂寄，副朝庭委用。晝不居内，纔旦而坐衙，衫不去體，筆不停押，飲不至亂，宴不及暮。勤/敬兢檢，不萌猜怨，無纖毫過誤，無一事不理。未嘗有人非鬼瞰之悔，未嘗有罰金貶秩之辱。官既高而接士彌謹，家/甚貧而不以介意。可謂儒武全才，公忠盛德，求之當世，罕見其人。公娶于崔氏，封博陵郡太夫人。有子七人：長/曰弘，任右金吾將軍，兼御史中丞，周才茂器，孝友温謙，祗承嚴訓，不墜家法。次曰聿，任左羽林將軍，兼侍御/史，端和兢潔，深識該通。次曰弘宣，前易州刺史，賜紫金魚袋，歷官有立，敏達精能。次曰宏前，任殿中省尚食直長。皆/爲賢良保家之主。次曰弘言，前涇州參軍。次曰遠，次曰輅，皆有宦緒。有女五人：其長適漳州刺史第五圓，次適泗州/下邳縣令王元同，次適密州刺史崔嶠，次適將作監主簿盧仲武，次一人未及笄。公博愛慈仁，睦親好施，急人之/急，家無長音仗物，錢至不庫，粟至不廩，中外凶吉，一以資之。彌留之際，囑其子曰："稱家之有無，斂手足形還葬，喪有寧/儉寧戚之教。汝等由吾言，乃孝子也。"勳受恩門下，感德特深，藝詞荒薄，不足以贊敘。虜爲銘曰：/

士之生世，讀書爲儒，蘊蓄訏謨。恐名既達，而行有不俱。保位持禄，飲燠妻子。無聲無績，蓋棺乃已。/偉哉我公，雄雄丈夫。全才奥業，妙略英謀。左右大事，克成壯圖。奇智特出於孫吳，明智生知於禮樂。/餘慶鍾美，罔愧先覺。貞恪廉白，累爵重侯。不家之謀，唯國之憂。珠纇玉瑕，公無過尤。春風滿懷，/有恩無讎。洋洋理行，灼灼休烈。光昭子道，終始臣節。我數去聲歸全，我德無缺。令子令孫，更高其門。/勿怠勿墜，慶福斯存。嗚呼，悲星序之徂遷，歎逝波之詎已。懿功名之不朽，永光乎巨唐之史。

（盧燕新整理）

139　鍊師郭雲儀墓誌

唐僊化郭鍊師（雲儀）石誌敘

　　唐咸通三年（862）十一月二十六日葬。誌石方形，長
40.5、寬41、厚11釐米。誌文楷書，共25行，滿行25
字。誌蓋佚。

〔誌文〕

唐僊化郭錬師石誌敘

　　　昆仲同契道士賓魯述/

　　　錬師姓郭，號雲儀，字守一。唐故懷仁公嗣本六代孫。曾祖正言，/皇任彭州導江縣令。祖季，皇任徐州彭城縣令，贈虢州刺史。/父景，皇試大理評事。夫人范陽張氏，即大洞尊師靈應之子，/玉真公主之孫。公主脫屣榮寵，標節真宗，國史稱奇，玄書紀異。/尊師親承主命，棄仙尉於長安；首飾星冠，備寶階於三洞。少妻/李氏，旋乃樂分鸞鏡，悦就霓裳。雖亡偕老之期，共契無形之慶。/我錬師□宗儒派，外襲皇姻，釋貴從玄，族門相望。幼失歡愛，/長育姑姨，孝淑奉心，率生其性，而玄風志紹，奢侈情疎。骨屬以名/教攸拘，爰議有歸之禮，適故司農寺丞唐靈長。不十數年，而唐先/逝。雖無一胤，孀室三秋，終禮緦麻，歸裝月帔。遂解素衣於玉真觀/主女舅張體素之門。於是虔誠百和，精諷五十，志咸玄靈，感希真/聖。果遇三洞法師諸葛先生，觀錬師神儀英異，物跡非凡，授/以明威正籙，六甲秘符。錬師行□修持，孝盡師友。及先生託/疾，躬奉湯藥，灑血祈真，以至遺言，誡而告曰：“勉哉六載，將重會於/仙府之間。”於戲！咸通三年秋八月，有同室女道士鄭雲□忽夢/先生來訪，錬師□服霓霞青衣，禮師庭外，倏若去而復返者。由/是不日言疾，篤於簟枕，益加誦持不輟，唯道爲言，分馥異香，飄空駭衆。至/九月十五日，精魂是分，享年六十有六。未即遷柩，歷夕之間，而尚容儀儼然，光/彩如故。果知我先生遺契六齡之兆，錬師解化示人之歸無謬也。卜其年十/一月廿六日藏脫於長安高陽原，祔外王母故采真觀主李夫人山澤之東南，即采/真觀正午地也。錬師血親有仲氏，前汾州平遥縣令年，室內弟子有十誡女道/士張妙真、張紹真。以余與錬師玄門花萼，世緒天倫，不揆才蕪，哭罷而誌。詞曰：/

　　　浮生脫屣兮隱跡韜光，暗然日凋兮死而不亡。/大君之□兮白日翱翔，吾師不爾兮衣舄空藏。

（趙陽陽整理）

140　鄭陶兒墓誌

唐咸通四年（863）閏六月二十四日葬。誌蓋呈盝頂形，長33、寬33、厚7釐米。蓋題楷書，3行，行3字。誌石方形，長32.5、寬30、厚8釐米。誌文楷書，共11行，滿行10字。

　　按，該誌石原已刻墓誌，後經磨平，刻墓主之銘。前所刻尚留殘存筆畫。

〔**蓋文**〕

滎陽鄭氏中殤男墓銘

〔**誌文**〕

　　太子左庶子襲滎陽縣男/鄭遂第四子陶兒，以大中/三年九月九日，生于伊闕/縣舍。咸通癸未歲
遘疾，五/月二十八日庚申，夭于宣/陽里第。閏六月二十四日，/厝于尚書鄉滋水原，祔于先兆。故銘
于石。

（王早娟整理）

（拓片）

141　薛璜墓誌

唐故國子助教薛府君（璜）墓銘并序

唐咸通五年（864）二月九日卒，無葬期。誌蓋呈盝頂形，長43.5、寬44、厚5.5釐米。蓋題篆書，3行，行3字。誌石方形，長44.5、寬44.5、厚6.7釐米。誌文楷書，共23行，滿行24字。

〔蓋文〕

唐故助教薛府君墓銘

〔誌文〕

唐故國子助教薛府君墓銘并序/

　　長兄魏博節度掌書記文林郎試大理評事兼監察御史賜緋魚袋尤撰/

　　有唐國子助教薛璜，字授賢。咸通四年七月遘疾，五年二月九/日終於長興里私第，享年四十□實第四房也。噫！薛氏肇自殷/周，作相封侯，奕美聯榮數千年，輝煥史諜。洎于累葉刊刻贊敘，/棋布河中府臨晉縣北原，固不暇覼縷於是。高祖諱悌，皇雍州/司士參軍，贈文部郎中。曾祖諱幼連，皇京兆府長安縣丞。祖諱/易知，皇慈州刺史，贈左散騎常侍。皇考諱元龜，皇京兆少尹/知府事□□□□□□夫人。夫人大父諱寶臣，皇司空、平章/事、成德軍節度使。先考諱惟簡，皇戶部尚書、鳳翔隴右節度使。/夫人有男三人，有女二人。長曰尤，試大理評事、兼監察御史、賜/緋魚袋，掌奏記于魏。次乃助教。次曰璪，贊鳳翔府天興縣事。/二女早世。助教天資孝友，性實溫良，潔白居官，畏慎履世。士/君子必謂享五福、用三壽。天之夭顏餒夷，壽彭豐盜，使聖哲大惑。/助教不永不顯，又何遠哉。歷官自試太子校書，幕畫浮陽，由/六軍掾、河清丞，繇是補國庠。秩以陰陽籌數，未克祔臨晉之/先域，是用權窆萬年縣寧安鄉杜光村，以俟吉年，遷于聯貴。/助教未及婚媾，有子二人，曰藥師，曰重秀，其出妓也。尤銜斷手/之痛，强吮毫之事，懼陵谷變於瞬息，豈曰文爲。銘曰：/

　　顏夭於行，夷殍於貞。彭庸而壽，盜暴而亨。/天之報施，有若乎盲。助教之逝，冤於顏夷。/被服五常，衆多罕知。終南峨峨，秦川鬱鬱。/暫窆於此，翹伺通吉。

（邱曉整理）

142 高正宗墓誌

唐故銀青光禄大夫檢校太子賓客上柱國雲騎尉
高府君（正宗）墓誌銘并序

　　唐咸通五年（864）八月十八日葬。誌蓋呈盝頂形，長
46、寬46、厚8釐米。蓋題篆書，3行，行3字。誌石方
形，長45、寬46、厚7釐米。誌文楷書，共29行，滿行
28字。

〔蓋文〕

大唐故高府君墓誌銘

〔誌文〕

唐故銀青光禄大夫檢校太子賓客上柱國雲騎尉高府君墓誌銘并序/

府君諱正宗，其先滄州景城人也。北齊宣帝之苗裔，世封渤海郡。/曾祖諱汾，皇滄州橫海軍節度押衙、朝散大夫、檢校太子詹事、上柱國。/祖諱嵩，皇博州刺史、朝議大夫、檢校國子祭酒、兼御史中丞、上柱國，賜紫/金魚袋。父諱有望，雲麾將軍、守左領軍衛大將軍員外置同正員、兼光/禄卿、上柱國、渤海縣開國伯，食邑七百户。府君即光禄卿之弟八子也，/性禀沖和，義深仁德，弓裘不墜，文武兼才。皇左神策軍、銀青光禄大夫、檢/校太子賓客、上柱國、飛騎尉，克勤於國，克儉於家。長慶中，進封輕車都尉。/勤勞王室，忠赤事君，内外吹噓，實光軍國。會昌元年，復遷雲騎尉，德行/成著，名重當時。薰蕕不茹，心歸敬於緇徒；家業殷優，志敦和於親族。庭延/僧梵，座啓真經。何積善之無徵，染沉痾於枕席。滿堂珠玉，誠爲殁後之資；/有世榮華，寔表生前之福。去咸通五年五月十五日，道飇欻起，石火湮沉，/藥療靡及，奄然長逝於左神策軍翔麟營之私第也，享年六十有三。府君/先娶夫人弘農楊氏，婦道無虧，母儀有則。不幸去大中三年正月十八日，/紅芳早謝，碧秀先凋。屏幃悄悄，無聞環佩之音；蒿里蕭蕭，空積蛾眉之月。/府君伏以遺息種幼，義貴撫綏，爰用古儀而求繼室，乃再娉。夫人徐氏，溫/柔令淑，閫則内明。成家以道，陶侃之母宜儔；訓子以仁，孟軻之親方比。所/天既殞，宵泣曾無。誠眷戀於人倫，志堅貞於金石。鸞歌不舞，傷無接翼之/儀；鴈叫聲哀，悲失同飛之侶。有子二人，女一人。長子曰濛，字内昭，宣德郎、/試左武衛兵曹參軍。次曰牟，字得魯，以善爲懷，辭疾不仕。一女適於彭城/劉氏。咸過孝禮，哭不以時，泣血繼於古賢，絕漿同於往哲。扶杖而起，稱家/用儀，塗駒蔼靈，以營先遠。其年八月十八日，窆於國城東北京兆府萬年/縣界豐潤鄉太麴王村灞陵北原，禮也。峩峩雙闕，尤旌禮葬之儀；寂寂孤/墳，以□送終之記。慮恐星霜改曆，陵谷遷移，故刻貞珉，用彰馬鬣。其詞曰：/

渤海高公，文武兼通。於家克孝，於國克終。有仁有義，/有始有終。善無不積，道無不崇。千金爲業，四海欽風。/揚名有代，顯祚無窮。弘農夫人，令問方振。顏如桃李，/□□松筠。早歸窀穸，悲悼人倫。玄堂永閉，重啓無因。/日來月往，千秋萬春。

鄉貢進士宋明徹撰。

（王早娟整理）

143　劉士寁夫人郭氏墓誌

唐故奉先縣尉劉府君（士寁）夫人太原郭氏墓銘并序

唐咸通五年（864）八月二十五日葬。誌蓋呈盝頂形，長46.5、寬45.2、厚4.8釐米。蓋題篆書，3行，行3字。誌石方形，長46、寬46、厚6.2釐米。誌文楷書，共26行，滿行26字。

〔蓋文〕

大唐故太原郭氏墓誌

〔誌文〕

唐故奉先縣尉劉府君夫人太原郭氏墓銘并序/

　　前邠寧館驛巡官試太常寺協律郎韋知晦撰/

　　夫人郭氏，其先太原人也。伯祖官中書令子儀，有樹社稷大功。/德宗在位，拜尚父，封汾陽王。郭氏受姓源流，備載于唐史。夫人曾/祖敬之，皇壽州刺史。祖幼明，皇少府監。父皓，皇檢校右庶子，娶于宇/文氏。夫人即宇文夫人、庶子府君第四女也。夫人生知禮樂，幼/不喜紈綵奉身。及笄，佩易象“牝鷄”之言，師詩人“關雎”之旨。故庶子府/君思擇賢良，配得彭城劉公士寀妻之。劉公以蔭調入仕，終奉先/縣尉。夫人既歸於劉氏，非禮不言，非禮不動，修蘋藻以奉祀事，順/詞色以敬良人。婦道聿脩，女儀不忒。故劉氏六親咸宗令淑，士林知/者皆仰家肥。七八年琴瑟未嘗小間，爲一代之哲婦也。洎良人遘癘，/憂沮形顔，侍疾訖喪，情禮皆過，峻節清風，悍鷔若疢。又三十一年，感/感晝夜，未嘗開眉大語。/今天子嗣位之明年，夫人愛弟從規光禄少卿薨于位，夫人哭/之甚哀。因病氣綿綿，不治。有男曰戡，家貧負米，定省不遑，卜遠之日，/訃書未及，以孫特夫嗣。一女，適夫人堂姪、晉州録事參軍亞初。婦人/謂嫁曰歸，故女去其室，不得終夫人養。夫人以咸通五年正月/二十三日薨于延康里私第，享年六十六，以其年八月二十五日窆/于京兆府萬年縣山北鄉朱張原，合葬劉公，禮也。夫人臨終歎曰：/“夫孝，立身之大本，婦人女子能無心乎？今吾父母全而生之，子全而/歸之，復何恨哉？”將葬之前，夫人猶子處弘來詣余曰：“某實兄之外/弟，吾宗兄之姻黨，既熟其事，何惜載揚！”余才雖不敏，詞（辭）不獲焉。銘曰：/

　　雍雍令德，淑氣通玄。德齊蘭茂，玉攻心堅。匪降由人，/受之自天。月謝花沉，芳音已焉。刻石銘墓，傳千萬年。/婦道閨儀，孰爲我先。/

　　處弘書及篆蓋。

（趙陽陽整理）

144　裴諸墓誌

唐故朝議郎行太原府陽曲縣令裴府君（諸）墓誌
銘并序

唐咸通五年（864）十一月十九日葬。誌石方形，長
30、寬31、厚8釐米。誌文楷書，共23行，滿行25字。
誌蓋佚。

〔誌文〕

唐故朝議郎行太原府陽曲縣令裴府君墓誌銘并序/

　　鄉貢進士柳弼撰/

　　蘭與蕕俱草也，人之所重者蘭，豈不以香臭有異乎？桂與穀俱木/也，人之所愛者桂，豈不以美惡有異乎？然則族望之於士類，猶草/之有蘭蕕也；性氣之於人質，猶木之有桂穀也。昔非子爲秦世卿，受封/於裴鄉，因以命氏。其後屬中原多難，遷於聞喜，自是著爲河東人。元魏之/有關西也，第其衣冠族望，裴爲甲首，則前所謂蘭蕕者然乎？府君/諱諸，字尚之，敦厚勁正，有大度，則前所謂桂穀者然乎？其始進也，以爲/入仕之門雖多，其求才之道一也。因掌宗社齋祭，滿歲調補參/嘉王府軍事。初改河中寶鼎尉，復授同州韓城令。既遷門下城門/郎，又宰太原陽曲縣。所至必清静恬漠，希古理者也。爲縣二年，人甚/安。俄而遘疾，以咸通五年六月十一日屬纊於陽曲官舍，享年六/十。大王父諱遵慶，以碩德光輔帝室。王父諱奭，以/高才繄佩郡印。烈考諱宣，以善政爲同州馮翊令，娶於京兆/萬年尉韋周卿氏。府君即馮翊之冢嫡也。夫人瑯耶/顔氏，同州刺史防之女。丈夫子二人，曰尹九，曰壽。女子子曰盼。嗣/子壽護府君喪至自并部，將以其年十一月十九日祔馮翊/府君於萬年縣智原鄉廉里，禮也。以弼聯接葭莩，粗聞遺事，/俾爲表誌。銘曰：/

　　前志有之，皇天輔德。賈生亦云，何異糾纆。夭多賢哲，壽或兇慝。/誰其尸之，上帝所職。盍進才彦，而誅殘賊。風雨不節，猶害稼/穡。禍福無恒，所喪何極。愚欲更問，蒼蒼之色。其如無言，逝水不息。哀哉！

（趙陽陽整理）

145　史仲莒夫人杜氏墓誌

大唐故夔王友史府君（仲莒）夫人京兆縣君京
兆杜氏墓誌銘并敘

唐咸通六年（865）二月八日葬。誌石方形，長50、
寬50、厚11釐米。誌文楷書，共29行，滿行29字。誌
蓋佚。

〔誌文〕

大唐故夔王友史府君夫人京兆縣君京兆杜氏墓誌銘并敘/

　　前鴻臚寺主簿姚汝能撰/

　　敘曰：端潔和柔者，閨門之大節；志操清浄者，業報之良因。是以瀚澤之衣，存/乎雅什；勤勞所服，播於禮文。總是清規，夫人得之矣。夫人姓京兆杜氏，其先/京兆人也。曾祖威感，祖暉，並高道當世，不樂顯榮。逍遥白屋之中，笑傲青雲/之外。父廣成，皇總監丞。夫人即總監公之長女也。鬢齓辯慧，四德無虧；襦袴/聰明，百工皆備。元和五年，歸于史氏。先姑即世，逮事先舅，承顔敬養，温清以/時。睦九族而上下無偏，稟三從而禮儀可則。杜宗無嗣，四時之祠，夫人主之。/慈孝實爲生知，和順本乎天性。大中二年，封京兆縣君，從夫之爵也。大中七/年七月，先府君下世，不食葷茹，結念西方。畫像而盡施衣珠，書經而皆/分口食。下祈願力，上報所天。粵以咸通五年歲次甲申十二月甲寅朔廿日癸/酉，寝疾終于勝業坊之私第，享年七十二。明年二月癸丑朔八日庚申，葬于/京兆府萬年縣龍首鄉南陳村，祔先府君之塋，禮也。嗚呼！合葬非古，先聖/之格言；神道貴安，前賢之高論。是以孝子群等，上稽至理，中達人情，禮重/安神。難於啓發，遂墳于先府君墳之南。夫人生一女，適樂安任氏。三子，長/曰群，前虢州司法參軍；次曰撰，皇都水監丞；次曰映，前虔州長史，專知宣陽/院事。李夫人生子一人，曰實。並長材茂行，出于士先。惟孝與仁，不愧流輩。自遺/先府君孝養，群等不擇名位，貴禄及親。故家道日昌，閨門自睦。内姻外族，常陪宴於高堂；惟子惟孫，每承歡於膝下。里閭歎美，咸歌《棠棣》之篇；/骨肉光榮，共賦《南陔》之什。嗚呼！樹欲静而風不止，子欲養而親不待，誠/哉是言也。群等毀瘠柴立，杖而後起，孝哉令子，不遺其親，施食施財，用/爲追福。三田果報，冀寂滅於輪回；大海飄沉，用消除於波浪。及營葬事，豐/儉稱家，皆得其中，罕不由禮。汝能亦遊牆仞，事並前聞，命爲斯文，不敢牢讓。辭曰：/

　　舊□□真，輀車轔轔。人世易改，壟樹猶新。其一/魂□神隨，無所不之。古不合葬，意盡於斯。其二/隧接良人，墳連愛子。生死同歸，誰及於此。其三/□□□法，追福無邊。書經寫像，用樹良緣。其四/□□□□，□□嗣遠。□□而歸，夫復何恨。其五

（王偉整理）

146　王可復墓誌

唐故右神策軍散兵馬使守禦侮校尉太原王府君
（可復）墓誌銘并序

唐咸通六年（865）十月二十五日葬。誌蓋呈盝頂形，
長45、寬45、厚8釐米。蓋題篆書，3行，行3字。誌石
方形，長44、寬44、厚9釐米。誌文楷書，共22行，滿
行22字。

〔蓋文〕

唐故太原王公墓誌銘

〔誌文〕

唐故右神策軍散兵馬使守禦侮校尉太原王府君/墓誌銘并序/

　　鄉貢進士武嗣光撰并書/

　　公諱可復，字誠初，太原人也。曾祖澄、祖順、皇考實，/皆患爵秩縻束，故累世不仕。公生而知禮，弱不好弄。處/中庸之道，踐仁義之鄉。默於言而敏於行，厚於信而薄於/利。有損益榮辱及公者，喜怒慘舒，未常見色。起家授禦/侮校尉，以能遷右神策軍散兵馬使。公私莅事，無不克全。/嗚呼！天不可問，幽亦難窮。公履細行、蹈忠孝，而不與之/壽，又何昧耶？寒暑遞迭，霧露成災，風燭俄悲，逝川不駐。以/咸通五年正月十七日遘疾歿于私第，春秋四十有五。六/年十月二十五日葬萬年縣龍首鄉東陳村，從周禮也。/夫人南陽張氏，先公周歲，蘭蕙凋落。有子三人，長曰思/禮，次曰思齊，次曰思言，皆克仁克孝，令德自負。親弟一人，右神策軍散兵馬使可度，繼公之職也。可度懷同氣/之戀，共被未難；撫幼雉之孤，即煩飭誠。易疏公之德，請/余誌之。余與公有舊，備詳其行，承命直録，不敢文爲。/乃爲銘曰：/

　　生保忠貞兮歿垂懿德，居福庭兮不居壽域。/殲我良人兮天莫知，喪我哲人兮神道欺。擇馬鬣於/龍首，選牛崗而問龜。松柏蕭蕭兮玄扃長閉，/子孫詵詵兮空瞻令儀。

　　　　　　　　　　　　　　　　　　　　（田子爽整理）

147 劉尚質墓誌

唐故陝州硤石縣令劉府君（尚質）墓誌銘并序

　　唐咸通八年（867）正月二十八日葬。誌蓋呈盝頂形，長58、寬58、厚9釐米。蓋題篆書，3行，行3字。誌石方形，長58.8、寬59、厚8.2釐米。誌文楷書，共25行，滿行26字。

〔蓋文〕

唐故劉府君墓誌之銘

〔誌文〕

唐故陝州硤石縣令劉府君墓誌銘并序/

　　姨兄陝虢華州觀察支使將仕郎監察御史裏行李蒐撰/

　　親弟鄉貢進士尚贊書/

　　公諱尚質，字達夫，廣平易陽人。趙敬肅王生陰城思侯蒼，蒼之子孫/家于陰城，故爲郡人也。我漢祖提三尺劍，奄有天下。易暴以仁，福流/萬祀。故子孫世有顯德，蟬聯珪組，煥乎史諜。公之四代祖諱令植，/皇朝給事中、中書舍人、禮部侍郎，贈太子太傅，諡曰憲公。曾祖諱/孺之，皇汝州刺史、京兆少尹，贈工部侍郎。祖從一，皇中書侍郎、同/中書門下平章事，贈司空，諡曰敬公。顯考義玄，皇大理少卿、太府/少卿、太子詹事，密、眉、彭、洋四郡刺史。洎德宗西幸，相國侍/鑾輿，毗贊萬機，忠烈冠古。著之實録，永播休光。惟詹事府君克肖/清規，文行兼茂。歷名卿，理劇郡，令望丕績，垂之無窮。由是粹和明懿，/□德有所屬焉。公始弱冠，以門蔭調補太常寺太祝。秩滿，補右/□□衛倉曹參軍、三原縣尉、硤石縣令。居官蒞事，政績洽聞。公出/于河南元氏，外王父諱洪，皇泗州刺史，兼御史中丞。繼親清河崔/夫人，我之姨也。外祖諱絢，皇進士及第，鄭州中牟縣尉。公與予/越在齠丱，情無間然，切切怡怡，如友如悌。嗚呼，公雖門進，嘗志於/文□□□言行，楊震之清慎，汲黯之方直，無以過也。嘗謂克展宏才，/奮發□代，而壽纔及於中年，位不登於半刺，何哉？嗚呼！/公以咸通七年十初月廿八日，寢疾終于三原別墅，享年五十有二。/越八年正月廿八日，葬于京兆府萬年縣洪原鄉曹趙里，祔/先塋，禮也。孤子愨、隱、邈，號天遺疏，致其理命。以余既親且知，請/識陵谷。承訃悲慟，涕而銘之，曰：/

　　門傳素風，賢髦間出。五常百行，拳拳不失。天爵既高，/人爵何屈。有志無時，豈徒昔日。

（王偉整理）

唐薛氏女道護墓誌、

道護小字也為薛氏長女生於大中乙亥歲六月十二日、

役於咸通戊子歲五月廿九日於龜得其年六月廿八

日古辰將葬於京兆萬年縣神禾原其父尚書職方郎

先祖侍郎之墓左襄事者言宜誌於墓其父曰

中崇泣而書曰壽夭不能達也然而謂平施者曰

天禕非其能福良善而禍禎惡那今汝生而天付以馴柔以

性於父母伯姊必孝於兄弟必順於乳媼必戀慕於家查以

饒奉可福其家者曰輕氏必念其書而圖其象以供

敬謂可養其生者曰道教必拜其師而被其服以表依歸

必謂可福壽夭者曰未及笄而心貪慕眾善周悲如是

若是者女有子之所報施烏謂父棄之速若此其不能

信宜然則有可誌者汝生為薛氏女

達也大父評事君諱公技以繒紳軌範貽厥孫謀

曾大父侍郎君諱甫以過人德行推於士族

外祖故相國魏公名扶本業輝煥史氏其父崇復

早踐譽六姻住於此地不得無誌也其所為止於不壽是他

流譽於此地不得往者耶繼為銘曰　母魏夫人婦德盡範

父之所不能達又何累於往者耶繼為銘曰

為善則福蓋惡則禍司平施者、心不當墮

一而異此軌原其過苟曰宜然適足為頑惡者之賀

季州進士微書

148　薛崇女薛道護墓誌

唐薛氏（崇）女（道護）墓誌

唐咸通九年（868）六月二十八日葬。誌石方形，長44.3、寬43.5、厚8釐米。誌文楷書，共22行，滿行22字。誌蓋佚。

〔誌文〕

唐薛氏女道護墓誌/

　　道護，小字也，爲薛氏長女，生於大中乙亥歲六月十二日，/殁於咸通戊子歲五月廿九日。卜於龜，得其年六月廿八/日吉辰，將葬於京兆萬年縣神禾原/先祖侍郎之墓左。襄事者言，宜誌於墓。其父尚書職方郎/中崇，泣而書曰：“壽夭之數，吾不能達也。然而謂平施者曰/天，得非其能福良善而禍頑惡耶？今汝生而天付以馴柔/性，於父母伯叔必孝，於兄弟必順，於乳媪必戀慕，於家老/必饒奉。謂可福其家者曰釋氏，必念其書而圖其象以供/敬。謂可養其生者曰道教，必拜其師而被其服，以表依歸。/若是者，安有女子年未及笄，而其心貪慕衆善周悉如是，/信宜爲福善者之所報施，烏謂夭奪之速若此哉！吾不能/達也。然則有可誌者：汝生爲薛氏女，/曾大父評事君諱技，以縉紳軌範，貽厥孫謀。/大父侍郎君諱公甫，以過人德行，推於士族。/外祖故相國魏公名扶，以匡國大業，輝焕史氏。其父崇，復/早踐朝行，爲郎於省署，幸無瑕纇。母魏夫人，婦德壺範，/流譽六姻。生於此地，不得無誌也。其所爲止於不壽，是他/人之所不能達，又何累於往者耶！”繼爲銘曰：/

　　爲善則福，蓄惡則禍。司平施者，心不當墮。/今而異此，孰原其過。苟曰宜然，適足爲頑惡者之賀。/

　　季叔進士徵書。

（樊文軍整理）

大唐進士盧洵亡室河東裴夫人墓誌銘并序　弟進士裴庭梧撰　盧洵書

夫人姓裴氏，字淑，其先河東聞喜人也。五世祖行方，皇朝垂拱元年……皇祖甚，皇大理評事贈禮部尚書……父紳，前禮部尚書……外祖羽，合父外對祖珏……母趙郡李氏……秘書監……

（以下誌文漫漶難辨，略）

其妻儀兩朝……終今則記於……

盧洵書銘曰……

149　盧洵夫人裴氏墓誌

大唐進士盧洵亡室河東裴夫人墓誌銘并序

唐咸通十一年（870）三月八日葬。誌蓋呈盝頂形，長45、寬45、厚8釐米。蓋題楷書，3行，行3字。誌石方形，長46、寬45、厚7釐米。誌文楷書，30行，滿行31字。

〔蓋文〕

唐故盧氏裴夫人墓銘

〔誌文〕

大唐進士盧洵亡室河東裴夫人墓誌銘并序

　　弟進士裴庭裕撰　　盧洵書/

　　唐得天下始，太平禮樂人物，自山東振起。文皇帝常指笑漢西京，以爲傑/出隴畝内，非門閥聯延，不足以稱雄。故自皇朝垂衣裳，命文士名臣以氏族/定婚禮，士大夫家以纓冕奕奕鳴於時，其整頓照耀、揭然掛牙齒者，不過六七族，/我居一焉。夫人姓裴氏，字韶之。五世祖行本，以直道貞節用冬官侍郎，相/天后朝。高祖士淹，當開元、天寶之際，與明皇帝契君臣之分，爲翰林學士，號/爲大手筆，遺文餘範，至今在人。潼關不守，公從狩于蜀，馬上侍明皇，語當/時奸臣，公抉剔諷諭，以至犯顔終不顧，竟以是忌而不相。禮部尚書終位，贈/司空。曾祖登，皇洪州司馬，贈秘書少監。祖堪，皇大理評事，贈禮部尚書。父紳，見任/秘書監。母趙郡李氏，隴西郡君。外祖羽，太子舍人。外叔祖珏，文宗、武宗/兩朝繼居衡軸，清儉孝友，家法居當時第一。烏虖！其重輝累善也如此，其貞風素/範也又如此。貽厥紹彼，宜如何哉。夫人幼而慧，始自知東西，不處群游戲，/常循循自檢，雖老成人有不如者。以至于成人，未嘗離此道。性淵重詳密，不好言，/終日静居，恬如也。尤善於撫下，寬而有制，喜愠無纖毫見於外。組繡刀尺之妙，觸/類而能。幼則師心於釋氏，每清旦，必焚香浄室，誦仏經，或蔬食，[終]時無一日暫懈，/其天性好善如此。嚴君慈親撫愛之，每賞其沉静閑默，容德秀出，言：“此女不/可偶以屬人，必擇其卿相器者以爲匹敵。”曆選名族，歸於進士盧洵。其爲婦愈束/束自勵，動止必由禮，事其舅以敬，從其夫以順，舉族愛之，無得而間。夏始得/疾，綿不至劇，數者以爲宜易居避疾。盧君由新昌里移宇脩行，冬至日歸家，率弟/妹拜壽於左右，精彩方冲茂，未嘗牢落。居數日，還盧第所，疾加頻，名醫國工叢/走交馳，咸以爲可療，骨肉良人倚之而安。十二月八夜，奄然而終，年卅，時咸通十/年也。歸配盧君，凡三年，卒無胤息。嗚呼痛哉！以别出子阿都主奠，天性甚至。二女，/一曰合娘，次曰阿休，阿都同母出也，年至幼，皆熒熒而哀，人憐而傷。以十一年三/月八日，權厝京兆府萬年縣龍首鄉西陳村，從先姑之塋，禮也。盧實冠族，/曾祖鍔，終揚州功曹。祖傳慶，終好時尉。父蕭，見任信州刺史。龜卜有期，盧君/以書叙於庭裕，曰：“閨門禮範，孝淑令則，託於它人，必漏而不周，子其誌諸石以盡/其美。”愚輟泣而銘云：

　　莎既充道，椿亦壽考。彼池蓮兮，/先秋而老。榆葉延延，頑荆胤煙。彼紅英兮，迎風不全。物既若是，/人當亦然。天道如此，又何怨焉。作配君子，流芳令門。有德可範，/無齡與存。雲横廣陌，烏啼黄昏。怨草恨土，永閟高原。

（和談整理）

150　盧蕭夫人張氏墓誌

唐故清河張氏墓記

唐咸通十三年（872）十一月六日葬。誌蓋呈盝頂形，
長33、寬32.5、厚5.5釐米。蓋題楷書，3行，行3字。
誌石方形，長32.5、寬32.5、厚5.5釐米。誌文楷書，
共20行，滿行20字。

〔**蓋文**〕

清河郡張氏夫人墓銘

〔**誌文**〕

唐故清河張氏墓記/

中散大夫前守信州刺史上柱國賜紫金魚袋盧蕭述/

余家室歿，□□三女，孩小無人鞠育，納/君而來，垂二十載，有男女十人，各半存亡。存者長男/曰鼎兒，次□周，次下元，其末曰還兒。鼎猶未冠，餘即/可知其幼小也。一女曰小，歸畢京兆府司寇掾韋叔/之。財禮而未行者，蓋遭君之艱也。君張姓，/玉華號，清河人也。其父叔清，嘗効裨將，故先代無巨/官垂名可以稱記。其母趙氏，有弟曰從實。/君性情柔順，德行端謹，令譽有聞，處身無過。初其來/也，余官小家窘，寒不慍其衣單，飢不言其食糲，勉强/成家，一如妻道。其他才美，難以細譚。何期暫嬰疾疹，/奄至長歸。咸通十三年十月八日，歿於永崇里余之/私第。以其年十一月六日葬于京兆府萬年縣鳳棲/原龍首鄉南陳村。禮多闕如，近於權窆。後鼎輩有立，/考兆俟遷改。蕭自爲記，不能無銘。銘曰：/

蒼蒼高穹，茫茫下泉。夭我令淑，何不仁焉。/卜築既就，日月已遷。臨壙一決，而乃終天。/豈爲久別，余將老年。/

嫡男鄉貢進士盧洵書。將餞故路，聊用申誠。

（田子爽整理）

151　宇文復夫人崔氏墓誌

唐故介國公（宇文復）夫人崔氏墓誌銘并序

唐乾符六年十一月十七日（880年1月2日）葬。誌石方形，長57、寬57、厚17釐米。誌文楷書，共15行，滿行21字。誌蓋佚。

〔**誌文**〕

唐故介國公夫人崔氏墓誌銘并序/

　　將仕郎守秘書省著作佐郎劉燕撰/

　　介國宇文姓嗣君，諱復。其夫人崔氏，以乾符六年五月/四日，終于邠州真寧縣唐興鄉。用其年十一月十七/日，窆于萬年縣洪原鄉曹趙村。復也先歿，葬於茲土，/至是祔焉。崔氏，博陵人，享年六十一。父曰旅，邠州永/壽縣令。祖曰知言，興元府城固縣令。曾祖班，興元府司/錄參軍。復之先，用後周蔭，故我封于介而代襲/之。又制，三恪之後，凶事所須，有司供備。今勒銘/者，從職分也。銘曰：/

　　介爲我賓，代有其人。門傳龜綬，道絕緇磷。/崔實望姓，作嬪承慶。纂組攸專，蘋蘩是敬。/陽劍先沉，晝哭恨深。六姻共歎，二豎交侵。/一氣忽盡，空餘孤櫬。月不鬭眉，雲休讓鬢。/生死有數，始終無吝。刻此貞石，表乎柔順。

　　　　　　　　　　　　　　　　　　（馬立軍整理）

152　馬弘章墓誌

大唐故左神策軍衙前兵馬使押衙銀青光禄大夫檢校太子賓客守右衛將軍兼侍御史扶風縣開國伯食邑七百户馬府君（弘章）墓誌銘并序

　　唐廣明元年（880）正月七日殯。誌蓋呈盝頂形，長61、寬62、厚8釐米。蓋題篆書，3行，行3字。誌石方形，長61.8、寬61.5、厚7.5釐米。誌文楷書，共30行，滿行30字。

〔蓋文〕

大唐故馬府君墓誌銘

〔誌文〕

大唐故左神策軍銜前兵馬使押衙銀青光禄大夫檢校太子賓客守右衛將/軍兼侍御史扶風縣開國伯食邑七百户馬府君墓誌銘并序/

　　鄉貢進士清河張庭美撰并篆蓋　　　布衣安定梁濛書/

　　魯史大事書之於册，小事簡牘而已。蓋將以著其實，美其功者也。/我有唐興，諸禮法皆稽上古，賞罰二義不私於人。其有顯茂績於明庭，受/爵賞於聖代，振寰中之價，嚮日下之聲。嗟夫！雖行義可佳，而降年不/永，將垂竹帛，豈愧前賢，唯府君而膺之矣。公家貫大梁，諱弘章，字昌言，即/春秋大夫馬復氏之裔也。曾祖朝，祖幻寂，皆不仕。父元甫，皇朝漢州司/馬，追贈左驍衛將軍。其先季父諱元皋，字淵天，以大中之初，筮事□禁旅，專主/士卒儲務。以咸通初，懿宗皇帝初登寶位，崇建/親陵，乃受命饍修，不日而功績將就。遂改授押衙兼魏王府諮議參軍，轉主河/運將務。其軍儲繁總，乃府君承之□。外備三端，内修百行，奉職而常思報/效，推公而每竭深誠，中外無虧，公私兼濟，歲月未久，勞績已彰。尋轉散兵馬使/押衙兼壽王府司馬。公道播一時，名振千里。於私也，即懷仁剋己；於公也，即賞/善懲奸。而又謙敬姻親，友于兄弟，會北堂之侣，延東閣之賓，結平仲之深交，行/信陵之大義。功垂史氏，威懾回邪。名分既高，恩寵逾次。以乾符二年七/月二十八日，尋拜右衛將軍，職務如故。公位居環列，德行逾恭，負擊除之名，懷/憫物之念，知足而每辭紅粟，惡盈而獨詠青蒻。所爲佐邦國之良才，作人/倫之嘉瑞，可以比松椿之壽，齊今古之榮。何期修短不常，逝川難駐，夢堅誰究，/藏舟莫窮。以乾符六年七月將遘于疾，至九月二十七日薨于京師布政里之/私第，享年四十有九。以次年正月七日，遷殯于長安縣昆明鄉北吕村，禮也。/夫人南陽縣君張氏。有嗣子三人，長曰珪，次曰瑭，季曰瓈，皆孝悌傳訓，詩禮承/家，永懷千載之期，不改三年之道。堂弟弘靖，承主糧鹽公事，乃剛條不隳，克繼/前美。以庭美常依門仞，久沐恩私，爰命稱揚，將陳茂實。乃爲銘曰：/

　　公之先業，家本大梁。懷仁抱義，繼踵傳芳。生遇昇平，才高抑揚。/獨步明時，功垂簡册。恩沾汗馬，惠及勞力。禁旅名振，王庭邐歷。/盛時既遇，鄉黨顯榮。中外情睦，公私道平。檢身接下，德義唯馨。/麗日經天，逝波東注。遘兹疾恙，物藥無據。政績唯留，人亡事故。/懿哉孝嗣，肅雍鴈行。□□有異，哀痛無央。/薤露稀兮泉夜永，黄壤平兮歲月常。

　　清河張仁厚刻字。

　　　　　　　　　　　　　　　　　　　　　　　　（胡永傑整理）

153 盧□新墓誌

唐故鄉貢進士盧府君（□新）墓誌銘并序

唐廣明元年（880）十一月二十三日葬。誌蓋呈盝頂形，長37、寬36、厚5.5釐米。蓋題篆書，2行，行3字。誌石方形，長37.5、寬37.5、厚7釐米。誌文楷書，共19行，滿行19字。

〔**蓋文**〕

唐故盧公墓誌

〔**誌文**〕

唐故鄉貢進士盧府君墓誌銘并序/

　　姨兄朝議郎行侍御史柱國賜緋魚袋李衍撰/

　　府君諱□新，字子晦，范陽人也。門閥官榮，著于史/諜，爲世族之冠。大王父老彭，太子中允，累贈左/僕射。王父揩，左清道率府兵曹參軍。皇考纁，/監察御史。妣清河崔氏。外王父鄆，位終金陵/廉察，累贈太尉。外門之盛，莫之與京。君居昆弟/之次，嗜學力善，孝悌端裕。三舉進士，有聲于流輩，/必期掇殊科，糜好爵，保家緯國，振一時之榮。不幸/遘疾，廣明元年十月廿二日終于新昌里第，享年/卅有三，以來月廿三日權窆於長安城東，蓋未克/歸于先塋也。嗚呼！世有壽有祿有婚有嗣，/君皆不及，不知天之報善之道何哉？左拾遺李君/維，與君懿親也，窀穸之事，悉爲辦之。以衍與/君極中表之分，託以遺美，誌于幽石。銜酸搦管，實/深悲愧。銘曰：/

　　天道何微，神理何違。跖壽顏夭，賢愚孰非。/冥數奚辨，逝波不歸。蘭萎玉折，電照星飛。/重泉萬恨，永閉音徽。

　　　　　　　　　　　　　　　　　　　（田苗整理）

154　王損墓誌

唐故朝散大夫河南少尹上柱國賜紫金魚袋王公
（損）墓誌銘并序

唐光化三年（900）七月十四日葬。誌蓋呈盝頂形，長
45.5、寬44.5、厚8釐米。蓋題楷書，3行，行3字。誌
石方形，長45、寬45.5、厚7.5釐米。誌文楷書，共29
行，滿行30字。

〔蓋文〕

唐故給事中王公墓誌

〔誌文〕

唐故朝散大夫河南少尹上柱國賜紫金魚袋王公墓誌銘并序/

　中大夫左諫議大夫上柱國賜紫金魚袋劉崇暮撰/

　公諱損，字沖禮，瑯琊人也。晉元帝渡江，中興皇祚，時惟丞相導締構翼輔之勳/也，於公爲十七代祖。世濟徽懿，代有忠賢，禮樂衣冠，清風不絶。曾祖璵，皇任/刑部尚書、門下侍郎平章事，累贈太尉。祖苺，皇任京兆府華原縣令。父鍼，皇任/鄂州觀察判官、殿中侍御史，贈起居舍人。先夫人河東薛氏，追封河東郡太/夫人。公之生也，雅粹英秀，聰達貞方。幼善屬文，壯而不倦。舉進士焉，詣春官，/遂擢高第。釋褐授度支巡官，試秘省校書，遷鄠縣尉、集賢校理。昇調爲監察御/史，轉右補闕、史館修撰。俄以本官充翰林學士，就加戶部員外郎，錫朱紱銀章。/旋以再從兄入秉國鈞，公畏讜避嫌，稱疾去職。中使數返，終不能集。朝籍/間有昆仲之言，再從者可以同□□第，可以連守官曹，則公之進退不必辭/翰苑也明矣。蓋公之孝睦，殆絶□儔，雖從若親，同居共飯，周時尹氏，漢代蔡/家，無以先其德義也。逾歲，丞相清河公籍公之懿範，奏薦爲集賢殿學士、江/淮搜訪圖籍使，制授兵部郎中，加金□□職。洎公之兄罷持機務，出鎮淛/東，亟拜公爲給事中。不數月，公之兄再入中書，公復持謙柄，高卧丘園。/且思不仕不可以圖安，保退須廔於外任，因瀝懇求河南少尹。雖制下，不往。/居無何，遘疾寒暑，綿歷歲時。愛弟友于，因心敵體，夜不解帶，晝亦忘飱。神術良/醫，無遠不屆；靈丹上藥，靡所不臻。莫起膏肓，空彌年載。光化三年，寢疾于上都/光德里。以其年七月一日，啓手足，偃然即世，春秋五十有一。是月十四日，葬于/城東鳳栖原，祔先君之塋，禮也。夫人河南劉氏，即故廣州節度劉公僕射之/之息女也。有子數人，皆不越嬰孩先公而歿。公之生平，履曾顔之行，蘊鮑/謝之才。處昆仲則家無間言，睦親族則人知錫類。恬於進取，綽有品題。茂實英/聲，標時暎俗。於戲！蘊壯志而天大年，搢紳之士咸出涕而有斯疾之歎，哀哉！/公之令季集賢員外，以崇暮叨在親末，不鄙詞荒，授簡再三，竟不得讓，遂/濡翰握牘，固不能彰明萬一。銘曰：/

　祥星耀祉，列嶽炳靈。粹和攸萃，賢俊厥生。伊蘭之馥，惟玉之貞。/居爲茂範，散作英聲。淑人君子，皇寶邦基。志之云遠，壽所不知。/詎可作於九原，但如疑於厚乡。蔚爾風徽，千載不極。/

　季弟將仕郎前守尚書司勳員外郎充集賢殿直學士賜緋魚袋拯書。

（和談整理）

155 崔汪墓誌

唐故太子賓客崔公（汪）墓誌銘并序

　　唐天復元年（901）閏六月五日葬。誌蓋呈盝頂形，長
53、寬52、厚12釐米。蓋題楷書，3行，行3字。誌石方形，
長53、寬53、厚10釐米。誌文楷書，共33行，滿行33字。

　　　按，該誌未標葬年，以序文中裴坦、蕭遘、杜讓能
等人之生卒年推斷，當在唐昭宗（888-904）時。又，其
葬年有"閏六月"，因唐昭宗天復元年有閏六月，故推
知崔汪當葬於是年。

〔蓋文〕

唐故賓客崔公墓誌銘

〔誌文〕

唐故太子賓客崔公墓誌銘并序/

弟中散大夫守左諫議大夫上柱國賜紫金魚袋澄撰/

公諱汪，字希度。崔氏令族，著于譜諜。曾王父諱意，皇博州聊城縣令，贈司徒。王父諱頙，/皇左散騎常侍致仕，贈太師。烈考諱珣，皇長安縣令，贈司空、長安公。娶姑臧李氏，夫人/生一女一男，公即先府君之令子。年猶稚齒，先府君即世，號慕泣血，有若成/人。太夫人尤所鍾念，訓以詩禮，孟母之三徙堪方；敬以友朋，陶氏之截髮可比。公/未及弱冠，經史百家之書，悉能通誦；詩賦□經之體，下筆自成。猶是袖畜文章，漸干卿/相，名高里閈，始薦鄉閭。三舉，登進士第。四方走幣，五府交馳，既就乃招，不因薦導。故/河南穆公仁裕節制河橋，辟爲節度巡官。無幾，職罷。弘農楊公知溫始鎮峴首，奏/授祕省校書，充支使。故相國裴公坦署爲鹽鐵巡官。無何，居先太夫人憂，/毀瘠過人，幾至滅性。服闋，就調天官，授河南府伊陽尉，不鄙折腰，終能位首。故相/國蕭公遘任御史中丞，奏授監察御史。繡衣赴闕，戴豸起朝，儼然憲風，遇邪必觸。轉右/補闕，牽衣折檻，未嘗息詞，犯顏觸鱗，究而不訏。庚子歲，黃賊犯闕，先天子巡狩/西蜀。公竄谷伏山，竟免寇難，變名易姓，忠孝兩全。故大夫王公徽，素所知厚，奏授/侍御史。峨冠柱下，鏘珮朝中，益振令猷，彌醖弘德。遷戶部、吏部二員外，仍直集賢，兼錫/章綬，遷兵部郎中。故太尉杜公讓能嘗告人曰：“崔正郎，國之名器，不可以常職處/之。”遂奏守本官充翰林學士。揮毫內署，奉職有稱。猶是加知制誥，賜紫。未幾，拜中書舍/人，遷戶部侍郎，轉尚書右丞、兵部侍郎。五遷大官，一皆承旨。雖蘊和羹之望，終乖/問喘之期。加銀青，轉吏部侍郎。三品崇階，五等好爵，加食邑三百戶。銓總之任，朝庭所/難，藻鑑一時，妍嗤立辯。久之，遷左常侍，累封至千戶侯。吾門之大，始自諸姪。國有重權，/付之鈞鑄。公亦樂於閑退，授太子賓客。羽翼東朝，鬱有商皓之望；左右吳主，/尤重四友之選。公嘗以宿疹，深在胃腑，稍服石藥，冀必痊除。曾未有徵，已成沉痾。月旬/之內，愈極綿羸。嗚呼！殊不知二竪深藏，兩楹入夢，迎醫無效，遂至言□。以六月十三日，/終於通化里第，享年五十九。天子廢朝告第，生榮歿哀，亦已極矣。以閏六月五/日，葬於萬年縣少陵原，附先塋，禮也。公娶范陽盧氏夫人，不及偕老，先公而歿，/將及一世。公有五女，長適故大理少卿李鍼；次適今右補闕盧薦；次適前進士鄭戩，最/爲鍾愛，未幾而歿；次柱娘，次集仙，將及笄年，未獲良配。嗚呼！有生有滅，慈氏固已前言；/善始令終，儒門以爲第一。壽雖非上，位亦不輕，休子飾身，又何過望。嗚呼！四女泣血，來/請紀石，揮涕而銘之。銘曰：/

源清派遠，自齊得姓。服冕乘軒，居唐愈盛。長安生子，賓客實令。/歷歷華資，穰穰流慶。侍宴銅馬，揮翰金鑾。一歸內署，五服大官。/進且無矜，退亦自安。唯人不易，唯公不難。年及中壽，鬢亦垂華。/□石□癘，電露爲涯。哀哀四女，集柱甲沙。少陵宅兆，何異歸家。

（和談整理）

156　蓮華寺尼裴惠操墓誌

唐故蓮華寺尼大德（惠操）墓誌銘并序

唐某年十一月二十四日葬。誌蓋呈盝頂形，長43、寬42、厚6釐米。蓋題篆書，3行，行3字。誌石方形，長43、寬42、厚7.5釐米。誌文楷書，共29行，滿行29字。

〔蓋文〕

唐故蓮華寺大德墓銘

〔誌文〕

唐故蓮華寺尼大德墓誌銘并序/

　　鄉貢進士郭巢穎纂/

　　大德諱惠操，河東人也。夙稟清機，幼實聰異，色相相形，采入真境。年方韶華，/志尚佛理，闢不二法門，深味禪寂，故能擺落人間世，厭榮灼身，以寂照爲家，/宅心静境，證明患難，顛倒經文。依今報仙寺禪宗源寂、蓮花寺大德惟遷，並/緇林舌人，恢菏澤之知見；執佛左契，實法門之龜鏡。大德脫屣煩惱之境，/嘗依二大師以口禪惠，耽味《金光明經》一部，紬繹奧旨，得其指歸。名標十/地，香焚五銖之衣；偈落三天，磬傳四時之韻。常聞飛舞鶴林，高坐雁塔，於是/僧臘十六夏。嘗爲同類曰：石火之喻，人生幾何。波智慧海而法舟不溺，拯方/便門而玄關並啓。大德俗姓裴氏，烈考諱静之女。故處鼎貴之家，以懿/順之姿，奉執大君子之禮，故能性仁義，秉忠孝，具美四德，聲聞一宗，賢/乎哉！有姬姜之操，而富壽不永。居俗則織紝之妙，曲盡其巧，機性自天，逮伍/倫輩。而吾家素崇清儉節，勳德貫古今，大德處之，如鶏鶩授響，非所樂/也。噫，一女子目覩繁華，而冥心道要，昇諸覺路，不其難乎？傳曰：“入見紛華盛/麗而悦，入聞夫子之道而樂，二者心戰，不能自決，而況中庸已下乎？”大德/識度沖邃，實得之矣。生子男一人，息女一人。令子封穎，前監察御史裏行、邠/寧慶等州觀察推官，夙稟明訓，清門之秀士，有毛義捧檄之誠，仲由負米/之志。當豸冠尉河西日，榮侍板輿，往復蒲上，綵衣花綬，光照里閭。有女，適監/察御史李蚡。男榮鳥翥之雄，女有鳳樓之配，亦親仁大第之榮觀。而李氏之/女，作範閨闈，實爲女媛，列鐘擊鼓，作配君子。烏呼哀哉！大德俄嬰風恙，僅/逾半歲，風燭溢謝，逝波駃流，而不享期頤，年纔耳順。以十月六日薨于親仁/里，享年五十六。然後卜龜告吉，以其年十一月廿四日，葬于京兆府萬年縣/鳳栖原，禮也。薨之日，焚香宴坐，謂左右侍者曰：“余佛弟子也，但以緇衣一襲，/天香一爐，無以奢華庀事。”言訖而瞑。巢穎幼失怙恃，惸然在疚。大德常/以閔凶來禍，每聆禪味，慰愛之心，形於法容。既感姜媛之德，齚筆以誌其行，/亦奉邠府家兄之命，鋪美豐石，期乎不刊。銘曰：

　　法本無形，色相/相生。性既有象，蟬蜕煩榮。懿彼大德，自賢而明。被服四德，沉吟七情。姜嫄/之操，竹帛垂名。大德之行，金石推誠。白日沉醉，醉而爲醒。篆石刻銘，松風/□清。幽魂髣髴，南原一程。逝波不返，空流淑聲。

　　陳留主簿郭栖穎書。

（狄蕊紅整理）

157　王損夫人劉氏墓誌

後唐同光二年十二月九日（925年1月6日）與夫合葬。

誌石方形，長31、寬31、厚7.5釐米。誌文楷書，共11

行，滿行12字。誌蓋佚。

〔**誌文**〕

　　唐故給事王公損之夫人河南/劉氏，號内閑，即故廣州節度、/贈司空崇龜弟二女。十八，適/王氏。故湖南李侍郎庚，即夫人/外祖父也。淑德懿行，推于姻戚。/間以同光二年六月十八日，寢/疾終于襄州穀城別墅，享年五/十五。是年十二月九日，合祔于/夕郎幽室，禮也。弟前御史臺主/簿循，以王氏無子，感亡姊平/昔仁慈，護喪備禮，哀咽而紀。

（和談整理）

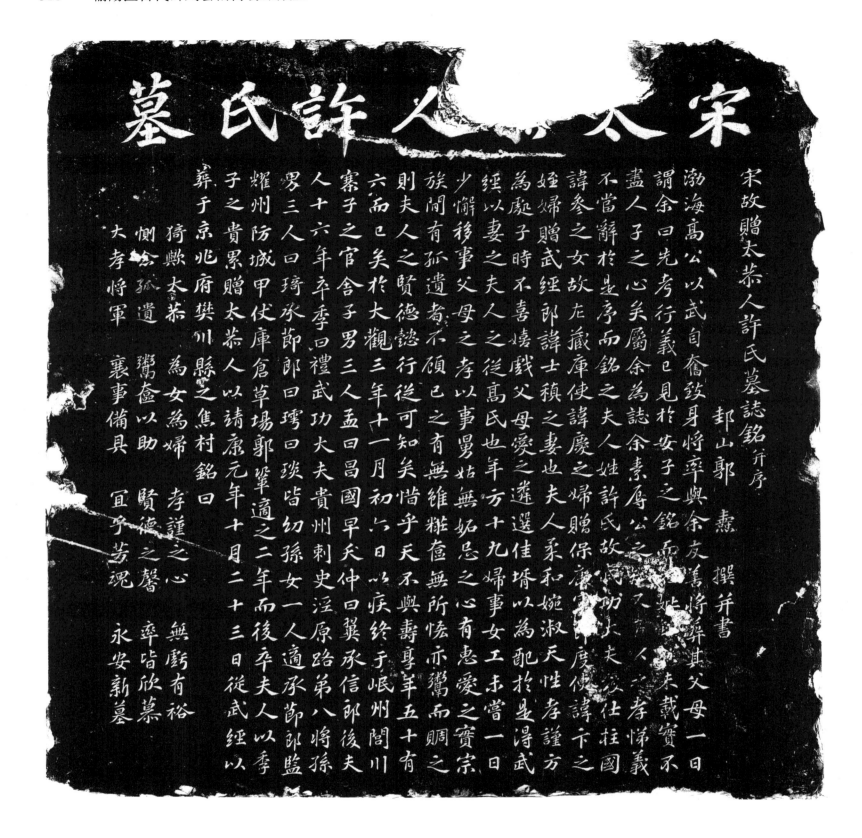

158　高士積夫人許氏墓誌

宋故贈太恭人許氏墓誌銘并序

　　宋靖康元年（1126）十月二十三日與夫合葬。誌石方

形，長60.5、寬60.5、厚12釐米。誌文楷書，共23行，

滿行23字。誌石上端有楷書題額。

〔**額文**〕

宋太㳟人許氏墓

〔**誌文**〕

宋故贈太恭人許氏墓誌銘并序/

　　邽山郭燾撰并書/

　　渤海高公以武自奮，致身將率，與余友善。將葬其父母，一日/謂余曰："先考行義已見於安子之銘，而□妣□□未載，實不/盡人子之心矣。"屬余爲誌。余素辱公之知，又□人之孝悌，義/不當辭，於是序而銘之。夫人姓許氏，故武功大夫致仕、柱國/諱參之女，故左藏庫使諱慶之婦，贈保康軍節度使諱卞之/姪婦，贈武經郎諱士積之妻也。夫人柔和婉淑，天性孝謹，方/爲處子時，不喜嬉戲。父母愛之，遴選佳壻以爲配，於是得武/經以妻之。夫人之從高氏也，年方十九，婦事女工，未嘗一日/少懈，移事父母之孝以事舅姑，無妬忌之心，有惠愛之實。宗/族間有孤遺者，不顧己之有無，雖糠菕無所悋，亦鬻而賙之，/則夫人之賢德懿行從可知矣。惜乎！天不與壽，享年五十有/六而已矣。於大觀三年十一月初六日，以疾終于岷州閭川/寨子之官舍。子男三人：孟曰昌國，早夭；仲曰翼，承信郎，後夫/人十六年卒；季曰禮，武功大夫、貴州刺史、涇原路弟八將。孫/男三人：曰琦，承節郎；曰瑀、曰琰，皆幼。孫女一人，適承節郎、監/耀州防城甲仗庫倉草場郭鞏，適之二年而後卒。夫人以季/子之貴，累贈太恭人。以靖康元年十月二十三日，從武經以/葬于京兆府樊川縣之焦村。銘曰：/

　　猗歟太恭，爲女爲婦。孝謹之心，無虧有裕。/惻念孤遺，鬻菕以助。賢德之馨，率皆欣慕。/大孝將軍，襄事備具。宜乎芳魂，永安新墓。

（吴紅兵整理）

159 沈邦彥墓誌

大金故沈公（邦彥）墓誌銘

金明昌元年（1190）五月七日葬。誌石方形，長127、
寬71、厚17釐米。誌文楷書，共32行，滿行60字。誌
石上端有篆書題額。

〔額文〕

故沈公墓誌銘

〔誌文〕

大金故沈公墓誌銘/

　　　進士宋棠撰/

　　　進士宋長源書并刊字/

　　　從仕郎充洮州軍事判官孫通祥篆額/

　　昔金天氏有裔子曰昧，爲玄冥師，生允格、臺駘。臺駘能業其官，帝用嘉之，封諸汾川，沈、姒、蓐、黃，實守其祀，後世子孫遂以沈命氏。降迄殷周，至於隋唐，其間名/卿大夫以才行政事焕著于當時者，承承而不乏。惟公晦迹里閈，其治生也，得計然之策，能擇人而任時，遂致德業日廣，而樂施其惠，鄉人仰之，爲一時望/姓。公諱邦彥，字公美，世爲京兆咸寧人。祖　、父涓，皆隱德不仕。涓生子三人、女三人，公即長也。仲曰邦昌，字公顯，性淳一謹愿，安分而克家。娶馮氏，生一/子，曰光祖。大定十九年四月初五日卒，享年四十有七。季曰邦直，字公正，性沉毅剛正，好惠而能斷。娶楊氏，生二子，曰興祖、寧祖；二女，尚幼。明昌元年三月十/八日卒，享年五十有二。姊暨長妹，蚤世。季妹年一十七歸于淡氏，四年夫亡，有娠始及六月，乃自誓云：“儻是男，不再醮。”及期，果生一男，遂終身不改節。今年四/十有七，操潔風霜，無愧於古。子曰淡昌祖，自幼好讀書，修舉業，累預高薦。斯皆公平日教育，篤於親愛而使之然也。公生而穎異，志趣不群，長堂堂乎，望/之嚴然，而即之也溫。上交不諂，下交不瀆。儉於家，好周人之急；勤於己，不求備於人。寡言辭，有斷決，及其臨事辨論，窮理盡微，人服其能。年二十三亡父，哀毀/過制。事母至孝，昏定晨省，未始少怠。弟妹之間，怡怡相承，無藏怒宿怨，孝友之情，出於天性，鄉里宗範之。公生平雖遊意於市廛，其所施爲操蘊，與夫古之/巨賢碩德，志合而道同。嘗有人盜竊財物，計其所直，至千餘索，或至二三百索，尋皆邂逅。事敗，盜者惶懼，甘伏其辜，公並釋之，所有贓物置而不問，與古之/遺盜者何異焉？又有負債者多至於一二千索，少或三二百千，以其市利艱難，不能備償者甚衆，至二三十載，終不忍求責，與古之折券者何異焉？公天資/粹美，德宇恢弘，鄉鄰交契有罹於疾病，必與之扶持；士大夫有艱於進取，必爲之假助。或有干求，一無所拒。自城南抵樊川，水竹佳處，田舍十餘所，膏腴數十/頃。及東作西成之日，未嘗令子姪董親往收穫，一委之於播殖者。雖僕隸之賤，皆盡誠以待之，彼亦盡誠而不敢欺也。其好義樂施，大度容物如此。晚年樂於閑適，遂於府城青門外置李氏名園爲別館。園在勝業坊，公更名爲勝業園。由是載加治葺，於正南創一小樓，遠瞰終南，俯臨興慶，未暇求名。間有京兆府/兵馬都鈐轄完顏公，因暇解鞍憩飲於此，遂題之云“五峰樓”，堂曰“繡野堂”。奇葩異卉，炫耀四時。公以爲延賓燕息之處，朝夕往焉。有鄉老程十郎者，一旦惠/然求見，既而焚香拜禮於座次。公驚愕，因詢其所以。云：“某有素願，積有年矣，欲於城東修建后土祠堂，自度老耄不能成也，專來懇禱，將遂卑願，公毋/辭焉。”公初悚然不敢當，恐心力之不逮，及其禮兒勤切，日復一日，至於月餘，公遂許之。翌日，遣工師求大木，興大殿，重簷疊栱，廣七間，位高十數仞，望之/巍巍然，樊京兆祠堂莫能及也。其餘基址，方且經營。斯皆躬親，勸督工匠，與同勞苦，至於飲膳，精粗一均。其專心致志，造次不忘，欲令極於壯麗，非止爲一時/之榮觀也。不意抱疾，卒於家之正寢，使不得終其志。天耶？命耶？鄉人聚弔于門，奠文哀辭盈于筐篚。及藁葬之日，執紼送喪者充塞道路，莫知其數。自非公/之仁者忠實信於人，疇能若是耶？大定二十八年九月二十日，卒之辰也；明昌元年五月初七日，葬之辰也。公享年六十有四，元配張氏，繼室劉氏，先公/數年亡，至是合祔焉。張氏生男子一人，曰紹祖。姪三人，姪孫一人，曰淵。紹祖字繼先，能修父業而息之，性謙沖而不驕奢，所謂好禮者也。一日，衣衰絰，狀公/里行，過僕之門曰：“祖父、祖母大定八年二月十日以葬於白鹿鄉小王村祖塋內，先人與二叔今卜得咸寧縣洪固鄉趙村吉地作新塋，將舉大葬，欲得片言/隻字以銘其壙，使先人一介之善流于後世而不泯焉，則先生之賜大矣。”僕感而謂曰：“美哉，是真能子矣。”僕荒唐無學，爲文且拙，雖然，況與先丈咫尺里閈，/嘗蒙青目，先丈出處默語，粗能識之，安敢以鄙陋固辭。謹論次如狀，而作銘曰：/

　　沈氏世系出金天兮，世有偉人能紹先兮，餘烈遺芳耀簡編兮。以及公身業能廣兮，好行其德人皆仰兮，/善人之富謂之賞兮。天資剛毅性之淳兮，先聖有云如其仁兮，樂施無私伊誰倫兮。薛中之人不求責兮，/梁上之子屢能釋兮，與朋友交盡忠赤兮。彼蒼者天殲良人兮，佳城鬱鬱秋復春兮，以時思之增悲辛兮。/在人易忘日云遠兮，何以傳之使不掩兮，刻此銘詩于翠琰兮。/

　　明昌元年歲次庚戌五月初七日，孤子沈紹祖、姪男光祖、興祖。

　　　　　　　　　　　　　　　　　　　　　　　　　　　　（吳紅兵整理）

160 汧陽王朱誠泑妃王氏壙誌

追封秦府汧陽王妃壙誌

　　明弘治十四年十二月二日（1502年1月10日）葬。誌石
方形，長73.8、寬73.8、厚12釐米。誌文楷書，共14
行，滿行14字。誌蓋佚。

〔**誌文**〕

追封秦府汧陽王妃壙誌/

　　妃王氏，咸寧處士榮之長女。先/於成化丁亥四月初一日，已封/爲夫人。弘治丙辰十月二十二/日，以疾薨，享年四十一歲。子一，/秉榛，庶出。先是訃/聞，/上已賜祭葬，今追封爲汧陽王妃，仍/命有司營葬如制。以弘治辛酉歲十/二月初二日，葬於咸寧縣韋曲/里鴻固鄉之原。嗚呼！妃以賢淑，/作配親藩，生榮死哀，夫何憾焉。/爰述其槩，納諸幽壙，用垂不朽/云。

（吳紅兵整理）

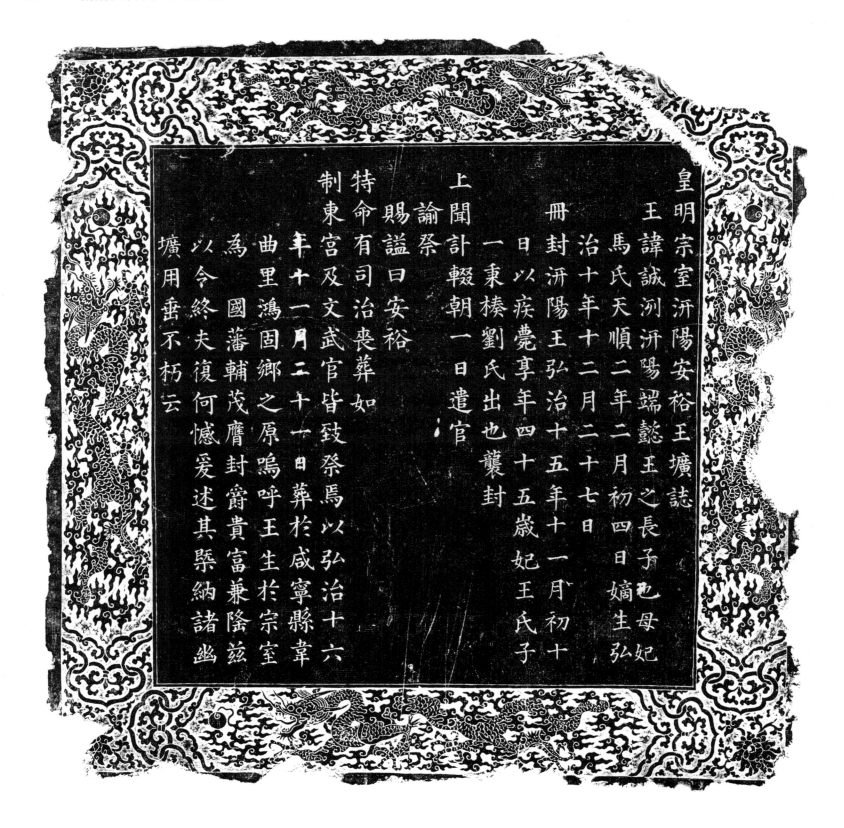

皇明宗室汧陽安裕王壙誌

王諱誠泖汧陽端懿王之長子也母妃

馬氏天順二年二月初四日嫡生弘

治十年十二月二十七日

冊封汧陽王弘治十五年十一月初十

一日以疾薨享年四十五歲妃王氏子

一東棲劉氏出也襲封

上聞計輟朝遣官

諭祭

賜謚曰安裕

特命有司治喪葬如

制東宮及文武官皆致祭馬以弘治十六

年十一月二十一日葬於咸寧縣韋

曲里鴻固鄉之原嗚呼王生於宗室

為國藩輔茂膺封爵貴富兼隆茲

以令終夫復何憾爰述其槩納諸幽

壙用垂不朽云

161 汧陽安裕王朱誠泖壙誌

皇明宗室汧陽安裕王（朱誠泖）壙誌

明弘治十六年（1503）十一月二十一日葬。誌石方形，長88、寬88、厚15釐米。誌文楷書，共17行，滿行16字。誌蓋佚。

〔誌文〕

皇明宗室沔陽安裕王壙誌/

　　王諱誠洌，沔陽端懿王之長子也，母妃/馬氏。天順二年二月初四日嫡生，弘/治十年十二月二十七日/册封沔陽王，弘治十五年十一月初十/日以疾薨，享年四十五歲。妃王氏。子/一，秉榛，劉氏出也，襲封。/上聞訃，輟朝一日，遣官/諭祭，/賜謚曰安裕。/特命有司治喪葬如/制，東宮及文武官皆致祭焉。以弘治十六/年十一月二十一日，葬於咸寧縣韋/曲里鴻固鄉之原。嗚呼！王生於宗室，/爲國藩輔，茂膺封爵，貴富兼隆，兹/以令終，夫復何憾。爰述其槩，納諸幽/壙，用垂不朽云。

（吳紅兵整理）

162　端懿王夫人張氏墓誌

汧陽端懿王張夫人墓誌

明正德九年（1514）十一月三日葬。誌石方形，長64、寬70、厚13釐米。誌文楷書，共12行，滿行13字。誌蓋佚。

〔誌文〕

汧陽端懿王張夫人墓誌/

　　繼祖母張氏，陝西咸寧之馬巷里/處士張厰長女。天順甲申，/祖汧陽端懿王以馬妃薨，繼室以/夫人，時成化丁亥。生一子，名誠淅，/行四，封鎮國將軍。未幾，爲長殤。夫/人生於景泰庚午六月六日，終於/正德癸酉七月十七日。卜明年甲/戌子月弍日，葬於咸寧韋曲鴻固/鄉之原。餘悉/端懿王之墓誌，兹不及贅云。/

　　孝元孫汧陽王秉榛泣血謹撰。

　　　　　　　　　　　　　　　　（吳紅兵整理）

（誌文，墓誌拓片）

163　劉儒夫人宋氏墓誌

明鞏昌衛榮壽官劉翁（儒）配孺人宋氏合葬墓誌銘

明嘉靖三十一年（1552）七月十二日合葬。誌蓋呈盝頂形，長56.5、寬56.5、厚10釐米。蓋題篆書，4行，行4字。誌石方形，長56、寬58、厚12釐米。誌文楷書，共27行，滿行30字。

〔蓋文〕

大明故恩榮郎劉公配宋氏合葬墓誌銘

〔誌文〕

明鞏昌衛榮壽官劉翁配孺人宋氏合葬墓誌銘/

　　賜進士第通議大夫都察院右副都御史咸寧平田管楫撰并篆書/

　　孺人姓宋氏，鞏昌榮壽官、徵士劉翁儒之配。/嘉靖壬子正月十一日，寢疾終堂，得壽九十。維時長子輝仕秦府紀膳，聞訃，/曲踊毀號。楫往弔焉，輝茹哀丐銘，義不容辭。按狀，劉翁既葬二十八年，其行誼/及先世累德，備載大巡王公朝用撰誌中，兹不贅。孺人迺同郡隱士琮之女，母/夫人王氏，天順甲申年五月二十八日子時，虺夢應兆，誕生孺人。性篤而柔，履/端而重，貌豐而滋，動協箴圖，有古賢女矩度。隱士公篤愛之。及笄，慎擇所歸，迺/得劉翁。劉翁，望族裔也，敦詩閱禮，儀觀修潔。卜且叶吉，二姓遂合。卺燕之日，族/姻目之，喜曰：“古稱聯璧，其是之謂歟。”孺人既歸，恭順承於夫子，孝養盡于姑嫜，/肅雝刑于里閈，義訓服於子姓。若其理內睦宗，無一非道，祀先款客，舉合于禮，/婦道母儀，孺人居之無謝。輝始仕秦，迎孺人就養邸舍，孺人辭曰：“我年耄矣，不/克遠適。爾能致身於君，即竭力於我也，尚毋以我乃貳爾心。”竟不可强，分俸以/養。即其所言，恒婦鮮儔焉。生三子：輝，蚤膺歲薦，寵受今職；光，席珍胄監，顯庸斯/存；耀，靈承祖緒，肯構肯穫。三女：長適景得芳，次適韓良鎮，季適張九澤，咸名家。/輝納婦洪、王，俱逝，未嗣。繼以李，有男子五人：時敏，以病廢學，幹蠱，娶魯氏；時敬，/娶金氏；時徵、時孜、時傲，俱志舉子業。光納婦魯，有男子一人，時熙，府學生，娶何/氏；女子一人，適楊琛。耀納婦馬，有男子三人：時純，縣學生，娶徐氏；時泰，業商賈，/娶宋氏；時雍，縣學生，娶楊氏。曾孫男七：定邦出時純；禹平、禹治、禹化出時熙；安/邦出時泰；長安、長寧出時敏。曾孫女四：時純三，未字；時熙一，許聘舉人宋子益/男承封。麟定並振，蘭芽新苗，繁衍之福，大來方熾。謂非鍾靈之厚，得氣之多，詎/克爾哉。輝輩卜壬子年七月十二日，奉孺人柩附葬城南翁之墓，敬製銘詞，播/告後人。銘曰：/

　　伯鸞德耀，齊行邁常。傳及近代，疇克頡頏。劉踵其跡，/宋範其芳。劉也柔直，宋也端莊。鷄鳴紹賢，麟嗣發祥。/生儷其懿，沒同其藏。勒詞玄室，百世其昌。

（吳紅兵整理）

164 杜心墓誌

明勅封文林郎淶水縣知縣靜山杜公(心)墓誌銘

明萬曆十四年（1586）十月二十四日葬。誌蓋呈盝頂
形，長61、寬65、厚13釐米。蓋題篆書，5行，行4字。
誌石方形，長65.8、寬64、厚13釐米。誌文楷書，共
49行，滿行52字。

〔蓋文〕

大明勅封文林郎淶水縣知縣静山翁杜公墓誌銘

〔誌文〕

明勅封文林郎淶水縣知縣静山杜公墓誌銘/

　　賜進士第奉直大夫/經筵日講官兼修/國史知制誥勅翰林院侍講學士年家晚生嘉興黃洪憲頓首拜撰/

　　賜進士第奉政大夫通政司右參議年家晚生滄州李觀光頓首拜篆/

　　賜進士第文林郎侍/經筵工科給事中年家晚生膚施白希繡頓首拜書/

　　萬曆丙戌,/上大計天下群吏,淶水令杜君和春循例如/覲。會臺察諸使者以君三載秩考稱最,章交上,大冢宰核實,功能/聞上,璽書優異,/勅封父杜公心如官,/勅贈母霍爲孺人,咸/命史館撰制。不佞應載筆,洎讀公生平型範,作而颺言曰:“偉哉公也! 厚德獲福,宜鍾英儁。嗣仰荷/褒崇,詎偶然與?” 不數日,淶水君衰竹過不佞,蒲躄泣曰:“不孝積愆,延變先考,痛恨終天,將奔歸營葬事。兄弟向春等家居柩守,遠不及謁/請。先考行實,塵淹記室久矣,願蘄一言銘墓。” 不佞愕然,嗟嗟曰:“傷哉公也! 胡/眷命方新,壽不少需邪? 胡造物難諶,遽以制公者爲公誌邪?” 按公世籍隴西,高祖諱智,智生仕源,仕源生鏓,鏓生文清,即公父也。窮岩逸/佚,行多陰騭。取公母侯孺人,性淑婉,家務繁瑣,無分姒娣,俱身親爲之。日久食少,竟以勞斃。人謂夫婦積慶,後必興。生公於正德庚/辰年五月初七日之亥時。公丰骨不類,體質潺(孱)弱,學無當寒暑。公父太息曰:“余家世清白,苦讀書,無顯第以報/明時。隻兒疾,弗堪經史,命也。可反裘負薪,重貽傷邪。” 遂令游息方藥。而公性卒嗜儒,喜接聞人譚古今,脱神氣閑静,披拂故典,以涵適性/靈。長聘霍孺人,霍將軍鈙許之。衆以不爵阻,將軍嗤之曰:“吾土以世禄論婚姻,敝習也。杜氏子受氣特異,標格自如,猶寒蟬芝蘭,即/不恒爲人用,自爲世貴。且少而能容,風雅不減讀書人,得壻如是,足矣。” 衆默然退。公既取,禮傳霍若賓,相與竭誠蔬水孝養厥父母。/後母病,公朝夕湯藥,目不交睫三閱月。公父懼瘵甚,間令休息。公曰:“母病不能代,死無恤,敢自逸邪?” 母尋不禄,公因慟久,繼以哀泣/無節,宿疾劇發,卧床者數年,形神俱漓,僅存皮膚,又轉增瀉痢。公父籲天悲咽,悼孤嗣佔危,人亦虞公不可免。偶夜忽思食,食已,體/舒然覺輕,晨能起坐。未踰旬,而宿痾頓釋,恍若神助,嗣是多子生矣。公父居語人曰:“兒無兄弟,余凛然切私憂,頃病甚,一脈幾絶。幸/挽漏泅濤,誕育多男,天之昌吾門也。吾老矣,即死何憾。” 旋偶病不禄,公毀慟幾滅性。衾斂葬祭,執禮不異儒生。炎凉者以素不任筋/力,父没,業必墮。公奮然作色,謂:“不鼓踴,奚起泥沙?” 暨霍孺人朝夕勤内外政,家聲振振起,人頌肖子。時諸兒知畊讀,公嚴督過,曰:“古/右族胥以忠孝勤儉成立,奢傲覆墜。知稟有定分,兒各委順,俾閭里稱善人可矣。苟僥倖過求,徒虧雅道,吾不女欲也。” 故諸子恬澹/居業,咸濟濟稱翹楚。嘉靖乙卯,冢子游黌序。隆慶丁卯,淶水君領鄉書。公誡曰:“兒知名矣,若脂貌求賈,士君子羞之,曷貴名?” 萬曆丁/丑,淶水君射策/楓宸。引疾侍養,凡三載。公趣之行,曰:“兒有民社寄,皇久戀而父母,娛樂膝側,吟詠作博士子邪?” 淶水君唯唯,請公先車。公曰:“余固布衣,匣/有青萍,笥有書棊,何地不可曳長裾,顧乃羈宦數千里就禄養邪? 兒忠即孝,强我何。” 淶水君始詣/闕,得清豐。迎養,公不可,固請乃往,抵即計歸。既見淶水君憂民勞悴,不忍言去。屆期,慰曰:“余覿宦途鼎沸,誠無清冷處。第説駕養安,非/臣子氣節。果永肩愛民,是則所以報/國恩。惟名不易居,兒須畏抑,無爲出人上。” 遂浩然歸。日邀同志啜莽瀨泉,對弈放歌,無復塵寰慮。壬午,霍孺人不禄,淶水君憂居。服除,/公曰:“若母大事既襄,可終家食邪? 兒昔治清,固愛民,無他腸。今往必易封,當因俗治民,勿膠刻,不則雖實德無用。往欽哉,再勿以禄/養濫我。” 淶水君泣別。補淶陽,方圖迎養,公已不禄矣。吁,其悲! 公性胸無局鐍,惡智巧而尚渾樸,絶口不言人過。自束髪迄白首,未嘗/知争。承尊接卑,温顔和辭,若恐傷之。事伯叔父母若父母,待諸昆情切休戚,宛如投杖連陰,尤雅重章縫,敦篤恩義。舅氏謙貧無嗣,/公同舍事終身,殯如儀,有渭陽遺風。締交終始莫逆,雖跼屨必顧,半面不忘。無愧古耐久朋,褰裳赴急,甚於己私。貸貧者,置不問券。/不飲德,故家無蓄貲,亦不復言治產事,士論多之。公諱心,字惟一,別號静山。卒於萬曆丙戌年正月三十日巳時,壽六十有七。著卒/年十月廿四日,葬城南鎖峪原祖兆次。男子六。長向春,郡諸生,取曲沃簿何公朝輔女,繼耀州博(簿)吳公楫女;次和春,即淶水令,取邑/諸生孫公克宗女,贈孺人,繼劉公遠女,封孺人;次遇春,取户侯張公棟女;次常春,取千兵丁公澤女;次逢春,取驛宰王公仲時/女,繼邑諸生吳公邦奇女;次榮春,取張公鏜女。孫男十一。向春出者一:荃,聘郡學生王君位中女。和春出者四:芮,邑諸生,取户侯孫/君蛟女;莊,取太學生王君化中女;葚、蘅俱未聘。遇春出者四:蕡,取董君詔女;菖,聘王君田女;蕰、薰,俱未聘。逢春出者一:蕗,未聘。榮春/出者一:蔚,未聘。孫女三。向春出者一,受驛宰何君第子所學聘;遇春出者一,適邑諸生李君若桂子自蔚;常春出者一,未字。曾孫/女/三。芮出者二,一受參戎董君延齡應襲正聘,一未字;蕡出者一,未字。銘曰: /

　　人孰無生,生而無忝,其生也順。人孰無死,死而不朽,其死也安。不藏而富只,植德惟豐。不爵而貴只,教子成名。孫謀衍慶只鳳雛,祖/兆發祥只蝦鬚。公歸只大塊爲伍,公寧只陵谷俟儷。

(吳紅兵整理)

165　福田及夫人王氏馬氏墓誌

□壽官西渠福公（田）暨配王氏貳配馬氏合葬
墓誌銘

　　明萬曆十九年十一月二十二日（1592年1月6日）合
葬。誌石方形，長62.5、寬58、厚9釐米。誌文楷書，
共24行，滿行29字。誌蓋佚。

〔誌文〕

□壽官西渠福公暨配王氏貳配馬氏合葬墓誌銘/

　　賜進士第通議大夫北直隸都察院都御史富平孫丕揚撰/

　　君子重道義、積德行，雖不必顯朱紫、耀功業，亦必堆金帛、昌后昆，享壽考於/一身，永令名於無窮。公諱田，字子耕，西渠則當世達人以其所居稱之也。世/係之遠者亦不可考矣。其厥考諱應瑾，原爲高陵西吳里人，蓋巨族也。教公/有方，以故公生而聰慧，長而沉雅。不侈聲華，不樂浮靡，仗義疎財，剛正不阿，/不茹柔，不吐剛。見廟寺有圮壞者，輒出原貲以修葺。鄰里鄉黨有貧乏者，必/爲賙貸。嘗商遊甘肅，以火失帳，人感恩自償。邑侯傅公稽訪行實，敦請以禮，/爲泮宮上賓，以風四方焉。配王氏者，自有閑女儀，針工中饋，無一不精。及配/公，善事父姑，敬公教子，胥有成法，及老益□。素好善，事雖不經，然亦心之慈/良，出於天然也。公生於正德甲戌三月二十，卒於隆慶辛未七月二十日，享/壽五十有八。儒人王氏，生於正德丙子九月十九，卒於萬曆辛卯八月二十/八日，享壽七十有六。生男四：曰安，太學生，娶涇陽張氏，先公卒；曰寧，行都司/承使，娶邑庠增廣生王三槐女；曰宜，娶三原庠生趙褚菴，俱王氏出；曰宏，娶/涇陽王氏，馬氏出。生女一，適邑人臨縣教諭李東橋之子遇春，王氏出。生孫/男六：曰可久，娶張氏，繼李氏、秦氏，安出；曰可大，娶吳氏；曰可增，幼，寧出；曰可/積，聘王氏；曰小化，宜出；曰可萃，宏出。生孫女七：一適三原張九敘，安出；餘三/宜出，三宏出，俱未字。生曾孫男，未壽一，可大出，幼。曾孫女二：一可久出，一可/大出，幼。公之後可謂蕃衍矣，蓋公令德所致，豈偶然哉？承重孫可久偕諸叔/卜於萬曆辛卯十一月二十二日，合葬於降駕原之西北。銘曰：

　　於維西翁！涇/峩高士，陽陵哲人，懿行升聞，壽榮上賓。噫嘻儒人！渭革毓秀，向孟媲真，淑媛/稱羨，德流閨閫。宜公玉子，雲仍愈盛，宜公蘭孫，俊偉簪纓。壯哉駕原！風氣雄/渾，建此佳兆，萬古常新。/

　　不孝承重孫福可久，男福寧、宜、宏仝泣血上石。

（吳紅兵整理）

166 杜和春墓誌

☐郎刑部四川司主事遺樸杜公（和春）墓誌銘

明天啓三年（1623）八月十九日葬。誌蓋呈盝頂形，長63、寬64、厚9釐米。蓋題篆書，5行，滿行5字。誌石方形，長65、寬64.5、厚10釐米。誌文楷書，共43行，滿行50字。

〔蓋文〕
皇明賜進士第承德郎刑部四川司主事還樸杜公墓誌銘蓋

〔誌文〕
☐郎刑部四川司主事還樸杜公墓誌銘/
　　　☐☐☐☐資善大夫刑部尚書前南京吏部尚書禮科給事中年弟渭南孫瑋頓首拜撰/
　　　☐☐士第承德郎户部河南清吏司主事奉·☐贊理征倭糧餉予告在籍眷生楊恩頓首拜書/
　　欽差整飭畢節等處兵備分巡貴寧道貴州按察司副使年家眷晚生何士瑋頓首拜篆/
　　吾友承德公杜君没且八載，其長子芮偕諸子持狀走都，乞予志其墓。蓋爲予與公同舉南宮，曩又同官都下。予兩人素稱莫逆，故/予不敢以不文而謝其請也。狀按，先生諱和春，字體健，號還樸，別號友桐，爲素精琴也。世爲隴西望族，其祖文清公，積有明德，人卜/其後必昌。文清公生心，即承德郎父也，以公敘封文林郎、淶水知縣。元配霍氏，膺贈孺人，生公於嘉靖庚子十二月廿九日亥時，壽/七十六，卒於萬曆乙卯閏八月廿日巳時。公之疾實遘於知岳池時，楊酉犯順，岳池當其衝，公調發兵餉，幾廢寢食，偶罹痢，遂成痼/疾，每秋一作，迨乙卯不可藥矣。嗚呼傷哉！先生歸田雖久，未嘗不由王事死也。蓋聞公生有異質，七八歲聰穎異常，出入端謹，寡言/笑。淶水公私謂霍太孺人曰：“此兒小而不凡，可卜異日。”遂受書於堂叔廣文。公入小學，即志《道德經》，書不慣熟不已，潛心默識，研究/無遺。廣文嘗曰：“是乃遠到器也。”雖兄遊泮最早，遇公明辨，每大爲傾服。至十六七，以苦讀致疾，避居城南古刹。有異僧授養生訣，疾/竟愈。明年，充庠生。每試，輒聲學序。元配孫，贈孺人，蚤卒。繼配劉，封孺人。居常甘貧，事二親未嘗不盡志盡物，雖毛容之孝無以過之。/至其處鄉，則又謙讓未皇，絕不以賢知先人。性不好晏會，即不得已出，必默拈一題，歸而膳錄。恒居静所，危坐凝思。外祖侯公嘗潛/入室，拊其背，公坦然無驚，此非養到不能。洎督學房公以試拔書院，屆大比，諸生俱填書院字，公獨不書，拆卷仍居第一。房公大器/重之，遂補弟子員。是科果舉於鄉，蓋隆慶之丁卯也。既舉後，毫無德色，尤不事邊幅，不蓋不乘，依然寒素。嘗自命守拙凡夫，十載孝/廉，無一請託。惟與同志講學明理，希踵横渠、涇野二公；精研字學，註解《法華》《楞嚴》諸經。或曰：“子顧附墨耶？”公曰：“吾恐明之不真，或闕/之不力也。”及兩上春官不第，人勸歷監事，公慨然曰：“程子有言：‘纔讓天下第一等事與別人做，便屬自棄。’吾肯落落已耶？”郡年友紹/渠張公早卒，公拆鹿鳴爵助葬之。其友誼篤摯，不讓穀臣之義。丁丑，成進士，公笑曰：“有志者事竟成，天果不負守拙耶。”尋又遘疾，忽/夢人傳異方，服之輒效。後申少師遺內府方，開卷合符，始信神爲之授也。甫釋褐，即無心仕進，以養親告歸三年。淶水公迫之，出受/清豐令。清豐民俗多豪俠，公政尚嚴明，二年而民向化，薦者已數十疏。無何，以太孺人内艱歸，三年枕苫塊，哀毀踰禮。襄葬事，親營/宅兆，觀者大悦，曰：“真儒用心，自與俗異。”服除，補淶水。適壽陵興工，而石窩在淶水，公與督石諸當事協力匪懈，其一切工廢皆出自/辨，毫不取民。理淶水甫八月，合兩仕績，考三載最。甫沐恩命，而又丁淶水公艱歸，而柴毀骨立，其盡禮一如太孺人。起補樂亭。樂/亭錢糧，前令皆設櫃徵收，民苦分外需索。公即令大户自收自解，人皆稱便，直指嚴公首薦卓異。尋委山海關閱視，單車就道，嚴行/稽查。總戎劉冬月餽桃，暗藏其金。公正色曰：“貨我也。”鞭其使而郤之，當道交口共譖。壬辰，擢比部至政。刑曹至嚴，犯者一經勘問，定/至傾家。公痛剔宿弊，公法之外，每加出豁。會推詮曹，居關中首，竟爲吾鄉大老所沮，公處之裕如。及註差汕除同寅熊，註審決，而內閣/張欲爲熊易差。公守初命，不從，張啣之。逮京察，尋事中傷。大司寇孫公力辨雪之，不得，竟謫公同潁州。時潁歲凶，公一切悉停，惟以/賑饑活民爲務，由是全活以千數，鄉士民共相尸而祝之。而州守李乾齋爲公年友，漸成枘鑿。公即欲掛冠，直指牛公勉留。九月，轉/衛輝同知。時潞藩潛出浪遊，當道不敢言。公極力以祖訓争，王遂絕遊觀。任二年，一貧如洗，至拆簪珥以助俸。先是，昨城令責/藩軍校，被辱于市。公代昨城一繩以法，悍軍卒無敢犯，直指涂公首爲推轂。及李乾齋以工部郎督河運，謀以潁州追論公，公浩然/歸家。至途，聞兄訃，哀毀過痛，竭力襄葬，杜門謝客者三年。至庚子，明旨罪謫遷不出者爲怨望，公勉補潞安府經歷。又捐金創公/署，内設書院，日聚多士會講，即瀋藩諸宗無不侍講執弟子禮。迨兩院交委查閲，公一乘一檀，不三月而報命。居八月，轉知岳池。/及楊酉事平，繁調魯山。魯山素號刁悍，多夙逋。公恩威並用，徐爲導化，民賦樂輸。公猶精地理，改建文廟，握（掘）泮池，忽得活水洋洋，還/遶南城，民享其利，遂立石志異，名瑞泉。有流民趙姓者，乃尚寶趙解州之族，富而不賦。公執法，令補租，趙以書囑。公曰：“巨族不賦，非/良民也。”卒不從。癸卯，趙典河南試，陰授直指方令以大計闲註。蒙詔賜致仕。歸，郡伯商城劉公賓飲于鄉肆。是修明正學，書義天經，/言言不朽，勘（堪）稱註脚。且博及群書，即陰陽醫卜，無不究及精微。公誠末俗真儒哉！嗚呼！公皷歷中外，南北凡九任矣。三令尹，三佐/幕，/而秋官正事僅三年。所謂直道不容，非耶？昔柳下三黜于士師，退之三斥於博士，公屢仕屢退，三被謫遷，每每/所如不合，豈不合然/後君子耶？卜天啓癸亥年八月十九日，葬公于璅峪祖兆。公行二，子四：長芮，庠生，娶户侯孫公蛟女；次莊，庠生，娶潁州幕王公化中/女；次甚，蚤卒；次蘅，增生，娶太學生郭公崷女，繼种公冕女。孫男八：衍成，娶千兵王公建中女；衍福、衍祉，未聘，芮出；棠蔭，娶憲副何公/士瑋女，繼學生李公崗女；衍禧，未聘，莊出；衍運，娶庠生董公衆民女；衍慶，娶學生梁公天篤女；衍暉，未聘，蘅出。孫女二：一適參戎董/公延齡子指揮同知秉樞，一適指揮使汪公椿子加衛守備滕，芮出。曾孫男一：杜浣，棠蔭出。曾孫女二：一衍運出，一衍慶出，俱幼，未/次。銘曰：
　　秉介性，恥媚縫。排於衆口，屯於直躬。汝有大名，爲理學宗。汝抱大椿，歷踽從心。如罩如墳，延千秋萬祀于無垠。/
　　孤哀子杜芮等泣血上石。

（吳紅兵整理）

167　宮人墓誌

亡宮七品墓誌銘并序

卒年不詳。誌石方形，長45、寬45、厚12.7釐米。誌
文楷書，共8行，滿行10字。誌蓋佚。

〔**誌文**〕

亡宮七品墓誌銘并序/

　　亡宮人者，不詳姓氏。初以/良家入選。柔順成則，耀彩/增成。方同南岳之壽，春秋/七十八而終。史官紀行，乃/爲銘曰：

　　亡宮人者，玉稱其/潤，蘭詠其香，載潔載芳。奄/同朝露，歸乎大墓。

（吴紅兵　和談整理）